育み支え合う
保育リーダーシップ

協働的な学びを生み出すために

イラム・シラージ＋エレーヌ・ハレット 著

秋田喜代美 監訳・解説

鈴木正敏＋淀川裕美＋佐川早季子 訳

明石書店

EFFECTIVE AND CARING LEADERSHIP IN THE EARLY YEARS
by Iram Siraj and Elaine Hallet

English language edition published by SAGE Publications of London,
Thousand Oaks, New Delhi and Singapore, © Iram Siraj-Blatchford
and Elaine Hallet 2014

Japanese translation published by arrangement
with Sage Publications Ltd.
through The English Agency (Japan) Ltd.

日本語版への序文

　本著 "Effective and Caring Leadership in the Early Years"（Siraj & Hallet, 2014）は、イングランドのみならず、多くのヨーロッパ諸国やオーストラリア、ニュージーランドにおいても、研究者だけではなく、保育者、そして関係行政機関の政策担当者たちにも幅広く読まれています。乳幼児の保育・教育において、教育のリーダーシップ（pedagogical leadership）は大変重要なトピックとして重視され、注目されている分野です。その中で本著のハイライトの一つは、実証的な研究の裏付けにもとづいているということです。『乳幼児期の効果的なリーダーシップ：ELEY調査（Effective Leadership in Early Years The ELEY Study）』（Siraj & Manni, 2010）において、私たちは、保育の質向上に必要なリーダーシップのあり方を研究してきました。その内容は、EPPE Study（The Effective Provision of Pre-School Education：効果的な就学前教育プロジェクト）と呼ばれるイングランドでの長期縦断研究にもとづいているものです。その研究知見を基にして、本書の大半は作成されています。

　本書は、乳幼児期の保育・教育プロセスの質を園として高めていくためのリーダーシップを、ケアと教育の両面から明確に述べたものです。この点で、学校教育のリーダーシップとは異なるリーダーシップを示していると言えるでしょう。

　このたび、日本語で翻訳書が刊行され、私のこの考え方が広く共有され議論されることをうれしく思っています。翻訳にあたっては、Sustained Shared Thinking and Emotional Well-being (SSTEW) scale（Siraj, Kingston & Melhuish, 2015）〔『「保育プロセスの質」評価スケール――乳幼児期の「ともに考え、深めつづけること」と「情緒的な安定・安心」を捉えるために』明石書店、2016年〕でも翻訳を担い、私の仕事をよく理解してくれている秋田喜代美教授や淀川裕美特任講師、東京大学大学院教育学研究科附属発達保育実践政策学センター研究プロジェクト協力研究者である兵庫教育大学の鈴木正敏准教授や奈良教育大学の佐川早季子准教授がチームで担ってくださったことに感謝しています。2016年3月に、一般社団法人日本発達心理学会第26回大会（東京大学）の基調講演に招待され訪日した折に、東京大学幼児教育研究会と公益財団法人全日本私立幼稚園幼児教育研究機構共催の講演会でリーダーシップに関する講演を行いました。その際には、鈴木正敏さんが通訳をしてくださいました。これらのことが翻訳のきっかけとなり、本著が翻訳されることになりました。イギリスと日本では、制度や政策には違いがあります。しかしこのチームが、本著の

翻訳を引き受けてくれたことで、日本でもリーダーシップに関しての議論が深まることを考えるとワクワクします。

　日本では平成30（2018）年度から、保育士等のリーダーシップに関する研修が全国で広く行われるようになると聞いています。この時宜を得た出版で、広く東アジアの多くの国々でもリーダーシップに関する議論がさらに深まることに、本著が役立つことを期待しています。

　　2017年1月

ロンドン大学教育学研究科教授　　Iram Siraj

目　次

日本語版への序文 …………………………………………………………………… 3
謝　辞 ………………………………………………………………………………… 7
序　文 ………………………………………………………………………………… 8
略語一覧 ……………………………………………………………………………… 11

はじめに ……………………………………………………………………………… 13

パート1　保育におけるリーダーシップ

イントロダクション ……………………………………………………………… 19
第1章　保育におけるリーダーシップ──保育の文脈 ………………………… 21
第2章　保育におけるリーダーシップ──研究から見えるもの ……………… 36

パート2　保育における効果的なリーダーシップ

イントロダクション ……………………………………………………………… 47
第3章　方向づけのリーダーシップ──共通のビジョンをつくり上げること … 49
第4章　方向づけのリーダーシップ──効果的なコミュニケーション ……… 59
第5章　協働的なリーダーシップ──チーム文化の活性化 …………………… 73
第6章　協働的なリーダーシップ──保護者の協働を促す …………………… 86
第7章　エンパワメントするリーダーシップ──主体性を引き出す ………… 100
第8章　エンパワメントするリーダーシップ──変化の過程 ………………… 115
第9章　教育のリーダーシップ──学びをリードする ………………………… 127
第10章　教育のリーダーシップ──省察的な学びをリードする ……………… 140

パート3　省察的リーダーシップ

イントロダクション ………………………………………………………………… 155
　第11章　リーダーシップの物語 ………………………………………………… 157

文　献 ………………………………………………………………………………… 172

座談会　日本の保育現場で本書の知見をどう活かすか ……………………………… 183
　　　　（安達譲×佐々木美緒子×丸山智子）
解　説　日本の保育界に本書がもたらす可能性（秋田喜代美）………………………… 203

謝　辞

　本書では、保育における女性リーダーたちの声を通して、彼女たちの効果的でケア的なリーダーシップの実践が共有されています。快くご協力くださったアリソン・ビショップ、エマ・バウリー、アリソン・エヴァンズ、フローレンス・E・フレッチャー、アマンダ・ホーニマン、アニータ・マッケルヴィー、マリア・メレディス、ミッシェル・パルサー、マリアンナ・ラプソマニキス、そしてマグス・ラットフォードに感謝申し上げます。また、LLEaPプロジェクトの「保育専門職（Early Years Professionals）」の皆様に御礼申し上げます。グロースターシャー州議会の助成を受けた民間、非営利、独立のセクターとチルドレンズ・センターにおけるリーダーシップについて、私たちの理解に貢献してくださいました。なかでも、REPEY調査やELEYS調査にご参加いただき、プリスクールや学校におけるリーダーシップへの理解を深めることにお力添えくださった保育者やリーダーの皆様、EPPE調査の研究者の皆様、とりわけELEYS調査の対象であったセンターのデータ収集や分析に貢献してくださったキャシー・シルヴァとテッド・メルウィッシュ、パム・サモンズ、ブレンダ・タガート、ローラ・マンニに感謝申し上げます。最後にエレーヌからは特に、本書の執筆を支えてくれた家族と、本書の執筆を導いてくれたイラームに心から感謝します。

序　文

　リーダーシップに関する書籍の刊行には、つねに時機があります。今はまさに、保育における卓越したリーダーシップをかたちづくるものは何か、ということについて、私たちの理解を深めてくれる本書を刊行するのにふさわしいときでしょう。それは、良い園がさらにすぐれた園になるために、リーダーのふるまいや行動、自らのスキルを評価し発展させる能力が重要であるということが広く認識されてきたためです。私たちは、これまで議論をする中で明確にし、慎重に調査してきたことをふまえて、次のことを確信しています。それは、「ケア的なリーダーシップ」によって、ひとりひとりが尊重され、肯定され、かつ挑戦的な環境をつくり出すことができるということです。そうした環境は、教育方法や成果（アウトカム）が高いレベルに達成し、継続的に良くなるために、きわめて重要なのです。

　本書は、園における情緒的な健康を築くことで、人が互いにケアし、育み合う文化をつくり上げることについて、検討しています。ケアし育み合う文化の築かれた園は、ケアの仕方を知らない園と比べてうまくいくということを事例を挙げて述べています。本書の内容は、すべての読者、すなわち保育者を志望する人、現職の保育者、研究者、あるいは保育に興味や関心のあるすべての人にとって、議論を引き起こし、考えに影響を与え、実践をふり返るきっかけをつくり、それによってさらなる研究を方向づけるものです。読者のみなさんがリーダーシップの旅路のどこにいたとしても、本書の内容は道理にかない、かつ誠実なものとなっていることでしょう。

　私たちは専門職のリーダーとして、手を抜くことなく、乳幼児期の子どもたちの「質の高い学びと教育の機会」をつくるための鍵となる要素に焦点化し、どうしたら改善していけるかを考えています。私たちには、質について語られてきたことの輪郭を示し、明らかにしていく責任があります。その中には、子どもたちのホリスティック（全人的）な発達に影響を与える効果的でケア的なリーダーシップに関する探究や、そうしたアプローチがリーダーシップに対してもつ可能性についても含むべきであることを、本書は力強く提案しています。

　保育において私たちは時折、リーダーシップのケア的な側面を維持すること（つまり、人々のエネルギーを消耗させないようにしながら、でも熱意をそがないようにするといったこと）と、改善すべき喫緊の課題に本気でとりかかること（例えば期待される水準までき

ていないことに取り組むことといったこと)の間の、微妙な線を歩むことになります。また、確かな説明責任(アカウンタビリティ)の必要性に駆られることもあります(それが悪く機能する場合には恐怖にも攻撃にもなり、人々を良くて落胆させ、悪くてひそかに挫折させてしまうのです)。

　本書の他に類を見ない特色は、リーダーがリーダーシップと関連する自らの行動やそれを構成するものについて省察することへ誘うと同時に、きわめて効果的なリーダーの構えや態度と、それらがいかに個人、また専門家としての発達を支え、影響を与えるかについて議論している点です。これまでの限界を乗り越え、自身や自園の制約を超えて、もっとも効果的なリーダーシップの「全体像」について考えさせてくれます。本書に記されている国際的な側面は、私たちが世界のレンズを通して、発達についてより広い視座をもつことや、文字通りにも比喩的にも、リーダーシップの地平を開くことにつなげてくれるでしょう。これは、次第に中央からの統制が減り、責任が地域のリーダーシップや自己決定に委ねられるようになる園経営の環境の中で、自分たちがより多くの決定権をもち、主体性を発揮するべきといった、ワクワクするような局面になってくるということです。

　実践における真の声を表す事例検討では、専門領域で受け継がれてきたことと、個人として歩んできた道のりが「ケア的なリーダーシップ」の発展に与える影響について詳らかにしています。保育の世界に入りたての人々にとっても、保育におけるリーダーシップのもつ多面的で複雑で統合的な特徴を比較的容易に捉えることが可能になるでしょう。すでに保育のリーダーをされている方々にとっては、ご自身のリーダーシップの実践と響き合うものがあることと思います。そして、思考の広がりをもたらす洞察があり、自らの実践をふり返る刺激的な問いも投げかけられるでしょう。

　著者らは、園の先生方が効果的でケア的なリーダーシップを発揮し、成長していくことを支えたいという明確な願いをもっています。この効果的でケア的なリーダーシップというのは、人々への熱意あるかかわり、智恵、そして現実を広い視野から捉えるための豊かな資源と意志によって説明することができます。そのようなリーダーは、自分の園で子どもたちが育ち、学び、成長していくための最良の機会を提供するためには、園がすばらしく、楽しい場所でなければならないということをわかっているのです。

　本書が面白いのは、組織のすべての層でケア的なリーダーシップに取り組むことで、持続的に成功を収めている、非常に優れた園の実例をいくつか紹介していることです。それらの園は他園と比べてすでにめざましい発展を遂げており、自らの園がますます効果的になるようさまざまな工夫をしています。そういった園では、あまり好ましくない態度とは何かを突き止め、それに立ち向かい、克服しています。と同時に、勇気、信用、誠意といったリーダーシップの最良の行動が多く見られる環境をつくることで、圧倒的な変化がもたらされる風土の中で働くことを可能にしています。このようなリーダーシップは、幸せ

そうで、創造的な、思いやりのある子どもたちの姿へと反映されます。それはまた、すべての機会を最大限活かしつつ、乳幼児期の経験になお多くを求めていく――つまり、学びとケアの究極の物差しなのです。

教育とリーダーシップのためのナショナル・カレッジ、乳幼児教育部門ディレクター
Sue Egersdorff

ワールド・クラス・ラーニング・グループ、質保障と専門性向上部門ディレクター
Pam Mundy

略語一覧

CPD	Continuing Professional Development	継続的な専門性向上
ELEYS	Effective Leadership in the Early Years Sector	保育における効果的なリーダーシップ研究
EPPE	Effective Provision of Pre-school Education project	効果的な就学前教育プロジェクト
EYE	Early Years Educator	保育教育者
EYFS	Early Years Foundation Stage	乳幼児基礎ステージ
EYLs	Early Years Leaders	保育におけるリーダー
EYP	Early Years Professional	保育専門職
EYPS	Early Years Professional Status	保育専門職資格
EYT	Early Years Teacher	保育教師
FY	Foundation Years	基盤となる年齢
ISSPP	International Successful School Principalship Project	成功する学校長の国際プロジェクト
LLEaP	Leadership of Learning in Early Years and Practice	保育実践における学びのリーダーシップ
NPQH	National Professional Qualification for Head Teachers	園長のための国家専門職資格
NPQICL	The National Professional Qualification for Integrated Children's Centre Leaders	総合的なセンターのリーダーのための国家専門職資格
Ofsted	Office for Standard for Education	教育監査局
QTS	Qualified Teacher Status	教員資格
REPEY	Researching Effective Pedagogy in Early Years	保育における効果的な教育方法の研究

はじめに

　『育み支え合う保育リーダーシップ（Effective and Caring Leadership in the Early Years：保育[1]における効果的でケア的なリーダーシップ）』というタイトルが示すように、この本は乳幼児とその家族、保育者、教師、ペダゴーグ、諸機関の専門家、そのほかの関係者にかかわって、効果的でケア的な実践を行おうとするリーダーのための本です。ほかにも保育におけるリーダーシップの本が書かれていますが、ここではなぜ「ケア的」という言葉が「効果的」という語とともに使われているのでしょうか？

　ケアに関する倫理は、保育分野の仕事とはどういうものかという議論を支えるもので、ケア的なリーダーシップに通じるものがあります。ケアの倫理は、スタッフ、子ども、保護者、保育者、そして諸機関の専門家に対してケア的な関係性をもつことを促したり、伸ばしたり、継続したりすることを求めていて、専門家として行動する判断基準となっています。乳幼児にかかわって働きたいという情熱は、養育的でケア的な方法で保育の仕事をするリーダーでありたいと願う原動力になります。子どもたちのホリスティック（全人的）な学びと育ちは、保育におけるケア的なリーダーシップの芯となるものです。保育における効果的なリーダーシップは、ケア的であることを社会の原理の1つとして提唱するべきであり、子どもたちとその保護者らの教育面・健康面・社会面の成果（アウトカム[2]）を改善することに邁進し、保育者、教師、実践者、ペダゴーグらの専門的な学びと成長が続くよう、努力するべきなのです。

　リーダーシップは、複雑なものです。保育におけるリーダーシップ、特に効果的なリーダーシップの特徴と性質を理解するには、まず『保育における効果的なリーダーシップ（ELEYS: Siraj-Blatchford and Manni, 2007）』というすぐれた研究を通して読み解くことから始めたいと考えます。効果的なリーダーシップは、とりわけ学位をもったリーダーによって発揮されると、子どもたちの教育面・健康面・社会面などの学業達成とウェルビーイングに良い影響を与えることがわかっています。この本では、第2章の「保育における効果的でケア的なリーダーシップの実践」で出されたモデルを、「保育における効果的なリー

1　ここでいう「保育」とは、乳幼児期の教育とケアを含みこむ用語として使用します。
2　成果、結果、効果などと訳されることが多く、具体的には、あるサービスやプログラムが個人や集団にもたらす変化や影響を指します。主に、行動、技能、知識、態度、価値観、状態といった側面の変化や変容によって示されます。

ダーシップ（ELEYS）」研究からさらに積み上げ発展させていくことを目指しています。

　保育におけるリーダーシップに関する本を執筆することは、刺激的で挑戦的なことでした。というのも、近年はイギリス国内でも、国際的にも、保育の分野で多大な改革と変化が起きていたからです。教育政策と労働問題の改革は、保育が子どもたちの学びと育ちにとって重要であることを提起することになりました。乳幼児やその保護者にかかわる大人やリーダーの役割が価値あるものとして脚光をあびることになったのです。そして、リーダーシップの実践の特徴的な部分に目が向けられるようになってきました。例えば、子どもの学びと育ちを伸ばすような教育的なリーダーシップのあり方や、学校や園の中心に学びを位置づけること、そして実践や学びの共同体を立ち上げることなどです。そのような中で、協働的で、エンパワメントし、分散化され、共有されたリーダーシップが、個人や組織の成長を支え、リーダーシップの素質や能力を伸ばしていきます。リーダーが変化のプロセスを理解しているということも、組織の成長を支えます。関係性を育むリーダーシップ、関係性が広がり持続していくということは、効果的なリーダーシップに不可欠な要素です。同僚性を重視し、関係的で、養育的でケア的なリーダーシップは、保育におけるリーダーシップの独自な性質として注目されるようになってきました。

本書の構成

　この本は、保育現場で働いている、あるいは保育や保育研究、リーダーシップについて学んでいる現職、新任、あるいは未来のリーダーに向けて、また、保育者養成に携わっている人に向けて、書かれています。各章の中では、園や学校、チルドレンズ・センターなどでの総合的・教育的実践を提供するためのリーダーシップにかかわる問題に焦点をあてています。その目的は、園の質を高め、子どもたちとその家族に成果をもたらすような違いを生み出す効果的でケア的なリーダーシップの実践について明らかにする必要性を満たすことにあります。

　ここでは、「early years」と「early childhood」を互換的に使っています（本文中ではいずれも「保育」としています：訳者註）。「early childhood」は、0～6歳を指し、国内外（例えば、イングランド、スコットランド、ヨーロッパ諸国やオーストラリアなど）の乳幼児の学びのための枠組みが0～6歳を対象にしていることを反映しています。

　本書は、効果的でケア的なリーダーシップに関するトピックについて、一貫した枠組みを示すために、3つのパートで構成しています。

- 理論的・実践的で研究にもとづいた視点
- 保育における効果的でケア的なリーダーシップの実践のモデル
- 保育のリーダーたちのケーススタディやふり返りから見るリーダーシップの実践事例

- 各章で取り上げたリーダーシップのトピックと実践について、現職あるいはこれからのリーダーになる人への質問
- 各章で議論されたテーマや概念について、より深く理解するための参考文献の紹介を章末に配置

　この本では11章にわたり、保育における効果的でケア的なリーダーシップについて筋道立った形で議論していきます。各章が、それまでの議論の上に積み上げるように、かつ章ごとにテーマをもって書かれています。パート2では、2章ずつのペアが4つあり、保育における効果的でケア的なリーダーシップのモデルを示しています。ここでは、それぞれのテーマごとに2つの章を割いて、関連するリーダーシップの実践について述べています。読み進める際には、章ごとでもいいですし、2章ずつ読むのもいいでしょう。

パート1　保育におけるリーダーシップ

　第1章「保育におけるリーダーシップ──保育の文脈」では、保育における効果的でケア的なリーダーシップについて、どのようなリーダーシップ像が求められているかを探ります。ここではリーダーシップの向上のための専門的な学びの機会について議論し、リーダーシップとマネージメントの関係を検討し、そして保育ならではのリーダーシップのあり方について視野を広げていきます。その中で、保育におけるケアの倫理や、インクルーシブなリーダーシップ、リーダーとしての女性、そして総合的な実践の中での分散型で共有的なリーダーシップについて言及していきます。園や学校、チルドレンズ・センターにおけるリーダーシップは、保育の水準を上げ、子どもたちの教育面・健康面・社会面での成果の質を向上させると認識されているのです。

　第2章「保育におけるリーダーシップ──研究から見えるもの」では、保育におけるリーダーシップの研究について検討します。「保育における効果的な教育方法の研究（REPEY）」「保育における効果的なリーダーシップ研究（Effective Leadership in the Early Years Sector: ELEYS）」「保育実践における学びのリーダーシップ（LLEaP）」について、研究のデザインや方法、主な結果が論じられ、保育における効果的でケア的なリーダーシップの実践やその性質、求められていることなどを明らかにします。

パート2　保育における効果的なリーダーシップ

　イントロダクションでは、パート2を構成する「保育における効果的でケア的なリーダーシップの実践」のモデルが示されます。その中で「方向づけのリーダーシップ」「協

働的なリーダーシップ」「エンパワメントするリーダーシップ」、そして「教育のリーダーシップ」の4つのテーマと、「共通のビジョンをつくり上げること」「効果的なコミュニケーション」「チーム文化の活性化」「保護者の協働を促す」「主体性を引き出す」「変化の過程を引き出す」「学びをリードする」「省察的な学びをリードする」という8つの実践事例について述べます。このように、園のリーダーが保育におけるリーダーシップのありようをさらに理解できるように枠組みを提示するようにしています。

　第3章「方向づけのリーダーシップ──共通のビジョンをつくり上げること」では、効果的でケア的なリーダーシップの中で方向づけのリーダーシップというテーマの定義を示すとともに、共通のビジョンをつくり上げることについて、その実践を探っていきます。共通のビジョンを明らかにし発展させるリーダーの能力は、方向づけのリーダーシップの中心的な課題であり、園や学校、チルドレンズ・センターにおける方針や実践を意図性をもって道筋をつけていくことが大切です。この章では、方向づけのリーダーシップの中で、どのようにビジョンを明らかにし発展させるかについて論じ、実践事例を検討することで、それらについてふり返るようにします。

　第4章「方向づけのリーダーシップ──効果的なコミュニケーション」では、効果的でケア的なリーダーシップのうち、方向づけのリーダーシップにおける効果的なコミュニケーションについて、その実践のあり方を論じます。コミュニケーションを効果的に行うリーダーの能力は、子どもたちを含むすべての関係者に対してビジョンを明確化することとつながっています。それによって、他者に影響を与え、園の方針や実践に一貫性が出てきます。この章では、方向づけのリーダーシップにおける効果的なコミュニケーションとはどのようなものか、そうしたコミュニケーションの中で積極的に聴くという行為がもつ役割について論じます。そしてリーダーシップにおける情動知能について検討します。最後に、効果的コミュニケーションについてふり返るようにします。

　第5章「協働的なリーダーシップ──チーム文化の活性化」では、効果的でケア的なリーダーシップにおける協働的なリーダーシップのテーマについて定義します。そのうえで、「チーム文化の活性化」について探っていきます。この章では、うまくいっている園や学校、チルドレンズ・センターでは、組織の内外で関係性を構築し、維持しているということを理解しながら、チーム文化をいかに活性化するかが重要であることを述べていきます。そして、チーム文化を経験することやチームとして働くことについて、リーダーシップの実践やふり返りのための問いを通して、協働的なリーダーシップについてふり返るようにします。

第6章「協働的なリーダーシップ──保護者の協働を促す」では、効果的でケア的なリーダーシップにおける協働的なリーダーシップについて、保護者との協働をどのように促すかについて述べていきます。家庭、家庭から園への移行、そして園での子どもたちの教育に、保護者と協働しパートナーシップのもとでともに取り組むことや、協働的に関与してもらうよう促すことは、リーダーにとって大切なことです。このことを論じ、リーダーシップの実践例を通して検討していきます。そして協働的な方法で保護者のかかわりをリードしていくことについて、ふり返るようにします。

第7章「エンパワメントするリーダーシップ──主体性を引き出す」では、効果的でケア的なリーダーシップにおけるエンパワメントするリーダーシップについて、変化をもたらすリーダーシップとして他者の主体性を引き出す実践を探っていきます。他者に影響を与え、その人がリードするように力づけるようなリーダーの能力は、リーダーシップの実践の中核をなすものです。分散型、共有型で変化をもたらすリーダーシップを通して、その実践は個人のリーダーシップの資質能力を、組織の内部で、またその将来的な発展のために形づくっていきます。ここではリーダーシップの実践例とふり返りのための問いを通して、主体性を引き出すリーダーシップについてふり返るようにします。

第8章「エンパワメントするリーダーシップ──変化の過程」では、効果的でケア的なリーダーシップにおけるエンパワメントするリーダーシップについて、その変化の過程をどのようにリードするかの実践を探っていきます。園や学校、チルドレンズ・センターをリードするために必要な鍵となるスキルの1つに、変化の過程を理解し、変化をリードし、実行し、持続する能力があります。変化は内発的かつ外発的に動機づけられるものであり、必要なことであるのです。現在の保育における変化の文脈では、リーダーに対して注目度が増してきていると同時に説明責任が求められつつあり、組織内部の変化をリードする能力は大切なのです。この章では、変化の過程は組織の改善のためにあると捉え、変化をもたらす働きをもつリーダーシップについて探り、園を改善する中でのシステムとしてのリーダーシップについて検討します。ここでは実践例とふり返りのための問いを通して、エンパワメントするリーダーシップについてふり返るようにします。

第9章「教育のリーダーシップ──学びをリードする」では、効果的でケア的なリーダーシップにおける教育のリーダーシップについて定義し、学びをリードするリーダーシップの実践について、もっとも広い意味において探っていきます。そこでは、組織の中心に学びを位置づけています。この章では教育方法（ペダゴジー）と教育的リーダーシップとは何かを定義するとともに、教育のリーダーシップとそれが園の実践や方法の質の向上にどのように貢献しているか、学位をもった教育のリーダーらの育成と役割について検討

し、実践の学びの共同体について考えます。そのうえで、実践例とふり返りのための問いを通して、学びをリードする教育のリーダーシップについてふり返るようにします。

　第10章「教育のリーダーシップ──省察的な学びをリードする」では、効果的でケア的なリーダーシップにおける教育のリーダーシップの中で、省察的な学びをリードしていく実践について探っていきます。この章では、省察的な実践と協働的な対話を通した、保育者の継続的で専門的な学びと成長が重要であるという一般的な見解について論じます。また、継続的で専門的な学びと成長と園の質の向上との関係性を考え、教育のリーダーが省察的な対話と学びの機会をどのように提供するかを探究します。さらに、実践のモニタリングの方法や、フィードバックの与え方についての方法、実践のさらなる発展への指針を示すことについて検討します。そのうえで、実践例とふり返りのための問いを通して、教育のリーダーシップと省察的な学びをリードすることについてふり返るようにします。

パート3　省察的リーダーシップ

　第11章「リーダーシップの物語」は、最終章です。効果的でケア的なリーダーシップの実践が、ナラティブ（語り）という形で、生きたリーダーシップの経験を通して描かれます。3人の園のリーダーが、自分がたどってきた道のりを自伝的にふり返って語ってくれます。そこではリーダーとしてのアイデンティティや、リーダーシップのスタイル・実践が述べられています。また本書の最初のほうで議論された、方向づけ、協働的、エンパワメントする、あるいは教育のといった、それぞれのリーダーシップのテーマに沿って、リーダーシップとはどういうものかを、これらの物語が示してくれます。現職やこれからリーダーになろうとしている人たちが、リーダーシップの経験にもとづいたストーリーを理解し、省察するようにします。

パート1
保育におけるリーダーシップ

イントロダクション

　パート1の2つの章は、保育におけるリーダーシップに関する文脈のあらましと、学術的な文献ならびに著名な研究にもとづく理論的基盤を示すものです。研究から得られたエビデンスは、子どもの学びと教育の成果についてのスタンダードを向上させるうえで、リーダーシップの重要性を訴えかけています。リーダーシップは、複雑な現象であり、保育の文脈におけるリーダーシップの複雑さと独自性は、解明されかかったばかりです。この分野における他の研究者や筆者たち自身の研究を見ることで、パート1の保育におけるリーダーシップについて議論をしていきます。それにもとづいて、本書の続きの章を述べていきます。

　保育におけるリーダーシップは、まるで山あり谷ありのリーダーシップの大地を流れる河のようです。ここでの議論は、イギリス国内外の視点をふまえたものです。保育におけるリーダーシップを、グローバルな構成概念の中に位置づけたうえで、この領域独特のリーダーシップとして理解していきます。そうすることで、保育のリーダーたちがどのように行動し実践しているかについて、研究がいかに示唆を与え理解を促したかを探っていきます。パート1では、保育界の文脈的枠組みの中で、効果的でケア的なリーダーシップについて定義され、議論されます。そうすることでパート2における議論と省察のための支流を形づくります。

1

保育におけるリーダーシップ
──保育の文脈

> ☀ この章のあらまし
>
> 　保育施設や学校、チルドレンズ・センターにおけるリーダーシップは、子どもの教育面や健康面、社会面の成果のスタンダードを引き上げ、それらの質を高めるために大切なものであると認識されてきました。効果的でケア的なリーダーシップは、乳幼児とその家族のための質の高い園を築くために重要な、発展しつつある分野です。この章では、発展するリーダーシップの地平と、保育の文脈におけるリーダーシップの独自性について議論をしていきます。
>
> 　この章では：
> - 保育における発展するリーダーシップの地平について探っていきます
> - リーダーシップを育む専門的な学びの機会について議論します
> - リーダーシップとマネージメントの関係について検討します
> - 保育の文脈におけるリーダーシップの独自性について議論します

発展するリーダーシップの地平

　リーダーシップは、その概念やリーダーであることについて理解するために、数多くの定義が存在する複雑な現象です。リーダーシップ、リーディング、リーダー、といった用語は、さまざまに使われています。端的に、リーダーシップは目的的でポジティブな活動として描かれます（Fitzgerald and Gunter, 2008）。効果的な教育のリーダーシップ、教員のリーダーシップ、学校改善のためのリーダーシップと、幼児・児童の教育面の成果の間には、関連性があることが実証されています（Bush et al., 2010）。例えばオーストラリア・

クイーンズランド州で行われた研究でリンガードら（Lingard et al., 2003）は、生徒たちの成果と直接的に関連し、支えているリーダーシップの実践を生産的リーダーシップと表現しています。ストラット（Starratt, 2003）は、1つの組織の単独のリーダーシップから、学びのリーダーシップや共有型・分散型リーダーシップに焦点が移っていると言っています。そのようなリーダーシップは、学習者が組織の中心に置かれ、学びとリーダー、リーダーシップをつなげていくものであるとされています。

広い文脈での保育の場や園におけるリーダーシップの理解は進んできています。教育面や健康面、社会面、そしてウェルビーイングに関する子どもの成果に影響を及ぼしています（Rodd, 2013; Siraj-Blatchford and Manni, 2007; Siraj-Blatchford et al., 2002）。リーダーシップは関係的で協働的な概念であるということが明らかとなってきています。リーダーシップが分散型で共有された場合は、すべての人々がリーダーとなりえたり、リーダーシップを発揮したり、リーダーシップから利益を得たり、ひとりひとりが力や主体性を発揮したりするのです（Fitzgerald and Gunter, 2008）。リーダーシップは変革するものであり、個人に力を与えるものです。グリーンリーフ（Greenleaf, 2003）は、「真のリーダーシップは根源的な動機が他人を助けたいという望みであるときに表れる」と述べています。

保育におけるリーダーシップと専門性との関係についての国際的な理解は、ボトムアップ的な視点から発展してきました（Dalli, 2008）。イングランドの「保育専門職（Early Years Professional: EYP）」課程の卒業生が教育的リーダーシップに果たす役割とその地位が全国に認められたことによって、リーダーシップが保育の専門職化と保育界で働く人の地位向上につながったのです。ダーン（Duhn, 2011: 141）は、専門性とリーダーシップは、「学び続ける自己」と密接に関連していると見ています。また、エルズワース（Ellsworth, 2005）は、「学び続ける自己」を、変化と経験、職業的自己と個人的自己とを、専門的に「形成される知」の過程の中でお互いをつくり変えるものとして理論化しています。リーダーシップと学びとは、リーダーシップそのものをつくり変えるものであり、専門性の1つの側面でもあるのです。

リーダーシップの理論、すなわち、特性論、行動論、状況論、そして変革型リーダーシップ理論は、リーダーシップの理解に情報を与えてくれました（Whalley, 2011a）。そこには、リーダーシップのスタイルと実践に影響を与える文化的・文脈的側面が含まれています。「成功する学校長の国際プロジェクト（International Succesful School Principalship Project: ISSPP）」は、地理的に異なる場にあり、さまざまな社会経済的背景をもつ生徒たちの通う学校のうち、うまくいっている学校のリーダーシップの実践を見出そうとするものです。ここでの学校のリーダーシップの「成功」という構成概念は、このプロジェクトの文脈の中で解釈された相対的なものです。ケーススタディで提示されたさまざまな観点が反映されています。そのほとんどの学校で、校長は学校の方向づけをしています。校長が明確に方向づけをした学校もあれば、対話による共有された知と意味の創造の産物として方向づ

けがなされた学校もありました。

　北欧諸国では、民主主義の原理が学校のリーダーシップに応用されています。スウェーデンでは、多くの学校が教員のチームをつくり、責任と意思決定を分散しています。オーストラリアのタスマニア州の校長は、方向性を見出すのに、同僚性と協働の文化を求めて努力しました。中国の学校システムは、階層をもとにしたリーダーがいて、トップダウンの性格の強いコミュニティがあります。地区（教育委員会）ごとに政策や決定がなされ、トップダウンで実施されます。その下のレベルの管理職でも、さらには学校でも同じような形になっています。アメリカのニューヨークでは、公立学校のパフォーマンス規準によって進捗を評価することで、協働的な学びと対話が生まれてきました。リーダーシップは教員チームに分散され、協同的に計画し意思決定するようになっています。イギリスでは、校長は生徒の成績を改善するために方針を決めます。学校とその教育についての方針と方向性を決めるのですが、教員チームにその方針を実行するための責任と業務を任せるのです。

　保育における国際的な動向としては、世界各地で保育の性質そのものが変化したり、リーダーシップについての理解と発展が見られたりしています。国によって文脈が異なっているのですが、子どもの学びと発達について保育への関心が新たにもたれていることと、保育そのものが変化する主な要因として、この時期の教育が重要であることが確認されていることがあります（Chan and Mellor, 2002）。

　リーダーは、訓練を受けることなくリーダーシップの役割を担っていることが多く（Aubery, 2011）、国際的に見てもその資格はさまざまです。オーストラリアでは実践者がそのままリーダーシップをとるようになっていますし、ニュージーランドやヨーロッパでは、高校卒業証書や学位、修士号、教員免許など、異なった資格をもっています。オーストラリアでは、保育の実践者の大多数は、免許をもった教師です（Jonsdottir and Hard, 2009）。ニュージーランドでは、保育と教育の総合サービスは、幼児教育センターで教師によって提供されています。リーダーシップに特化した資格をもつ実践者はほとんどいません。しかし、アイスランドの園長は、1年課程の大学院レベルの資格をもっている人が多く、中には修士号をとっている人もいます。ヨーロッパの保育界で使用されている用語は、表1.1にあげられています。これらさまざまな仕事の肩書きは、0〜7歳までの乳幼児にかかわる実践者の役割を表すのに使われています。

　ざっと見ると、「リーダー」という言葉は大げさ過ぎるようでここにはありませんが、ペタゴーグ、教員、専門職、といったものが一般的に使われています。仕事の肩書きとしては、保育士、補助教員、教員、というものが使われ、そのうえで「保育専門職」「保育実践者」がイングランドで使われていて、保育の世界で働く人々の役割と責任について、ますます混乱を招いています。保育の資格について出された「質の基礎（Foundations for Quality）」という報告書では、ナットブラウン（Nutbrown）はイングランドにおいての新

しい仕事の肩書きを提案しています。それらは、保育実践者（レベル3）、上級保育実践者（レベル4以上）、保育専門職（保育専門職課程の卒業者）、そして保育教師（教員資格課程の卒業者）です。そこでの教育的リーダーシップの役割は次のように定義されています。保育実践者は保育室での実践をリードする。上級保育実践者はいくつものクラスを超えて実践をリードする。保育専門職（EYPs）は、園全体の実践をリードし、保育教師（EYTs）は園の全体として教育的リーダーシップを提供する。そして、すべての保育者は直接子どもや家族とかかわる。ナットブラウンの提案では、保育実践者の仕事の役割を無資格や資格の低い保育者の支援や指導のリーダー的責任にあるとしています。トラス・レポート（Truss Report）の「より良い保育（More Great Childcare）」（DfE, 2013）では、保育教育者（early years educator）という肩書きがレベル3の資格をもった保育者に使われています。そして「保育教師（Early Years Teacher）」というのが、ナットブラウンが提唱したものの代わりに、学位をもったリーダーに使われています。このような新しい肩書きは、保育者の役割を実践から教育にその重点を変化させています。

国	職　名
オーストリア	幼稚園ペタゴーグ（Kindergarten pedagogue）
ベルギー	ソーシャル・ペタゴジー専門職（Social pedagogy professional） 乳児専門職（Infant-toddler professional）
チェコ	教諭（Teacher）
デンマーク	ペタゴーグ（Pedagogue）
フランス	就学前教諭（Pre-primary teacher）
アイルランド	小学校教諭（Primary school teacher） 初級 保育実践者（Basic practitioner in early childhood/care） 中級 保育実践者（Intermediate practitioner in early childhood/care） 熟練 保育実践者（Experienced practitioner in early childhood/care） 上級 保育実践者（Advanced practitioner in early childhood/care） 専門 保育実践者（Expert practitioner in early childhood/care）
イタリア	乳幼児教育教諭（Early childhood education teacher） 乳幼児向け民生事業補助員（Assistant in community work with young children） 教育者（Educator） 総合教諭（Integration teacher）
ルーマニア	就学前・小学校専門職（Pre-primary and primary school professional）
スペイン	乳幼児教育教諭（Teacher in early childhood education） 乳幼児教育上級専門職（Senior specialist in early childhood education）
スウェーデン	乳幼児教諭（Teacher of young children）

表1.1　ヨーロッパ諸国における保育者の職名

イングランドにおける「効果的な就学前教育プロジェクト（EPPE）」では、高い質の園と子どもたちの認知的な成果は学位をもった保育者によってリードされている、ということが明らかとなりました。より低い資格をもつ保育者は、より高い資格をもつ保育者と共に働くことで伸びていきます（Oberhuemer et al., 2010）。アメリカの研究では（Barnett, 2004）、保育者の資格と保育の質の関係性について、保育者の教育レベルと保育のスペシャリストとしての専門的な資格が、保育者と子どものやりとりの質と、子どもの学びや発達の両方を予測することを明らかにしています。

　トラス・レポート（DfE, 2013）に書かれたイングランド政府の教育改革案では、保育の専門家である学位をもったリーダーたちが教育の質を改善する助けとなっていることを認めていますが、その地位は低いのです。政府としては、保育の世界により多くの学位をもった人を引き入れたいと考えています。保育専門職と保育教師は教育的リーダーシップの役割を担っていますが、保育教師は保育専門職養成課程の上に成り立つようになり、既存の幼児教育専門家は、幼児の発達の専門家としての保育教師と認識されるようになるでしょう。保育教師は教員資格（QTS）と同等であるとして見られるようになります。ナットブラウン（Nutbrown, 2013）がトラス・レポートへの議論で述べたように、このことは教員資格（QTS）をもっている保育教師と、そうでない者と間に、その地位と給与に関して不平等をもたらすだろうと考えられます。「保育教育者（Early Years Educator）」という用語と、トラス・レポートにあるような保育教師という地位は、政府が子どもの教育や学び、そして学位をもった教育のリーダーシップを重要視していることの表れなのです。

　同様に、保育教師センター（EYTC）は地方が教育や学び、そして学びのためのリーダーシップに注力することを促進します。これらのセンターは研修や支援、優れた実践の例示などを組み合わせることを通して、効果的な教育のリーダーシップを進めていきます。そこでは実践の共同体を通した専門的な学びのモデルが、園だけでなくチルドレンズ・センターのある地域においても子どもの成果を改善するということが実証されています（Pen Green, 2012）。

保育におけるリーダーシップの発展

　イングランドにおいて、ナーサリー・スクールでは園長や副園長が、インファント・スクールのナーサリークラスや学級では教師が、リーダーシップを発揮してきました（Hallet, 2013a）。こうした環境では、リーダーシップは学校のような教育施設の領域にあるように思われてきました。例えば、シュアスタート（Sure Start）のチルドレンズ・センター、民間・ボランティア組織・独立組織（PVI）で運営されているプレイグループやプレスクール、クレッシェ（乳児院）、全日制保育園、期限つきで開設された園など、ケアと教育が行われる保育の場ではリーダーシップはほとんど認知されてきませんでした。多

くの保育者や実践者、特に女性のリーダーは、人や資源・カリキュラムをリードする役割よりも、保育者としての役割を認められる方を好みました（Rodd, 2013）。保育におけるリーダーシップは存在するものの、最近まで認知されずにきたようです。

　保育専門職の地位のための研修プログラム、「総合的なセンターのリーダーのための国家専門職資格（NPQICL）」「園長のための専門職資格（NPQH）」といった、在任中のリーダーのためのリーダーシップ・プログラムの導入は、実践者や保育者に対して高等教育を通じた国家的に認められたリーダーシップにアクセスする機会を提供したのです（CWDC, 2008; NC, 2010）。「効果的な就学前教育プロジェクト（EPPE）」や、関連する研究である「保育における効果的な教育方法の研究（REPEY）」の主な知見の1つは、高い質のスコアをつける園は、高い資格をもった職員がいるところである、ということです。キャリアを通して学び続けるリーダーシップが重要であるということは、持続可能なリーダーシップの発展につながるものであると認識されているということです。オーストラリアの学校制度は、リーダーシップをとりたいと思う段階からリーダーになった初期の段階、次に熟慮と成長の段階、高度に成功する段階へ、そして他の役割へと移行する段階に至るまで、リーダーシップの道のりを支える継続的な枠組みをつくり上げてきました（Anderson et al., 2007）。イングランドでは、国立教員・管理職大学（National College for Teaching and Leadership：その前身は国立学校管理職大学）が、将来のリーダーと在職中のリーダーに対して専門職としての養成プログラムを提供しています。

　イギリス政府が提出した「子どものために働く人材育成戦略（DfES, 2005a）」は、今後より高度な資格をもった労働力を（特に民間の分野において）輩出する必要性を指摘しています。学位をもったリーダーシップのための養成プログラムの導入や、民間で働く人々のためのリーダーとしての保育専門職資格、保育専門職の役割は、この問題に焦点をあてています（CWDC, 2008）。公務員の中で、保育界で働く人々は低い地位に甘んじ、最も低賃金で働いていると見られています（Miller and Cable, 2008）。政府としては、「リーダーの昇進・学位助成金（Transformation and Graduate Leader Funds; 2006–2011）」を資金として、より高度な資格とキャリアの機会を得られるよう、多くの実践者（特に女性）が高等教育を受けるための経済的支援を提供してきました（DFE, 2011）。学位をもったリーダーシップ養成（保育専門職資格：EYPS）に関する縦断研究では、学位をもったリーダーシップ養成が、特に初任段階において、リーダーの実践に好影響を与えることが明らかとなっています。

リーダーシップとマネージメント

　園と学校、そのリーダーたちは、その質と効果、特徴はさまざまです。ケア、保健、家庭支援に関連する分野を先駆的にリードし管理すること、そしてそれらを教育と統合した

り、予算を管理したり、情報を報告することなどが求められています（Siraj-Brlatchford and Manni, 2007）。また、専門職としての視点や関連する資格、異なった経験レベルと研修の有無など、さまざまな保育者がいるのに対して、効果的に管理し、配置し、研修を施す必要もあります。このことに関しては、一般社会からのアカウンタビリティ（説明責任）に対する強い要求と、子どもの健康面・教育面・社会面の成果とサービスについて、優れた結果を出さなくてはならないというプレッシャーがあるのです（Aubrey, 2011）。

　リーダーシップとマネージメントという2つの側面は、1つの役割に集約できるものです。保育界においては、これらの用語は互換的に使われていますが、リーダーというよりはマネージャーであることに重きが置かれています。シラージ・ブラッチフォードとマニ（Siraj-Blatchford and Manni, 2007: 25）は、「保育における効果的なリーダーシップ研究（ELEYS）」で、園の中でリーダーであることとマネージャーであることのバランスをとることが重要であることを見出しています。管理的な役割が教育や学習をリードすることよりも優先される現状があるからです。

　次にあげる「保育実践における学びのリーダーシップ（LLEaP）」からの事例では、民間のデイ・ナーサリーの園長が、園のベテラン集団内部でのリーダーシップとマネージメントの役割についてふり返ったことが書かれています。

事例：リーダーのふり返り——園をどうリードし、マネージするか

　　デイ・ナーサリーの園のオーナーであるリサ先生は、ビクトリア朝時代の家の1階にある彼女の小さな園でのリーダーシップとマネージメントについてふり返っています。

　　　園の運営チームは、オーナーとしての私と、園長であるスー先生、主任のディーナ先生の3人です。そこでは管理運営、財務、そしてカリキュラム運営といった仕事を担っています。スー先生とディーナ先生はこれらの仕事を分担しています。ディーナ先生は、大学院レベルの養成コースを修了し、子どもの発達と学びについてのいろいろなアイデアと理論を持ち帰ってきました。乳児室のリーダーとして、彼女は新しいアイデアや子どもの活動を試してみました。乳児の先生たちと一緒に話し合い、先生たちを巻き込みながらやっていました。ディーナ先生は、園の中でカリキュラムと子どもの学びに関して、リーダーシップをとり始めたのです。先生たちは、子どもたちの活動をどうしたらいいのか、彼女のアドバイスを求めるようになってきました。主任として、ディーナ先生は職員のローテの采配や給食費・園外保育費などの集金、備品消耗品の注文などをこなし、次第に子どもたちとかかわることから離れていきました。

　　　私たちの園では、毎週運営チームの会議をします。ディーナ先生の専門的な知

> 識が園と先生たちの実践に良い影響を及ぼしているな、と話し合っています。そこで、もっとディーナ先生に彼女が身につけている専門性を発揮する時間を与えたいと思っています。そのためには、ディーナ先生とスー先生が役割をはっきりさせること、1人がカリキュラムについてのリーダーで、もう1人が管理運営や財務の面のマネージャーとして役割を果たすように、と考えました。今では、2人は園での仕事内容に合わせて、それぞれに特化した役割、新しい肩書き、そして業務内容をもっています。ディーナ先生はカリキュラム・リーダーとして、スー先生は園のマネージャーとしての役割を担っています。こうすることで、2人は明確に定義され焦点化された2つの並行する役割をもって、共に働くことが可能になりました。
>
> 　今では、ディーナ先生は子どもの学びや発達に合わせたカリキュラムをリードする時間がありますし、乳児室のリーダーとして、また園全体のカリキュラム作成や職員会議をリードすること、後輩保育者の指導や支援にもあたることができるようになりました。一方、スー先生は日々の管理や財務の仕事をする時間ができ、予算の管理や、園評議会への報告、教育監査局（Ofsted）への書類提出など、園の運営が円滑にいくようになりました。これらの2つの仕事は並行してできると同時にお互い補完し合っており、効果的な園のリーダーシップとマネジメントを可能にしているのです。

　この事例は、リーダーシップのための組織の改革について示してくれました。優れたリーダーシップは、優れた学校や園の鍵となる性質であることが例外なく明らかとなってきました（Ofsted, 20113; Sylva et al., 2010）。リーダーシップは学校と子どもの成果に影響を与えるものという意味で、クラスでの実践の次に重要であることが広く認識されています。小中学校における強いリーダーシップとマネジメントは、効果的な学校の鍵となる要因です。現在では、組織としての業績を改善し、園としての成果と質を向上させるために教育的リーダーシップが保育におけるリーダーシップ全体にどのように影響しているのか、またその独自性について、さらに研究が進められているところです。

保育におけるリーダーシップの独自性

　リーダーシップについては、解明したり理解したりすべき特性や特質がいくつかあります。リーダーシップの概念は、学校で見られる教育モデルのリーダーシップから形づくられたものです。それは、1人のオーナーに関係する階層的なリーダーシップの概念ですし、1人の人間がリードする権限をもち、仕事を1人で請け負って実行するといったもので

（Rodd, 2013)、この見方ではカリスマ的なリーダーがいて他が付き従っていく、という感じです。ウェーバー（Weber, 1968; 241）は、「カリスマ性」のある人間とは、並外れて優秀な力や質を豊かにもっているという個人的特性をもっているものだといいます。これらの個人的資質をもとに、その個人が「リーダー」として扱われると考えられるのです。

　しかし、このような確立されたリーダーシップの見方は変わってきています。リーダーシップとは、階層によるものでなく、協働的で、関係性の上に成り立ち、相互に影響しあうようなものであるという考え方が、保育の中で出てきつつあります。保育におけるリーダーシップは、1人のリーダーによるものというよりは、関係性の上に成り立つもので、人々が協働的に働くことで仕事を完遂したり目的に向かったりすることであるということです。ロッド（Rodd, 2013）は、保育にかかわるリーダーは、目指した成果や目標を達成するために他の人の行動に影響を与えられる人、と定義しています。リーダーがしてほしいことを、その人がしたいからするといったように、他の人を動機づけ、影響を与えることができるような資質とスキルを合わせもっています。リーダーは、信頼や動機づけ、安心感といった感情を沸き起こすように、個人的資質を使っているのです。リーダーにはさまざまな責任があります。共通のビジョンを考え、説明すること。目標や役割、責任範囲を決めて明確化すること。情報を集め、計画を立て、決定すること。一生懸命していることや貢献していることに対して、認めたり、励ましたり、コミュニケーションをとったりして、グループのメンバーを巻き込んでいくことなどです。リーダーシップは、個人的で専門的な学びと育ちの過程なのです。そこから組織の変革と改善が生まれるのです。

　学位をもった保育のリーダー（EYP, EYT）は、実践のリーダーとして、民間の保育施設で重要な要素としてのリーダーシップを発揮しています。マックドウォル・クラークとマレー（McDowall Clark and Murray, 2012）は、保育のリーダーシップの視点について議論しています。リーダーシップは、組織のどこにでも存在します。特にその園が、リーダーシップが共有され分散化されているような「リーダーがたくさんあふれているコミュニティ（Raelin, 2003: 44）」であったらなおさらです。こうした「内なるリーダーシップ」のパラダイムは、保育におけるリーダーシップを、集団に根ざした、協働型、参加型、共有型のものであるという新しいコンセプトとして定義づけます。「それは、非階層的で、柔軟で、応答的なものである。適切な知識や専門的技術、あるいはイニシアチブがあれば、また、課題や機会を見つけて行動する能力があれば、組織のあらゆるレベルから生じてくるものである（McDowall Clark and Murray, 2012: 12）」。この「内なるリーダーシップ」という語は、プレイグループのリーダーや、その部屋のリーダー、ナーサリースクールのマネージャーや運営委員会といった、階層的でないたくさんの民間の小さい園でみられるものです。それと対照的なのは、学校の運営委員会で、校長、教頭、主任、主幹、教科主任、あるいはカリキュラムコーディネーターといった人々で構成される階層的な性質をもったものです。「保育実践における学びのリーダーシップ（LLEaP）」でも似たような、インク

ルーシブで民主的なリーダーシップスタイルが見られます（Hallet and Roberts-Holmes, 2010）。ナットブラウン・レポート（DfE, 2012）では、リーダーシップはインクルーシブなもので、学校や園、チルドレンズ・センターで働くすべての人の責任であると述べています。この見方は、持続可能なリーダーシップを育んでいきますし、基盤となる年齢（NC, 2012）において現在編成されている、学校やチルドレンズ・センター、園をまたぐ形のシステム・リーダーシップのモデルを裏打ちするものです。それでは次に、ジェンダーがインクルーシブなリーダーシップに与える影響、女性のリーダーならではの特徴を見ていきましょう。

インクルーシブなリーダーシップ

　保育で働く人々は圧倒的に女性が多く、園のタイプによりますが、平均で98か99％にのぼります。子ども、特に乳幼児とともに働くことは、「女性の仕事」と思われています（Nutbrown, 2012: 41）。男性保育者不足の問題や、黒人と民族的少数グループの保育者の少なさ（Nutbrown, 2012）、同時にリーダーシップの役割を担う女性が少ない、といった問題があります。小学校では、より多くの男性が働いていますが、どうしても基盤となる年齢（0〜5歳まで）の小さい子ではなく、高学年担当になることが多いです。それが3歳以下や乳児になると、ほとんど見られなくなってしまいます。虐待について神経質になったり、子どもを相手に働く男性に対する理解が偏るというのは、男性がいかに偏見や不信に遭遇しているかを示していて、保育の先生、ナーサリースクールの先生、園の先生や補助の先生になる男性がほとんどいない、という結果をもたらしているのです（Cushman, 2005）。保育にかかわる仕事は地位が低く賃金も安い（Nutbrown, 2012; Vincent and Braun, 2010）、という見方は、多様な人々がこの仕事に就くことを難しくしています。

　どんな人が働いているかということは、保育界内部のリーダーシップを反映しています。国際的に見ても、ほとんどのリーダーが女性というのは、教育界の中では保育しかありません（Lumby and Coleman, 2007）。男性は女性ばかりの職場で働く場合、昇任する傾向があり（Lumby ban Coleman, 2007）、そして学校、園、チルドレンズ・センター、民間の保育園団体、児童向けのサービス機関、といったところのリーダーになっていきます。イギリスで小学校に務める男性は上の立場に立つことが多い傾向があります。ナーサリーや小学校の段階では、男性は全体の16％であるのにもかかわらず、校長の38％を占めています。キャメロン（Cameron, 2001: 439）は、イギリス・アメリカ・オーストラリア・スカンジナビア諸国の保育現場で働く男性についての文献を検討し、いわゆる「女性の仕事」をしているときには、経済的にも安定し、仕事の機会も多いことを明らかにしています。

　このジェンダーの不均衡には、さまざまな社会的・文化的な理由が存在します。女性が職場のリーダーをつとめることに関する文献をみると、リーダーシップに関するジェン

ダー・ステレオタイプと、家庭の責任についての想定が、ジェンダーとリーダーシップに関するステレオタイプについて組み込まれた2つの側面であることがわかりました。コールマンは女性に対するキャリア昇任の障壁を以下のようにまとめています。

- 男性的な職場文化――特にベテランのレベルで
- ジェンダー・ステレオタイプ――男性をリーダー、女性をサポーターや養育する人としていること、そのためリーダーとしては「アウトサイダー」であること
- 女性が働く能力に対して、家庭に対する責任が認識されたものであれ、実際のものであれ、影響を及ぼしていること

　誰がリーダーになるかということと、リーダーシップに対するステレオタイプ的な見方と憶測は、リーダーシップに関するジェンダーの論議につながります。ウェイアー（Weyer, 2007）は、女性にとってガラスの天井（昇進にかかわる目に見えない障壁：訳者註）が未だに続いているということに関する研究を見ていく中で、リーダーシップは男性的とみなされる行動が求められ、男性的な仕事そのものであるという文化的な見方があると指摘しています。ミラー（Miller, 2006）は、男性の文化では権力を行使するようなリーダーシップ行動が、女性の文化ではより養育的で支援的、協働的な役割がステレオタイプとしてある、ということを見出しています。シェイクシャフト（Shakeshaft, 1987）は、教育におけるリーダーシップとマネージメントをジェンダーの視点から分析し、女性のリーダーシップスタイルは民主的で参画的であり、インクルーシブな考え方を推奨しながら、カリキュラムについてより広い見方をもっている、ということを示唆しています。マックドウォルとマレイ（McDowall and Murray, 2012）は、ケアの倫理（Osgood, 2004）は、保育の仕事のあり方を裏打ちするもので、ケア的なリーダーシップに浸透する本質であると述べています。しかしながら、ブラックモア（Blackmore, 1999）は、女性的なリーダーシップの資質に男性が公に入り込むことは、男性に有利に働き続けるだろうと述べています。

　リーダーシップの行動と資質は、それがステレオタイプ的に女性的であろうと男性的であろうと、それぞれのジェンダーがそれを共有することを妨げるものではありません。効果的なリーダーは、ステレオタイプでいうところの女性的・男性的資質の両方を持ち合わせているべきで（Gilligan, 1982）、それを踏まえたうえで、特定の状況や文脈に対して適切なリーダーシップを発揮するものです。女性でも男性でも、園長は民主的で養育的な女性的リーダーシップスタイルを求めるもの（Lumby and Coleman, 2007）であり、特に保育界においてはそうなのです。リーダーは、愛情深く（女性的）論理だった（男性的）方法を組み合わせるべきで、広い範囲の資質と行動を使うべきなのです（McDowall and Murray, 2012）。

　リーダーシップ理論からはジェンダーが見過ごされています（Runte and Miles, 2006）。

スタンドポイント理論（女性の視点からの社会分析を行う理論：訳者註）は女性が独特の世界観や人生観をもっているという見方をとっています。なぜなら、女性としての経験は、男性のもつ経験と異なっているということと切っても切れないものだからです（Coleman, 2011）。リーダーとしての女性のもつリーダーシップの行動と資質については理解が深まってきました。クリスホーム（Chrisholm, 2001: 398）は、母親時代の経験や資質をつなげた女性に見られる「母性的フェミニズム（maternal feminism）」について述べています。リーダーシップのスタイルや行動・資質が、養育的・民主的かつ主張的（アサーティブ）である「強い女性」が出てきているというのです。このような態度は、伝統的なリーダーシップに関する見方を覆し、リーダーの多様性を求めて、リーダーシップの再概念化をしようとするものです。大卒・大学院レベルのリーダーシップ・プログラムを通して、多くの女性のリーダーがチルドレンズ・センター、総合的な子どもへのサービス、ナーサリースクール、その他の園での園長として保育界に輩出されています。高等教育を受けることで、今まで伝統的に教育・福祉の中で補助的な役割しか与えられずに「見えない労働力」であった女性が、園のサービス・実践をリードする最前線にいるのです（Hallet, 2013a: 10）。そして現在、彼女らが実践してきた、共有され分散化したスタイルのリーダーシップが、ケアの倫理の価値観を土台として論じられています。

ケア的なリーダーシップ

　イングランドにおける学際的な子どものためのサービスを提供する中でのケア的なリーダーシップと、ケアと教育との文脈に関しては、ランボルド・レポート（Rumbold Report）の「質の高いスタート（Starting with Quality）」（DES, 1990）で述べられています。そこでは、公立および民間の学校や保育施設における3・4歳児への保育について、不平等があることが明らかとなっています。レポートでは、ケアと教育が統合されて提供されるべきであると示唆されていて、複数の機関でサービスを提供する際に「エデュケア」の概念が導入されました（MacLeod-Brudenell, 2008）。ランボルド・レポートでは、子どもや家庭にかかわるための学際的な知識と理解をもった、より質の高い労働力が必要であると言われています。子どもや家庭にかかわる際に必要な、保健・社会福祉・教育の視点を盛り込んだ保育専門の学士号を導入することによって、ホリスティック（全人的）で総合的な働き方ができるようになってきたのです（DES, 1990）。

　労働党政権による「すべての子どもが大切：子どものための改革（Every Child Matters: Change for Children）」（DfES, 2004b）は、子ども・若者・家庭に関係するすべてのサービスを、後の人生への機会を平等化し最適化するという、社会正義を実現するための政策として、1つの国家的枠組みのもとで統一する戦略計画を提示しています（Knowles, 2009）。より最近では政府の検討を踏まえ、多機関による包括的なアプローチでサービスを提供す

るようになってきています。マーモット・レポート（Marmot Review; Marmot, 2010）では、多くの要因（家庭、経済状況、教育、そして社会）が複雑に重なり合い、健康格差が生じていることを示しています。しかしそれらの多くは予防可能で、健康格差に対して、強い社会的正義と経済的状況の改善から取り組まれているのです（Marmot, 2010）。アレン・レポート（Allen Review; Allen, 2011: xi）では、乳幼児と家庭に対して全体的にサービスを提供するよう促しています。そこでは、早期介入の政策とプログラムによって、関係諸機関が0～3歳までの子どもたちを、「子どもたちが可能性を最大限に発揮できるようになるための社会的・情緒的基盤」を与えるために、どのように支援するかが述べられています。子どもの保護と保障についてのマンロ・レポート（Munro Review）は、早期介入プログラムを提供していること、早期介入の成果が報告されていることの点において、シュアスタートの園と保健訪問サービスが良いと認めています。フィールド・レポート（Field Review; 2010: 6）は、貧困と、それが子どもの生活の変化に与える影響について分析し、人生の最も早い時期、すなわち妊娠期から5歳までについて、「基盤となる年齢（Foundation Years）」という用語をあて、赤ちゃんと乳幼児の健全な成長発達についての理解を深めること、乳幼児期の子どもと保護者を支援することを推奨しています。そして、子どもの発達と乳幼児期の保育について深く理解されるべきであると述べています。ティッケル・レポート（Tickell Review; 2011: 4）は、保育施設が乳幼児基礎ステージ（Early Years Foundation Stage: EYFS）のカリキュラムを実施するにあたって、子どもたちの学びと育ちがホリスティックな性質があることをさらに含めるよう奨めています。

　このような報告書（レポート）や政策立案の風景を見ると、子どもたちへのサービスやチルドレンズ・センター、園や学校でのケア的で効果的なリーダーシップが必要であると言えます。ケアの倫理は、乳幼児とその家庭にかかわる実践者とリーダーの仕事を下支えしているのです（Osgood, 2006）。それが保育界におけるケア的なリーダーシップの実践に貢献しています。また、ケアの倫理は子どもたち、保護者、保育者、そして関係諸機関の専門職の人々の間のケア的な関係を育み、維持することに関係します。それが専門家としての行為を導き、園にいる子どもたちの福祉と利益と成果とをもたらすのです。乳幼児とかかわって働こうという熱意は、養育的でケア的な方法で乳幼児期の保育を行い、リードする原動力となります（Hallet, 2013b）。保育におけるリーダーシップは、ケアリングを社会的原理とするよう提唱すべき（McDowall Clark and Murray, 2012）で、教育面・健康面・社会面での子どもたちの成果を改善しようと尽力するべきです。子どもたちのホリスティックな学びと育ちは、ケア的なリーダーシップの中心であり、関係諸機関のチームを分散型・共有型のリーダーシップによって総合的な実践を行うものです。ケア的なリーダーシップには、分散型・共有型のリーダーシップスタイルが必要なのです。リーダーシップに関するこのアプローチについては、シュアスタートの園の文脈の中で論じることにします。

分散型・共有型のリーダーシップ

　シュアスタート・チルドレンズ・センターは、5歳以下の子どもたちとその家庭に対するサービスをまとめ、保健、チャイルドケア、教育、保護者の参画、家庭の支援、そして就業支援などを提供しています。そして、「より多くのより良い総合的なサービスを提供するチルドレンズ・センターは、子どもたちに関する成果を改善するのです（DCSF, 2007: 3）」。チルドレンズ・センターのリーダーは、多様な複数の専門性をもった、総合的なサービスを提供するようリードする責任があります。チルドレンズ・センターで働く実践者は、多様な専門的背景をもっていて、基盤となる年齢の子どもたちと保護者を支援するさまざまなサービスを提供します。例えば、助産師、就業アドバイザー、訪問保健師、保健師、言語療法士、ソーシャルワーカー、家庭支援員、保育士、などです。提供されるサービスとしては、チャイルドケア、健康的な食生活のプログラム、助産師による相談、かかりつけ医による相談、訪問による家庭支援、早期介入プログラム、ステイ・アンド・プレイ・セッション（自由参加型の子育て支援のための遊びのセッション：訳者註）、ベビー・マッサージ、父親グループ、借金に関するアドバイス、就業支援センターの情報などがあります。

　チルドレンズ・センターのサービスは、さまざまな専門家のグループと機関がともに協働し、子どもたち、保護者、家庭のためにサービスを提供する総合的な実践をするという意味で、特別なものです（DCSF, 2007）。このように複雑な幅をもったサービスを調整することと、どのようなリーダーシップをとるかということは、チルドレンズ・センターのリーダーにとって挑戦的課題です（Lord et al., 2011）。乳幼児と家庭に対して関係諸機関が統合したサービスを提供することが広がると、保育界で働くリーダーたちへ向けられたリーダーシップの役割や定義、期待といったものに影響が出てきました（Pugh, 2006）。総合的な実践をリードすることは、保育におけるリーダーシップに対する見方を、園長が唯一人のリーダーであるというモデルから、園の内外で起こる分散型・共有型のリーダーシップモデルへ、と変えていきました。園長がすべてのサービスについて深い知識をもつということは、現実的ではなくなったのです。園長は子どもたちの成果を最善のものにするためのさまざまな方略をもっていなくてはなりませんし、専門職の垣根を超えてリードし、職員チームのすべてにリーダーシップを分散しなくてはならないのです（Duffy and Marshall, 2007）。総合的な実践では、リーダーシップのアプローチが分散型で持続的なものでなくてはなりません。つまり、リーダーシップはチームの間で共有され、分散される機会がもたらされるのです。園長は、園が提供するサービスのための戦略的な役割を担い、職員全員でつくり上げた園のビジョンを推進し、多彩な専門家のチームとチーム・リーダーがもつ特別な知識を信用することができ、また必要なときに職員に対してケア的で効果的な方法で、適切な支援をしたり、課題を与えたりできるのです（Duffy and Marshall, 2007）。

まとめ

　この章では、保育界において発展しつつあるリーダーシップの地平を探ることで、保育における効果的でケア的なリーダーシップの文脈について述べてきました。特に、リーダーシップを伸ばすための専門的な学びの機会について論じてきました。また、保育におけるケアの倫理、インクルーシブなリーダーシップ、リーダーとしての女性、そして総合的な実践での分散型・共有型のリーダーシップなどに言及することで、保育におけるリーダーシップの独自性について述べてきました。

　次の章では、保育におけるリーダーシップに関する研究について考えます。特に、状況から求められているものや性質、保育やチルドレンズ・センター、学校等における効果的なリーダーシップの実践について見ていきます。

さらに学びたい人へ

Bloch, M.N. (2008) 'Gender, work, and child care: crossing borders in the life and work of Sally Lubeck', *Journal of Early Childhood Research,* 6(1): 31–45.
　この論文は、サリー・ルベック（Sally Lubeck）の著作において論じられたジェンダー、仕事、保育について焦点をあてています。

Coleman, M. (2011) *Women at the Top: Challenges, Choice and Change.* Basingstoke: Palgrave Macmillan.
　この本は、女性の声を忠実に拾いながら、女性と仕事、リーダーシップについて広い視点を提供してくれます。

Miller, L. and Cable, C. (eds) (2011) *Professionalization, Leadership and Management in the Early Years.* London: Sage.
　この本は、保育におけるリーダーシップと専門性の向上について、省察的な考察を加えながら、検討を行っています。

Moyles, J. (2001) 'Passion, paradox and professionalism in early years education', *Early Years,* 21(2): 81–95.
　この論文は、熱意をもった保育者という考え方について探求しています。

Siraj-Blatchford, I., Clarke, K. and Needham, M. (eds) (2007) *The Team around the Child: Multi-agency Working in the Early Years.* Stoke-on-Trent: Trentham Books.
　この本は、多様な機関がともに働くことに焦点をおきながら、総合的な実践と分散型のリーダーシップについて、理論的な視点からの実証を試みています。

2

保育におけるリーダーシップ
──研究から見えるもの

> ☀ この章のあらまし
>
> この章では、保育におけるリーダーシップ研究について見ていきます。特に、園やチルドレンズ・センター・学校における効果的でケア的なリーダーシップの資質や実践、リーダーシップに求められるもので大切なのは何か、といったことにスポットをあてていきます。ここでは、「保育における効果的な教育方法の研究（REPEY）」「保育における効果的なリーダーシップ研究（ELEYS）」「保育実践における学びのリーダーシップ（LLEaP）」について述べていきます。
>
> この章では：
> - 保育におけるリーダーシップに関する3つの研究について、研究デザイン・方法・主な知見について述べます
> - 保育における効果的でケア的なリーダーシップの実践や、そこでリーダーに求められるものや資質は何かを明らかにします

保育における効果的な教育方法の研究（REPEY）

「保育における効果的な教育方法の研究（REPEY研究：Siraj-Blatchford et al., 2002）」は、「効果的な就学前教育プロジェクト（EPPE：Sylva et al, 2010）」の姉妹研究です。EPPEは3歳から子どもたちが7歳になるキーステージ1までを追跡した縦断研究で、子どもの発達と学業達成を分析したものです。1997〜1999年までの間に141園（ナーサリースクール、ナーサリークラス、プレイグループ）から3000人以上の子どもたちが参加しました。

EPPEプロジェクトに参加した園は、イングランドの5つの地方にある6つの型の就学

前施設から無作為抽出されました。各園で20～25人の子どもたちが入園時に無作為抽出され、キーステージ1の終わりまでその育ちを追いかけていきました。質的・量的の両方の研究方法がとられ、園での経験が子どもたちの認知的発達、社会的発達、行動発達にどのように影響するか、就学時と7歳までの成果を継続的に見ていったものです。就学前教育の経験の効果に加え、EPPE研究は性別・家族の人数・親の教育や仕事といった、個々の子どもと家庭の性格が、どのように子どもの発達に影響しているかも分析しています。

REPEY研究は、EPPEに参加した141園から12の園を選び、詳細な教育実践の観察をもとに報告されたケーススタディにもとづいています。さらにREPEY研究では2つのレセプション・クラス（小学校内にある就学前の準備クラス：訳者註）を加えることで、すべての種類のケアと教育の型が代表されるようにしました。これらの園は、子どもたちの認知的発達、社会的発達、行動発達に関する成果について、普通（平均より若干高め）から効果的（平均よりかなり上）な園までが入っています。ケーススタディで取り上げられたすべての園は、さまざまな実践のありようを見せてくれました。すべての園で、子どもの成果は平均よりも上の結果でした。14園のデータは、ケーススタディ間で比較が可能となるように枠組みを決めて集められました。これらのデータを使用することで、次の8つの鍵となる性質を園ごとに比較しました。

- 園のプロフィール
- 職員の状況
- 保育室の構成
- 保護者の参画
- 保育の精神
- カリキュラム
- 教育方法
- 地域との連携／参画

学校の効果と改善に関する先行研究では、これらの分野が子どもに質の高い経験をもたせ、成果を向上させるために非常に重要であることを指摘しています。ほとんどの研究は、小中学校で実証されたのですが、EPPEとREPEY研究はこの種の枠組みを保育研究で使った初めてのプロジェクトです。こうした枠組みを用いることがなぜ重要かというと、効果と質という点で重要であるとすでに研究で示されたものにもとづいて、観察がなされているからです。

REPEY研究は、量的データ（子どもの成果）とEPPEと連携して収集された質的データの両方を検討していて、これらの保育施設におけるリーダーシップの課題を探ることを目的とした二次的分析を行いました。REPEYの調査では、標準的なレベルから効果的とさ

れるレベルまでの園における、実践とプロセスの典型例を見出すことを目的としていました。このように集められたデータですので、直接リーダーシップやその質に対する効果を見ようと集められたものではありません。

ケーススタディの各園のリーダーを対象に、半構造化インタビューを行ったのですが、そのときの質問はあからさまにリーダーシップについて聞いてはいませんでした。むしろ、管理職に対しては、「基礎ステージのカリキュラム指針（CDFS）」や、子どもと保育者の比率、職員研修、子どもの発達、教育方法や園の方針をつくることなどのトピックを中心に、質や効果に関する一般的なことについて話してもらいました。それに加えて保育者・職員や保護者へのインタビューを分析することで、園間差を見られるようになりました。園の内部での意見の対立や一致が、理論と実践の間、あるいは職員・保護者・管理職の間で見られることが明らかになってきました。インタビューのデータを分析することに加えて、職員や子どもたちの観察、園の方針についての文書、フィールドノート、教育監査局（Ofsted）の報告書などから得られたケーススタディの情報が、再分析されました。これまで述べたようなREPEY研究で使われた枠組みは、例えば教育方法や保護者の参画といった鍵になる領域で、参加した園の間で比較できる情報を提供したということで有益なものでした。比較ができたことに加えて、この枠組みはギアツ（Geertz, 1973）が言うところの「厚い記述」をもたらしました。これらのデータからはさまざまな面から豊かで厚い記述が得られ、園におけるリーダーの実践やプロセスについて深く理解できるようになりました。

この研究の問いのねらいは、データの中で保育において効果的なリーダーシップの実践とはどのようなものであるかを明らかにすることでした。ここでは完全に「グラウンデッド」アプローチ、つまり明らかにデータから編み出す方法をとるよりも、「指向的（オリエンティング）理論」を用いることから始めました。データを読み取っていくプロセスで、新しいカテゴリやあるいは関係性が得られるたびに、「指向的理論」を適用していきました。

「指向的理論」を築いていくうえで必要不可欠な段階として、まず先行研究を調べていきました。図書館にある文献を読みあさり、リーダーシップに関する主要な研究や関連する本、学術雑誌などを見直しました。また、インターネットを通して政府のウェブサイトや出版物にも目を通しました。保育におけるリーダーシップやマネージメントについての実証的研究が少ないことに対応するために、小中学校での研究のうち、保育の文脈に関係すると思われるものを参考にしました。

効果的なリーダーシップに関する研究は、リーダーシップが効果的か、あまり効果的でないかということに関連する、いくつかの鍵となる性質について指摘しています（Leithwood and Riehl, 2003; Rodd, 1998, 2013）。その性質とは、幅広いものではありますが、見ると疲れるほどのものではありません。実際に多すぎるリストをつくることに反対する

ようなアドバイスもありました。そのようなリストは、満足のいく成功のための「レシピ」の代わりに、背景にある状況を無視することになりかねないのです。ここではリーダーシップとマネージメントの3つの主要な機能が文献から明らかになったと考えられます。それらは、方向性を示すこと、影響を与えること、そして成果を改善することです。こうした効果的なリーダーシップの実践の性質について考えた後、研究者らはその鍵となる概念について、次のような主な見出しのもとでカテゴリ分けをすることにしました。

- 園の方向性を示すこと
- 影響を与え、人々を育てること
- 組織そのものを発展させること

園の方向性を示すこと

　リーダーシップの主要な分野は、子どもたちや保育者にとっての園の共通の目的を見出し、互いに創り上げていくことです。そして次のようなことを通して、より良い未来へ向かうビジョンを他の人にも浸透させていくことです。

- 共通のビジョンを見出し、それらをはっきりと説明すること
- 保育への情熱を引き出し、高めること
- 共通の理解や意義づけ、目標を確かなものにすること
- 透明性のあるシステムや開かれていること、正直さ、かかわりやすさなどを通して、効果的なコミュニケーションをとること
- 科学的根拠にもとづいた実践やビジョンによって、今ある状況に関する教養を身につけておくこと
- 省察的、共感的で、良く考え、熟考し、思慮深くあること

影響を与え、人々を育てること

　園が成功するかどうかは、園内の人々がどの程度努力し献身的に取り組んでいるかによります。この努力と取り組みは、園のリーダーたる人が、現在あるいは将来の人材の強みを認識しながら、次のようなことをすることで、支えられ推進されるのです。

- 継続的な専門性の向上に取り組むこと
- すべての人のための教育と学びに焦点をあて、取り組むこと
- 実践を評価すること（モニタリングとアセスメント）

- 模範や役割モデルとして行動すること
- 道徳的で目的的な方法で他の人に影響を与えること

組織を育てること

　園のリーダーは、園は組織体として常に変化し進化していると考えて、組織というよりはコミュニティとしての園を、育て発展させることに邁進しなければなりません。リーダーは、鍵となるプレーヤーたちすべてが、園の内外で保育者や保護者、他の関係者、例えば他の機関や多様な専門家、理事や運営評議会などと良好な関係を築くことができるよう、次のように励ましたり促したりする必要があります。

- 協働的なプロセスを通して、チームの文化や学びの共同体をつくる
- 保護者や地域のパートナーシップを育成し、充実させる
- 柔軟で調整可能な方法で変革を計画し、管理する
- ケア的な信念と環境を促進し、すべてのグループのニーズに応える
- 効果的なリーダーシップやマネージメントのスキルを見せる

　これらの鍵となる概念の中に、データから推論を進めることを可能にするような下位の概念があらわれ、結果としてデータのさらなる探索を可能にしてくれます。

　REPEY研究は既存の研究から情報を得ていますが、これまでの学校におけるリーダーシップの研究は、リーダー、特に校長に焦点をあてています（Southworth, 2004）。サウスワースは、リーダーのこうした部分を強調する流れが、リーダーシップは性格特性によるという理論を広げてしまうことになると指摘しています。リーダーは生まれつきであって、作られるものではない、という理論です。園の規模や保育者、子どもたち、家庭、他の関係者、立地や資源といった、働いている文脈ではなく、リーダーそのものに焦点を置いたような研究が多ければ、レシピのように他のリーダーに当てはめることが可能な「効果的なリーダー」の性質を見つけよう、としてしまうのです。もちろん、サウスワース（Southworth, 2004）が指摘したように、このことの危険性とは、リーダーシップに求められているものを定義する必要性や、文脈とその影響の重要性を考えられなくなる、ということです。「良き学校には、良きリーダーあり」といった見方が一般的に受け入れられていますが（Spillane et al., 2004: 14）、学校のリーダーシップが「どうあるべき」か、すなわち、リーダーが、新しい手法や変化に必要であると信じられている条件やプロセスを維持し、発展させる方法についての知見が、次第に実証されるようになってきているのです。

保育における効果的なリーダーシップ研究
(ELEYS研究)

「保育における効果的なリーダーシップ研究（ELEYS研究：Siraj-Blatchford and Manni, 2007: 2–3)」は、「保育における効果的な教育方法の研究（REPEY)」の上に積み上げられたもので、「学びのためのリーダーシップ」に焦点をあてています。ここで使われた質的研究法は、「効果的な就学前教育プロジェクト（EPPE)」で「効果的」であるとされた園のサンプルを利用しています。ELEYS研究でのデータ分析の特徴は、リーダーシップの問題を探るのに、ボトムアップで「効果的な」園の中から見ていったことです。このアプローチは、リーダーシップに関する信念を引き出すというより、具体的なリーダーシップの行動に焦点をあててきました。REPEY研究のケーススタディを行った園のリーダーに対して半構造化インタビューを行いました。質問はリーダーシップにこだわらず、カリキュラムや教育方法、規定、実践、子どもの発達、子どもと職員の比率、職員研修など、一般的な実践について話をするよう求めました。保育者や保護者に対するインタビューの再分析をすることで、トライアンギュレーション（三角測量＝ここでは方法論的複眼のこと：訳者註）の方法が確立し、園内や園間の分析ができるようになりました。そして理論と実践の共通点や矛盾、職員や保護者、管理職の見方の違いや共通点などが明らかとなりました。

効果的なリーダーシップがどのようにREPEY参加園での成功に貢献したかを見出すために、ELEYS研究では以下のようなものを用いました。

- マネージャーの基本的背景情報
- マネージャー、教員、他の保育者（例えば保育士)、および保護者への半構造化インタビュー
- 研究者による観察とフィールドノート
- 園の方針と関係書類
- 子どもの認知的発達、社会的発達、行動発達に関する成果のデータ
- 乳幼児教育、小学校教育、中学校教育におけるリーダーシップに関する文献

保護者、園長、乳幼児教育部門の関係者などの保育の専門家によるフォーカス・グループによって、フォーラムを開催し、研究結果について明確化し、意味づけを行い、妥当性を評価しました。議論を通して、効果的なリーダーシップにかかわる実践を明らかにするためには、文脈的な背景情報、例えば園の種類や設置者による資金提供の状況など、データが文脈の中で語られなければならないということが明らかとなりました。教育におけるリーダーシップに関する文献と保育のフォーカス・グループに助言を得る形での議論、そして少しずつデータを見ていきながら、反復アプローチによって分析することで、トライ

アンギュレーションと妥当性の検討が可能となりました（Siraj-Blatchford and Manni, 2007: 2–3）。主な結果としては、学びのリーダーシップにおいて、ケア的で効果的な園の性格と必要とされることが見出されました（Siraj-Blatchford and Manni, 2007: 12）。

学びのリーダーシップに必要とされるもの

- 状況を捉える文脈的なリテラシー（保育に関する文献等をよく読んで知っていること：訳者註）、園のあるコミュニティについて理解していること
- 協働するように取り組んでいること
- 子どもの学びの成果を改善しようと取り組んでいること

ELEYS研究は、効果的なリーダーシップの実践のさまざまなカテゴリーを明らかにしました。

効果的なリーダーシップの実践のカテゴリー

- 皆で方針を定め、それを明確に表明すること
- 理解や意味づけや目標をしっかりと共有すること
- 効果的なコミュニケーション
- 省察的であることを推奨すること
- 実践のモニタリングや評価を行うこと
- 継続的な専門性向上に取り組むこと
- 分散型のリーダーシップ
- 学びの共同体とチームの文化をつくり上げること
- 保護者や地域とのパートナーシップを進めること
- リードすることと管理すること――そのバランスをとること

これらの求められていることや効果的なリーダーシップのカテゴリーは、本書のパート2で述べる保育における効果的でケア的なリーダーシップの実践のモデルの中でさらに議論を深めます。

保育実践における学びのリーダーシップ
（LLEaPプロジェクト）

「保育における効果的なリーダーシップ研究（ELEYS）」で明らかとなった学びのためのリーダーシップでの効果的なリーダーシップのカテゴリーや求められていることは、「保育実践における学びのリーダーシップ（LLEaP）」の研究で分析の枠組みとなりました。

この研究では、リーダーシップのスタイルと、イングランド内のある教育委員会の管轄に属する保育専門職（EYP）である、学位をもったリーダーたちの実践について調査をしました。この研究に参加しているすべての学位をもったリーダーたちは、チルドレンズ・センターや時間別と全日の保育を提供する園で働いています。リーダーたちは、質的研究法に則って、保育専門職のリーダーとしての実践について、理解していることを自由に記録することで参加をしてもらいました。データを分析するのにはグラウンデッド・セオリー・アプローチ（Charmaz, 2005）を用い、保育専門職の資格をもった保育のリーダーたちが担っている、リーダーシップの役割を明らかにするようなテーマが抽出されました。

　この研究は、質的研究のケーススタディとして3つの段階を踏んで行われました。最初の2つの段階はデータ収集です。段階1では、データ分析によって、段階2で続いて行われるデータ収集に情報を与えるような形になりました。研究の段階3では、効果的な保育のリーダーとしてのスタイルと、学びのリーダーシップの実践とはどんなものかを明らかにし、6つのケーススタディでの専門的な学びの資料を作成しました。

研究の概観

段階1

- リーダーシップに関するワークショップを1回
- データ分析と、リーダーシップの実践で最も優れたものとして6つのケーススタディ
- 省察的なリーダーシップに関するワークショップを2回
- 省察的な日誌
- データの分析

段階2

- 質問紙調査を1回
- データの分析

段階3

- ケーススタディの園でのリーダーシップの実践のビデオ撮影
- 専門的な学びの資料の作成

　本研究の目的は、「最も優れたリーダーシップの実践」を明らかにすることでした。「最も優れた実践」の語が保育で使われたのは、サービスを提供する際に研究や専門的実践の中で見出された効果的な方法を示すためです（Reardon, 2009）。「最も優れたリーダーシッ

プの実践」を見出すために用いられた方法論と分析手法は、現職と今後のリーダーのためにつくられた専門的な学びの資料として、本とDVDの作成につながりました。変革というテーマと、リーダとしての専門性向上は、ワークショップにおけるふり返りのための焦点となりました。段階1で行われたフォーカス・グループの議論を通して得られた学位をもったリーダーたちのふり返りからは、最も優れた学びのリーダーシップの実践について、6つのケーススタディがあげられました。そこではELEYS研究の「学びのリーダーシップに求められるもの」と「効果的なリーダーシップの実践」についてのカテゴリーが、「最も優れたリーダーシップの実践」を見出すための枠組みとして使われています。

　6人の大学卒の女性リーダーたちは、LLEaPプロジェクトで「最も優れたリーダーシップの実践」の例として、圧倒的に女性ばかりの保育者を代表しています（Nutbrown, 2011）。彼女らは、プレスクールが1人、ナーサリー・クラスが1人、地域立のプレイグループが2人、そしてデイ・ナーサリーが2人で、農村部と都市部に位置していました。これらの保育のリーダーたちは、園やチルドレンズ・センターでの子どもたち、保護者や保育者などの学びをリードすることについて示してくれました。彼女らの効果的なリーダーシップの実践は、8つの専門性の分野から出ています。

- 園の教育方法をリードする
- 移行のための教育方法をリードする
- 屋外環境における子どもの学びをリードする
- 実践のコミュニティと学びの文化をリードする
- 専門性を高める継続的な学びをリードする
- 保護者と知識を共有し、創造し、リードする
- 改革のための変化をリードする
- ふり返りを共有し、創造することをリードする

　これらの学びのリーダーシップの実践は、本書パート2の各章でさらに議論を進めていきます。

まとめ

　この章では、保育における効果的なリーダーシップに関する研究、そのデザイン、方法論、そして得られた主な知見についてコメントしました。その中で、効果的なリーダーシップの性質と実践について明らかにしてきました。これらの研究については後の章で言及しますので、この章での議論はパート2の背景となる情報を述べたことになります。

> 次の章はパート2の最初の部分となる「保育における効果的なリーダーシップ」です。イントロダクションでは、リーダーシップに関する4つのテーマの概観と、保育における効果的でケア的なリーダーシップの実践のモデルについて、8つのリーダーシップ実践を述べていきます。それがパート2の内容となります。

さらに学びたい人へ

Hallet, E. (2014) *Leadership of Learning in Early Years Practice.* London: Institute of Education Press.
　この本と、付属するリーダーシップの実践事例のDVDは、LLEaPプロジェクトの調査研究について報告しています。

Moyles, J. (2006) *Effective Leadership and Management in the Early Years.* Maidenhead: Open University Press.
　この本は、リーダーシップとマネージメントについて、リーダーシップの質・マネージメントスキル・専門家としての特性・個人の性格という4つの鍵となる枝がある木に例えて概念化しています。

Siraj-Blatchford, I. and Manni, L. (2007) *Effective Leadership in the Early Years Sector (The ELEYS study).* London: Institute of Education: University of London.
　この本は、ELEYS研究の研究報告書です。

Sylva, K., Melhuish, E., Sammons, P., Siraj-Blatchford, I. and Taggart, B. (2010) *Early Childhood Matters.* Abingdon: Routledge.
　この本は、EPPE研究を総合的に解説したものです。

パート2
保育における効果的なリーダーシップ

イントロダクション

　パート2では、保育における効果的なリーダーシップの実践モデルについて見ていきましょう。表2.1に、リーダーシップの4つのテーマと8つの実践を示しました。この表は、保育におけるリーダーシップという現象について理解を深めるための枠組みを示しています。

リーダーシップの内容	リーダーシップの実践
方向づけのリーダーシップ	・共通のビジョンをつくり上げること ・効果的なコミュニケーション
協働的なリーダーシップ	・チーム文化の活性化 ・保護者の協働を促す
エンパワメントするリーダーシップ	・主体性を引き出す ・変化の過程
教育のリーダーシップ	・学びをリードする ・省察的な学びをリードする

表2.1　保育における効果的でケア的なリーダーシップの実践モデル

　パート2を構成する8つの章では、質の高い園をさらに良くし、教育・健康・ウェルビーイングなどの子どもたちの成果を高めるための、保育における効果的でケア的なリーダーシップについて、実践ベースでわかっていることを示していきます。事例では、保育におけるリーダーシップの実践事例を紹介します。また、ふり返りのための問いでは、すでにリーダーの人、あるいはこれからリーダーになる人が、リーダーシップに関するテーマとその実践についてふり返る機会を設けています。

パート2　保育における効果的なリーダーシップ

次の章では、保育における効果的でケア的なリーダーシップのうち、方向づけのリーダーシップとは何かを考えます。まずは、園の職員や関係者間で共通のビジョンをつくり上げるリーダーシップについて、実践を見ていきましょう。

方向づけのリーダーシップ
——共通のビジョンをつくり上げること

> ☀この章のあらまし
>
> 　この章では、保育における効果的でケア的なリーダーシップのうち、「方向づけのリーダーシップ」、特に「共通のビジョンをつくり上げるリーダーシップ」とは何かを述べ、その実践について探っていきます。方向づけのリーダーシップでは、リーダーが共通のビジョンをつくり出し、明確に示す能力が重要となります。リーダーがその能力を発揮することで、園の方針や実践に対して、意義のある道筋が示されます。この章では、職員や保護者、あらゆる関係者の間で意味や目標を共有することで、集団としての共通のビジョンをつくり出すことの重要さやそのプロセスについて考えていきましょう。
>
> 　この章では：
> - 方向づけのリーダーシップにおける共通のビジョンをつくり、明確に示すということについて考えます
> - 方向づけのリーダーシップの具体例を見てきます
> - 方向づけのリーダーシップと、共通のビジョンをつくり上げることについてふり返ります
>
>

方向づけのリーダシップにおけるビジョンとは

　うまくいっている組織では、効果的なリーダーシップが見られます。その中で、ビジョンは欠かすことのできないものです。ビジョンを明確に示すこと、また、ビジョンが園のニーズや学びと教育、教育方法、実践と一貫していることが大切です。「保育における効

パート2　保育における効果的なリーダーシップ

果的な教育方法の研究（REPEY）」のケーススタディでは、子どもたち、職員、保護者が共通の目標を見出し、共同構築すること、また、それによりリーダーシップの方向性が示されることが保育におけるリーダーシップの実践として大切であるということが明らかになりました。効果的なリーダーは、自園で子どもたちの発達や成長の何を大事に考えるかを示し、モチベーションを与えることで、より良い将来に向けたビジョンや展望を示して他の人をやる気にさせます。こうした取り組みを支えるのは、保育への献身と情熱であり、研究や専門的実践をふり返る力量なのです。園における明確な方向性を示すうえで、次のようなリーダーの力量が促進力となります。それは、全職員や子どもたち、関係者、保護者が抱いている集団のビジョンを明確にする能力、職員が園の実践や方針、プロセスについての理解を共有することで職員間の一貫性を確保する能力、そして、省察的実践家であり、他の人にも省察的実践を促す能力です（Siraj-Blatchford and Manni, 2007）。ビジョンは、明示されていること、説得的であること、そしてもっとも重要なこととして、教育や学びと関連していることが大切です。

「保育実践における学びのリーダーシップ（LLEaP）」プロジェクトから、1つの事例を紹介しましょう。これは、あるリーダーが、自らの方向づけのリーダーシップについてふり返った内容です。彼女は、チームとして園の共通のビジョンをつくり上げる際の自らの役割について考えています。

事例：リーダーのふり返り——方向づけのリーダーシップ

　アマーナ先生は、私立のデイケア・ナーサリーのリーダーです。アマーナ先生は、自分のリーダーシップのスタイルや、彼女が抱いている子どもたちの学びや育ちのビジョンに影響を与えているものについてふり返っています。また、職員がチームとして共通のビジョンをつくり上げる際に、彼女が職員に与えている影響についても語っています。アマーナ先生は、自分の方向づけのリーダーシップのスタイルや園のビジョンを、植物の図に表しています（図3.1）。この図には、子どもたちが学び育っていくありさまや、発達・成長する組織としての園の姿が描かれています。

　まず、リーダーとしての自分についてふり返る前に、強調しておきたいことがあります。それは、チームの中に「独立した個人としての私」はいないということです。このふり返りは私のリーダーシップについてのものですが、私のリーダーシップのスタイルは、園の状況やニーズに応じて変化してきたものだということを、まずお伝えしたいと思います。リーダーシップのスタイルは、園や職員、家族、園で育っていく子どもたちとの関係の中で、必要に応じて柔軟に変わっていく必要があると私は考えています。

　私は、自分のビジョンの中に、保育に関する確かな自信と知識、そして理解が

反映されていると感じています。イデオロギーや個人的な考え、あるいは価値観といったものです。良いリーダーは、個人としてのスタンスと園とを調和させる必要があります。私自身も、園のすべての関係者と自らのビジョンを共有したいと強く思っています。

　例えて言えば、私は種をまき、土の下に横たわる（大抵は表に出ることのない）根っこになろうとしています。そして、成長し育っていく植物、つまり園の土台となり、倒れたり崩れたりしないように支える存在になりたいと思っています。この根っこは、具体的にはかかわり、ビジョン、革新、信念、知識、理解といったものです。これらは目に見えるものではありません。けれども一方で、私のリーダーシップのスタイルでは、自らが手本としてリードすべき基本的な信念に関しては、可視化しています。優れたロール・モデルとなるように、「良い実践の

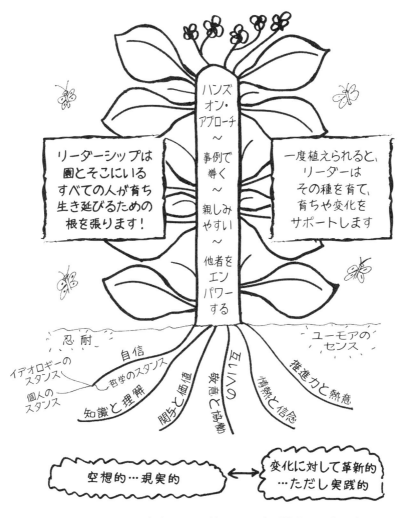

図3.1　アマーナ先生のリーダーシップに関するふり返り

ための私のビジョン」を園の関係者全員に示しています。

　それができるようにするためには、個人としてさまざまな素養を身に着けておく必要があると感じています。まず、推進力と熱意です。もし私自身が変化や学びをリードすることに情熱を示さなければ、チームのメンバーが変わったり学んだりすることは期待できません。なので、私は積極的にリードするようにしています。手本を示し、チームの自信や知識、理解を育むことで、彼らの価値観や信念、実践に対してポジティブな影響を与えるのです。その一方で、自分自身の限界についても自覚しています。私は理想に走りがちなので、ときにはチームのみんな（特にカレン先生）が私に、もっと現実的に考えるよう促すことも必要です。

　最後に、私の描いた絵と結びつけながら、リーダーシップについてふり返りたいと思います。園があるべき状態であり続けるためには、リーダーシップによって根をしっかりと張ることが大事です。けれども、園が成長し、変化し、生き延びることを可能たらしめるのは、チーム全体であり、職員、子どもたち、家族なのです。すべての職員が、その植物に、子どもたちや家族とかかわって働くことについての知識や理解という水を与え、さらに専門家として成長することで、植物は生き延び、成長していくのです。まわりの蝶々たちは、軽やかに飛び回るというリーダーシップの特徴を表しています。リーダーは色々なことにかかわっていて、本当にたくさんの役割があって、軽やかに飛び回ることが求められるわけですが、それこそがリーダーシップの醍醐味とも思っています。

　それでは、以下のふり返りの問いを通して、子どもたちや家族とかかわり働くうえでのビジョンについて、ふり返ってみましょう。

ふり返りのための問い

今、リーダーの人へ
- あなたのビジョンに影響を与えているものは何ですか？
- どのようにして自分のビジョンを明確にしていますか？　また、あなたのビジョンが集団のビジョンとなり、理解や意味が共有されるために、心がけていることは何ですか？
- リーダーシップのスタイルや保育実践の中に、あなたのビジョンをどのように反映させていますか？

これからリーダーになる人へ
　子どもたちや家族とかかわり働くことに関して、あなた自身のビジョンをふり返

ってみましょう。
- あなたのビジョンに影響を与えているものは何ですか？
- 園の実践の中に、あなたのビジョンをどのように反映させていますか？
- あなたのビジョンを他の人に対して明示したり、説明したりしますか？ している場合は、どのようにしていますか？

共通のビジョンをつくり上げる

　目標や目指している成果がある場合、それらを達成するためには、明確なビジョンが不可欠です。明確なビジョンがなければ、1つの組織に属する人々がばらばらのことをしたり、相反する取り組みをしてしまったりします。それぞれの人が、自分の抱いている保育実践のあるべき姿、理想のあり方に向かって突き進んでしまいます。最新の知見や鍵となる重要な人物の意見をふまえた話し合いや、園の状況を考えてつくられたビジョンに導かれないのです。それでは、明確なビジョンとはどのようにつくられるのでしょうか？

　イギリス教育省（DfES）の報告書「子どもたちを護るために——総合的な保育サービスにおけるマネージャーのスキル、知識、行動（'Championing children: a shared set of skills, knowledge and behaviours for managers of integrated children's service')」で、リーダーシップの側面の1つとして焦点をあてられたのが、方向性を与えることでした。リースウッドとリール（Leithwood and Riehl, 2003）は、複数のリーダーシップ研究の知見を要約した際、リーダーシップの2つの主な機能のうち、方向性を与えるということに注目しました。そこでは、リーダーの責任として、園としてビジョンを見定め明確にすることを支え、ビジョンを実現していくことがあげられています。また、リーダーが子どもたちや家族のニーズ、希望を理解し、自園で実施しているサービスについて戦略的に検討する力量が不可欠であることも記されています。リーダー（たち）が自園の状況をよく把握し、どのように対応したらよいかをわかったうえで、子どもたちや家族、地域のニーズをふまえて自園のビジョンをつくっていくことが重要である、とサウスワース（Southworth, 2004）は述べています。ビジョンをもち、遂行していこうとするリーダーは、明確な方向性を示していくことで共通の理解と目的を構築していこうとします。そのために、リーダーは協働的で、開かれた、インクルーシブな行動をとることが肝要です。総合的なチルドレンズ・センターでは、明確で意図的な方向性を示すことについて、そのねらいのリストが作成されたのですが、このリストは他の運営主体にも援用されてきました（DfES, 2005b）。リーダーは、すべての関係者と協働して、戦略的なビジョンを具体的な計画に落とし込んでいく必要があります。蓄積された知識基盤を活用して現状に対して取り組んでいくこと、また、園に通う子どもたちやその家族の個々のニーズに、より効果的に対応していくことが求め

パート2　保育における効果的なリーダーシップ

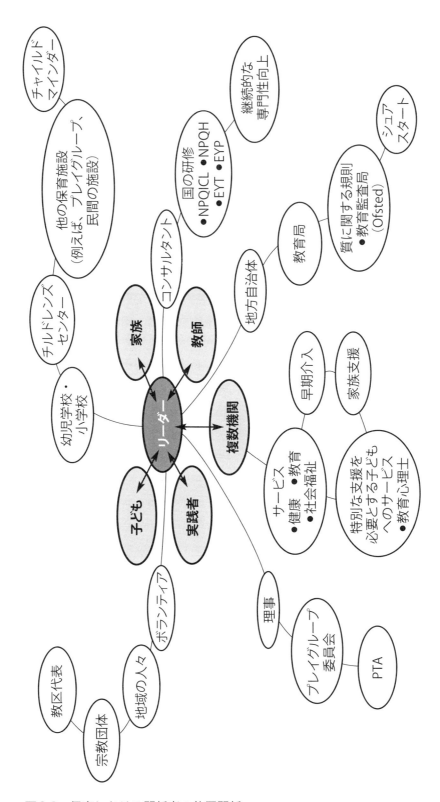

図3.2　保育における関係者の位置関係

られます。共通の価値基盤をつくることや、集団としての知識や共通の目的をもつこと。職員が日々の業務や専門としていることについて、十分な知識を用いながら話し合うのを支えること。子どもたちや家族のニーズをふまえた応答的で柔軟な保育を行うことが、サービスの実施や保育の質の向上につながると理解していること。公平でインクルーシブなサービスを行うこと。園における職員や子ども、保護者間の応答的な関係性を支えるシステムや文化をつくっていくこと。子どもたちのための保育に関する法制度の枠組みを知り、詳しい説明が必要なときにどこへアクセスすればよいかを知っていること。

　これらのねらいは、十分な情報にもとづくビジョンをつくり上げるということに焦点をあてています。これらのねらいを達成するためには、関係者から寄せられる情報を公然と扱うこと、そして協力して検討することが求められます。54頁の図3.2に、園の関係者、リーダー、職員の位置関係を示しました。

　園の目標を達成するために責任を負うすべての関係者が話し合い、十分な情報にもとづく園のビジョンを共有することで、関係者は重要なことに関心を向けるようになります。そして、達成したい目標や目的をもつ職員が自らの実践をふり返り、ビジョンを実現していくようになります。ビジョンの重要性については一般的に認識されているものの、十分な話し合いや観察、ふり返りというプロセスを経ていなければ、最終的なビジョンはそれがいくら文献や研究に関連させたものであっても、不適切で無知なものとなってしまうでしょう。

共通のビジョンに向けた話し合い

　保育を改善し、より効果のあるものとするために、また、職員と理解を共有し、共通の目標を定めていくためには、職員や保護者、関係者と話し合うことが不可欠です。学校の改善とその効果に関する研究によれば、職員が園のガイドラインや方針を作成するプロセスに参加していた場合は、その組織全体でガイドラインの活用の仕方や園の方針の実行の仕方に一貫性がありました。一方、職員が園のガイドラインや方針の作成プロセスに参加しなかった場合は、人によってばらつきが見られました。彼らは、カリキュラムの各領域について、それぞれの方法でガイドラインや方針を活用していたのです。このことから、職員がガイドラインや方針の作成に参加しているかどうかと、園でカリキュラムの取り組みに一貫性があるかどうかとは関係していることがわかります。メンバーひとりひとりが自らの組織と、その目的や働き方について共通理解をしたうえで、チームを構成していくということがきわめて重要です（Bennett et al., 2003）。56頁の図3.3は、集団としての共通のビジョンを形づくるプロセスを表しています。意見の相違を解消し、ビジョンについてよく考え、それを園の実践に反映させていくためには、関係者の主体性が大事です。ひとりひとりが主体性をもつことで、全職員がチームとして、合意にもとづいて仕事に励み、

協力しながらともに進んでいくようになるのです。

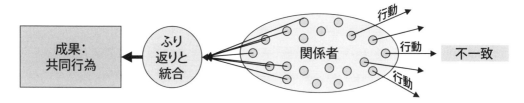

図3.3　集団としての共通のビジョンをつくるプロセス

園の方針と実践についてのビジョン

　リーダーは、園の方略や発展のための計画、改善計画、方針といったプロセスや手順を経て、計画的に意図的に、方向づけのリーダーシップを発揮していきます。そうして、集団としての共通のビジョンのもとで定められた目標や目的を達成していきます。園の方針とは、単独のカリキュラムであったり、あるいはカリキュラム横断型のテーマ、例えば、子どもたちの安全保護、公平、健康やウェルビーイングといったことを実現するための凝集的な枠組みを提供するドキュメントです。同様に、園の発展のための計画や改善計画は、集団としてのビジョンを園の実践に計画的に反映させていくための枠組みを示します。これらの計画は、長期的、中期的、短期的計画として継続的に取り組まれるべきものであり、共通のビジョンにもとづく、園の方針や実践をより良くしていくための方略的な行動計画である必要があります。

　それでは、共通のビジョンを園の実践に反映させるために、あなたの園でとっている方略やリーダーシップについて、ふり返ってみましょう。次の点は、方向づけのリーダーシップにどのようなプロセスをもたらしているでしょうか？

ふり返りのための問い

今すでにリーダーの人、これからリーダーになる人へ

　あなたの園における共通のビジョンを実現するための方略について、ふり返ってみましょう。
- どのような方略がありますか？
- それらの方略をつくる際、あなた自身の意見はどのように反映されましたか？
- 方略を実行していくにあたって、あなたも参加しているという感覚はありますか？　ある場合、どのように参加していますか？
- あなたの園の発展のための計画・改善計画について考えてみましょう。園のビジョンを園の実践に反映させていくために、それらの計画は、方向づけの枠組みを

どのように示していますか？
- 発展のための計画や改善計画の作成・実行において、誰が方向づけのリーダーシップを発揮していますか？　そのリーダーシップは、共有され、分散化されたリーダーシップですか？
- 方向づけのリーダーシップは、あなたの園が目的に向かっていくために、どのくらい適切に発揮されていますか？
- 教育監査局（Ofsted）の監査官があなたの園を訪れた際、彼らがあなたの園のビジョンについて把握できるようにようにしていますか？　どのようにしたら明確に伝えられますか？

まとめ

　この章では、方向づけのリーダーシップと、共通のビジョンを形づくるということに焦点をあてました。その中で、職員や関係者と調整しながら集団としての共通のビジョンをつくること、方略をもってビジョンを明確に示し実行していくこと、そして、園の実践にビジョンを反映させ実現していくことのプロセスについて探究しました。方向づけのリーダーシップに関する事例やふり返りのための問いを読んでいただくことで、方向づけのリーダーシップを発揮し共通のビジョンをつくるプロセスについて、ふり返る機会となったのではないでしょうか。

次の章では、引き続き「方向づけのリーダーシップ」について検討していきます。特に、意味や理解を共有しながら集団としてのビジョンをつくり定めていくための、「効果的なコミュニケーション」の大切さについて見ていきましょう。

さらに学びたい人へ

Ang, L. (2010) 'Critical perspectives on cultural diversity in early childhood: building an inclusive curriculum and provision', *Early Years,* 30 (1): 41–52.
　この論文は、イングランドのカリキュラム「乳幼児基礎ステージ（EYFS）」のもとで、文化的多様性を大切にしながら、効果的な保育や教育方法を生み出していくうえでの課題や挑戦について探究しています。

Beckley, P. (2012) 'Historical Perspectives', in P. Beckley (ed.), *Learning in Early Childhood.* London: Sage. pp. 5–17.

パート2　保育における効果的なリーダーシップ

　　この章では、リーダーや保育者が直面している課題、そしてそれらが乳幼児のためのケアや教育にどのように影響を与えているかについて、歴史的あるいは現在の、そして国際的な観点について検討しています。

Canning, N. (2012) 'Exploring the concept of quality play', in M. Reed and N. Canning (eds), *Implementing Quality Improvement and Change in the Early Years.* London: Sage. pp. 75–91.
　　この章では、園の方向やビジョンを形づくるための、保育における遊びの原理について概要を示しています。

Priest, K., King, S., Nangala, I., Nungurrayi Brown, W. and Nangala, M. (2008) 'Warrki Jarrinjaku "working together everyone listening": growing together as leaders for Aboriginal children in remote central Australia', *European Early Childhood Education Research Journal,* 16 (1): 117–130.
　　この論文は、オーストラリア中部の遠隔地でやや伝統的なライフスタイルで生活するアナングとヤパという地域（アボリジニ）に住む年長の女性たちが、子どもたちにとってポジティブで重要な方法であるとした、保育におけるリーダーシップのモデルについて概要を述べています。

方向づけのリーダーシップ
──効果的なコミュニケーション

> ☀ **この章のあらまし**
>
> 　この章では、保育における効果的でケア的なリーダーシップの1つである「方向づけのリーダーシップ」のうち、「効果的なコミュニケーション」の実践について探究していきます。リーダーが他の人と効果的にコミュニケーションをとれることと、リーダーが子どもたちを含むすべての関係者へビジョンを示し、影響を与え、園の方針や実践との一貫性を確保していくということとは、確かに関連しています。ここからは、効果的なコミュニケーションの方法と、方向づけのリーダーシップにおける情動知能の役割について見ていきましょう。
>
> 　この章では：
> - 方向づけのリーダーシップにおける効果的なコミュニケーションについて探究します
> - 効果的なコミュニケーションにおけるアクティブ・リスニング（積極的傾聴）のもつ役割を検討します
> - リーダーシップにおける情動知能について検証します
> - 方向づけのリーダーシップにおける効果的なコミュニケーションについてふり返ります

他の人とコミュニケーションをとり、つながること

　効果的なコミュニケーションは、保育者の役割の土台を形づくるものです。効果的なコミュニケーションは、子どもたちや保護者とかかわりながら働く保育者やリーダーが、人

中心のサービスの中で働くための原動力であると考えられています（Rose and Rogers, 2012: 51）。ローズとロジャー（Rose and Rogers, 2012）は、保育者の役割について、7つの次元を提示しています。批判的省察者、ケアする人、コミュニケーションをとる人、ファシリテーター、観察者、評価者、そして創造する人です。コミュニケーションをとる人の役割では、保育者は、子どもたちや保護者、組織、同僚、その他の人々と、言語・非言語によるコミュニケーションをとります。双方向のコミュニケーションのプロセスによって、互恵的な関係性のもとで他の人とつながることができるのです。効果的なコミュニケーションを実現するためには、やりとりの質がきわめて重要になります。保育者やリーダーは、他の人とのやりとりについて自覚的であらねばなりません。そして、そうした他の人とのやりとりが、子どもたちの教育、健康、社会性、そしてウェルビーイングにどれだけ効果をもつかについて、常にふり返る必要があります。

　子どもたちや若者の通う園や学校における実践者の役割の中でも、特にコミュニケーションが重要であるということが、「子どものために働く人材に求められる共通のスキルと技術」（Common Core of Skills and Knowledge for the Children's Workforce: CCSK）に書かれています（DfES, 2005c）。CCSKは、「すべての子どもが大切」（Every Child Matters）という政府の基本方針（DfES, 2004b）にもとづき作成されました。イングランドで育つ新生児から19歳までの子どもたちや若者とかかわる人々について、彼らに共通して求められる知識やスキルがまとめられています。CCKSに書かれている6つのテーマは、実践者にもっていてほしい価値観を反映しています。平等・公正を重視し、多様性を反映した、これまでのステレオタイプを問い直す内容です。それらは、すべての子どもたちや若者の人生における機会向上を支援し、より効果的な総合的サービスを推し進めるテーマとなっています。1つ目のテーマである「子どもたちや若者、その家族との効果的なコミュニケーションと積極的かかわり」では、次のように記されています。

　「良いコミュニケーションは、子どもたちや若者とかかわりながら働く際に重要である。良いコミュニケーションには、子どもたちや若者、そして彼らをケアする人が伝えようとしていることに傾聴し、質問し、理解し、応答することが含まれる。一対一でのコミュニケーションと、集団でのコミュニケーションの両方が重要である。ここでコミュニケーションとは、言葉の使用だけでなく、話し方のマナーや身振り、そして何よりも、いかに適切に聴くかということを指している。効果的にコミュニケーションを行うためには、文化や文脈――例えば英語が第二言語である場合等――を考慮することが大事である」（DfES, 2005c: 6）。

　これらのスキルと知識は、訓練、省察的学習、そして経験を通して育っていくものです。子どもたちや若者とかかわりながら働くうえで求められるスキルと知識として、以下のも

のが挙げられています（DfES, 2005c: 7–9）。

スキル
- 聴くことと共感すること
- 要約することと説明すること
- 話し合うことと交渉すること

知識
- コミュニケーションがどのように行われるか
- 守秘と倫理
- 支援のための資源
- 信頼の大切さ

　同様に、コミュニケーションはリーダーシップの中心となるものです。特に、共通のビジョンを定め、園の方向性を示すうえで重要です。リーダーにとってコミュニケーションをとることの目的は、保育者にとってのコミュニケーションの目的と同じです。それは、他の人とつながることです。さらにリーダーは、図3.2に示したように、保育領域のより広い範囲で、関係者とコミュニケーションをとります。ここでは、方向づけのリーダーシップにおける効果的なコミュニケーションの方法について議論していくことにしましょう。

方向づけのリーダーシップにおける効果的なコミュニケーション

　「保育の分野で成功しているリーダーシップとは、他の何よりもまず、コミュニケーションの問題なのです」（Rodd, 2013: 63）。保育は、人とかかわる仕事です。関係性やコミュニケーション、対人スキルが、子どもや家族のためのサービスの構造を形づくります。リーダー（たち）のコミュニケーション能力が、きわめて重要です。子どもたちを含め、関係者の誰とでもわかりやすくコミュニケーションをとることのできるリーダーは、他の人を操作するのではなく、他の人に影響を与えます。すべての関係者が提起した懸念や問題に対して、耳を傾け、真摯に受け止める能力が、コミュニケーションを成り立たせます。わかりやすい会話をするという力量は、必ずといってよいほど、ビジョンの決定と方向づけのリーダーシップに関係しています。そこで良い結果につなげるためには、すべての関係者に対して、達成すべき目標とその方向性をわかりやすく示すことのできる力量が重要となります。

　政府による継続的な検討と方針にも示されているように、リーダーは、仲介としてふる

パート2　保育における効果的なリーダーシップ

まうことが必要不可欠です。園の方針を要約して、すべての関係者にとって意味がわかるようにするのです。リーダーは、園の関係者がそれぞれに取り組んでいる課題が、他の関係者と異なったり、対立したりしていると感じないように、誤解のない明瞭なコミュニケーションを心がけることが大切です。リーダーの役割とは、職員同士の開かれた話し合いの場（フォーラム）を提供し、コミュニケーションの妨げとなっているものや、それらを克服するための方法を見きわめることです。意味のマネジメント[3]としてのリーダーシップ（Fairhurst, 2011）は、リーダーと他の人との日常的な会話や、かかわり方に顕著に現れます。方向づけのための意味のマネジメントとしてのリーダーシップは、ただ変化をリードするだけでなく、日々のルーティンやリーダーとしての日常的な役割に埋め込まれているのです。例えば、次の事例にそのことが示されています。

事例：意味のマネジメントとしてのリーダーシップ

ジャシンサ先生はナーサリー・スクールに新しく赴任した園長です。園長として過ごす初めての学期で、彼女は園の実践について考えています。彼女の考える園の教育方法や実践についてのビジョンと方向性は、彼女が抱いている乳幼児のイメージや概念に影響されます。

ひとりひとりの子どもは、彼らの文化や家庭という文脈の中で尊重されるべき、自らの声と権利をもった唯一無二の存在です。園では、すべての子どもが多様なカリキュラムを通して学べる機会を保障することで、ひとりひとりの成長をもたらす豊かな環境を提供することを目指しています。

子どもに対するこのようなイメージをもとに、園における教育と学びについて、子ども中心のアプローチの枠組がつくられました。園で起こるすべての出来事の中心に子どもたちがいる、という枠組みです。「乳幼児基礎ステージ（EYFS）」というカリキュラム（DCSF, 2008b）に示されている教育観では、子ども主導の活動を奨励し、子どもをカリキュラムの中心に位置づけています。これは、ジャシンサ先生のもっているビジョンにも反映されています。彼女が方向づけのリーダーシップを発揮するには、園長が1人でビジョンを抱くのでは不十分で、このビジョンについて園で効果的にコミュニケーションをとることが必要でした。そうすることで、ジ

---

[3] 訳者註：リーダーはその行動や発言によって、自覚的にも無自覚にも、複雑で曖昧な状況に意味を与え、枠づけをします。集団のメンバーは、リーダーによる意味づけをふまえて状況を理解し、自らの行動を決めます。つまり、リーダーが自分たちの状況をどのように意味づけするかということが、その集団に属するメンバーの理解や行動に影響を与えるのです。これを「意味のマネジメント」と言います。Smircich & Morgan（1982）[†]では、例えば、「この職場の人たちはあまり頑張らないね」とリーダーが言うと、その発言がそこの人たちの言動を左右するといった例を挙げています。[†] Smircic, L. and Morgan, G. (1982) Leadership: The Management of Meaning, *The Journal of Applied Behavioral Science,* 18（3）: 257-273.

ャシンサ先生のビジョンが園で理解され、共有され、集団としてのビジョンになっていったのです。彼女は、自らのビジョンを印刷してラミネートカードにし、次の職員会議のディスカッションの際に、各グループで使用できるようにしました。ジャシンサ先生は職員に、ディスカッションを通して彼女の示したビジョンをときほぐし、その意味や解釈を了解したうえで、全員が意味を共有し理解している集団としてのビジョンへと再構築してほしいと考えました。そうすることで、最終的にできあがる文言は、はじめのままかもしれないし異なるものかもしれませんが、全員のものとなるのです。

　ジャシンサ先生のビジョンの中心にあるのが、子どもはひとりひとり個性をもった存在である、ということです。ビジョンとして述べたことを実現するにあたり、ジャシンサ先生は子どもたちのさまざまな「声」を、園の全体にわたって不可欠なものとして位置づけることを望みました。例えば、子どもたちの描いた絵を飾ったり、子どもたちが書いた本を本コーナーで読めるようにしたりしました。彼女は、保育者たちが伝統的に、自分の作ったもの、例えば童謡にまつわるイラストなどを得意げに壁面に飾るのに、子どもたちの描いた絵は飾らないということに気づいていました。子どもの作品を飾るということは、それらの作品が価値あるものであり、尊重されているというメッセージを発することになるのです。これらの実践は、子ども中心の保育という彼女のビジョンの真髄(しんずい)であり、彼女のリーダーシップを方向づけるものでした。では、ジャシンサ先生はどのようにして、方向づけのリーダーシップを発揮し、ビジョンを教育方法や実践として実現しながら、誰の気分も害することなく、職員たちのビジョンの意味づけや解釈をリードし調整したのでしょうか？

　ジャシンサ先生は、自らのビジョンを明確にし、実践に移していくための方法を編み出しました。彼女は定期的に、保育者のかたわらで子どもたちの活動に参加するようにしたのです。この頃、ジャシンサ先生は保育者たちと保育の計画について話し合い、さらに、どのようにして子ども主導の活動をするかを話し合い始めました。また、学びのエリアにいるときには、保育者が設けている物理的環境についてもコメントするようになりました。保育室を見まわして、目に飛び込んでくる子どもたちの絵や書いたもの、製作物を熱心にほめるのです。一方で、飾られている保育者の作品については、あえて何も言いませんでした。学びの素材として子どもたちの作品の価値を認め、展示し、活用していることについて、認めたり、保育者にその真意を確かめたりしていました。そうすることで、ジャシンサ先生は園でのリーダーシップを通して、時間をかけて、彼女のビジョンや方向性を意味づける実践を見出していきました。

以下の問いは、あなたがどのようにして意味をリードし、調整し、教育方法や園の実践に方向性を与えてきたかをふり返る機会となるでしょう。ここでは、効果的なコミュニケーションにおいてリーダーがアクティブに聴くことの重要性が検討されています。

> **ふり返りのための問い**
>
> **今、リーダーの人へ**
>
> 教育方法や園の実践に方向性を与えるために、あなたがどのようにして意味づけをリードし調整してきたかをふり返りましょう。
> - 方向性を与えるために、どのような方法をとりましたか？
> - 意味づけをリードし調整するために、どのようにコミュニケーションをとりましたか？
> - あなたの方向づけのリーダーシップが効果的かどうかを、どのようにして確かめますか？
>
> **これからリーダーになる人へ**
>
> あなたのリーダーがあなたに対して、教育方法や園の実践の理解を深めるために、どのようにして方向性や意味を与えてきたかをふり返りましょう。
> - あなたのリーダーは、どのようなコミュニケーション・スキルを用いていましたか？
> - あなたのリーダーは、あなたが理解や意味づけをより深めるために、どのようなことをしていましたか？
> - あなたのリーダーのコミュニケーション・スキルはどの程度効果的でしたか？

理解のためのアクティブ・リスニング

効果的なコミュニケーションは、多機能で、多方向です。会話、励まし、質問、省察、言い換え、解釈、調整、議論、要約、理解、承認、交渉、意思決定、立証、報告などが含まれます。園のリーダーには、乳幼児期全般のこと、子どもたちの学びや発達、カリキュラム、多職種連携、政策、そしてコミュニケーションが行われる文脈に特有の知識が求められます。「保育における効果的なリーダーシップ研究（ELEYS）」調査では、職員への期待や保育実践、プロセスについてそれなりの「透明性」を確保しているリーダーは、効果的なコミュニケーションの特徴やその結果をうまく活用していることがわかりました。そこでは対話に「互恵性」があり、コミュニケーションの過程で「調整」と「ふり返り」があったのです（Siraj-Blatchford and Manni, 2007）。図4.1は、効果的なコミュニケーション

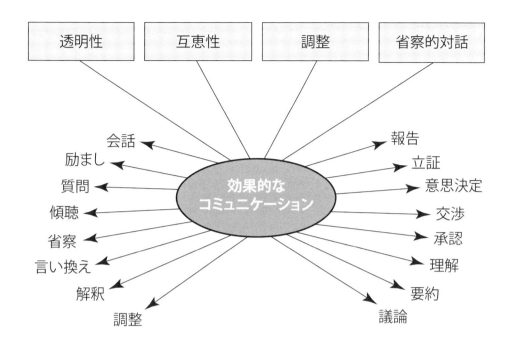

図4.1 効果的なコミュニケーション

の多面的な性質を示しています。

　リーダーが効果的に聴くことができるという特性は、方向づけのリーダーシップの鍵となります。効果的に聴くというのは、アクティブに聴くということであり、単に言葉を聞くだけでなく、話されている言葉に関心をもち、その言葉の背後にある意味や理解を把握し、その根底にある感情も含めて与えられた情報をすべて活用し、相手のメッセージの意味を意図されたように理解するということです。このような理解のための聴くという行為は、「アクティブ・リスニング（積極的傾聴）」あるいは「リフレクティブ・リスニング（省察的傾聴）」として知られます。そこには、聴き手が話し手にささげる適度な時間と空間が含まれます（Rodd, 2013: 73）。それは言い換えれば、コミュニケーションの妨げとなるものを特定することです。例えば、コミュニケーションをとるのに不適切な環境、他の人が通り過ぎたときに音が漏れ聞こえてしまう廊下、途中で電話に出たりメールに返信したりすること、背景の雑音、第一言語が異なること、あるいは視覚的・聴覚的な障害などです。このようなコミュニケーションの妨げとなるものは、時間を決めて、何にも中断されないように会議を実施するといった工夫をすることで、なくすことができます。聴き手は話し手から、メッセージの内容だけでなく非言語的・言語的メッセージを受け取り、適切な仕方で応答します。聴き手は、言語的・非言語的情報を用いて、話し手のメッセージについてよく考え解釈します。話し手の意味や理解を明確にするために、応答するのです。話し手も同様に、聴き手に対して応答するために、言語的・非言語的な手がかりを用いま

す。

　コミュニケーションとは、時間をかけ、互恵的関係を通じてつくり出される、省察的なプロセスです。「ともに考え、深めつづけること（Sustained Shared Thinking）[4]」という「保育における効果的な教育方法の研究（REPEY）」で明らかにされた概念があります。2人もしくは2人以上が、知的な方法で"一緒に"取り組み、問題を解決し、ある概念について明らかにし、自分たちの活動を捉え直すことを指します。この「ともに考え、深めつづけること」という概念は、通常、認知的思考を発展させるための足場かけのプロセスとして、子どもと大人あるいは子ども同士（Rose and Rogers, 2012: 79）のやりとりと関連づけて捉えられています。しかしながら、大人同士の効果的コミュニケーションにおける「ともに考え、深めつづけること」は、互恵的かつ省察的な対話であり、大人同士がともに意味づけし理解を深めていくものです（Siraj-Blatchford et al., 2002）。

　聴き手が話し手にどう応答するか、また、話し手が聴き手にどう応答するかによって、意味の共構築が促されたり妨げられたりします。カール・ロジャーズ（Rogers, 1961）は、人が中心の組織における言語的コミュニケーションでは、一般的に次の5つの応答スタイルが用いられていることを明らかにしています（Rodd, 2013: 74より引用）。

- 助言と評価──応答の目的は、助言を与えること。例：「もし私があなただったら、今は…すべきじゃないかな」
- 解釈と分析──応答の目的は、与えられた情報を解釈すること。例：「ここでの大事なのは…」
- 支援と鎮静化──応答の目的は、感情を落ち着かせること。例：「心配ないよ、大丈夫」
- 質問と精査──応答の目的は、より多くの情報を得ること。例：「ご家庭で何か気になることはある？」
- 理解と省察──応答の目的は、内容だけでなく根底にある感情にも焦点をあてること。例：「ベンの読む力がだんだんとついてきて、うれしいね」

　応答の種類が適切であるということは、コミュニケーションの専門家としてのレベルの高さ、能力の高さを示します（Rodd, 2013）。効果的なリーダーは、助言、評価、支援、質問、理解、省察を行いながら方向づけのリーダーシップを発揮します。ただし、人を中心とするサービスで働くということは、園のリーダーに仕事関連のプレッシャーやストレスを与えることでしょう。それらが少なからず感情的な負担をかけ、コミュニケーション

---

[4] Siraj, I., Kingston, D. & Melhuish, E. (2015). *Assessing Quality in Early Childhood Education and Care: Sustained Shared Thinking and Emotional Well-being (SSTEW) Scale for 2-5-year-olds Provision*. London, United Kingdom: Trentham Books.〔= 2016, イラム・シラージ, デニス・キングストン, エドワード・メルウィッシュ『「保育プロセスの質」評価スケール──乳幼児期の「ともに考え、深めつづけること」と「情緒的な安定・安心」を捉えるために』秋田喜代美・淀川裕美訳、明石書店〕

にも影響を及ぼすかもしれません。ここで、リーダーシップにおける感情の役割について検討しましょう。

リーダーシップにおける情動知能

　保育に特有の情動的な原動力に、子どもたちやその家族とかかわりながら働くことへの熱意があります。この言葉は、保育者やリーダーが、園で働く自らの主体性について述べる際によく使われます。「保育実践における学びのリーダーシップ（LLEaP）」調査でも、情熱は、保育の領域で働き、リーダーシップを発揮するための重要な原動力であることが明らかにされました（Hallet, 2014）。モイルズ（Moyles, 2006）もまた、「保育における効果的なリーダーシップとマネジメントの枠組み（ELMS-EY）」の開発にあたり、リーダーシップの特性とは何かを検討し、成功しているリーダーが自園の子どもたちや学校、地域に対して「根強い情熱」をもっていることを明らかにしました（Moyles, 2006: 9）。

　乳幼児が、生命の保持に必要なケアを受け、重要な保育者との間にポジティブな情動的愛着を形成する必要がある（Bowlby, 1988）ということは広く認識されています。乳幼児の発達において、協力的で、ケア的で、感受性豊かな環境が大切です（Osgood, 2006）。例えば、揺り動かす、抱きしめる、身体的な遊びをするというような、子どもを慈しむ身体的かかわりが、子どもたちのポジティブな身体的、知的発達を促すことが示されています（Manning-Morton, 2006）。エルファー（Elfer, 2012）は、感情（情動）に取り組むことが、乳幼児とかかわりながら働くことの一部を成していると述べます。ナーサリーの保育者やティーチング・アシスタントの継続教育コースにおける研修では、温かさ、感情、養育、感受性、世話といったケアにかかわる特性を身に付けることを、学生たちに奨めています（Colley, 2006）。社会経済的に低い階層の若い女性たちにとっては、感情労働を行うことで、例えば学校といった働く場で自己肯定感や自信を育み（Vincent and Braun, 2010）、ケアをする保育者としての自己アイデンティティを形成していく機会を得られるのです。

　情動性は反知性的と捉えられる場合もあり、そうした捉え方が、感情労働は直観的に女性特有の働き方である、という考えを強めることになります（Taggart, 2011）。保育者やリーダーは、子どもたちに最高のケアと教育を提供するために、確信をもって感情を扱う仕事をしています。乳幼児とかかわりながら働くということは、身体的で、知的で、情緒的なことです。保育者やリーダーの日常の業務における情動的状況、例えば、痛くて泣いている子ども、怒っている保護者あるいは安全保護が必要となる状況では、もっとも高いレベルの情動的スキルが求められます（Osgood, 2011）。自らの感情を管理し、専門家として他の人の感情を理解し、感受性豊かに応答することができることは、保育者やリーダーひとりひとりの能力であり、効果的なコミュニケーションや対立の解消に不可欠です。ゴールマン（Goleman, 1996）は、これを情動知能と呼んでいますが、これは効果的な

リーダーに見られる能力です。リーダーは、自らの感情の状態に自覚的であり、状況に応じて感情を管理する必要があります。逆に、リーダーによる無神経で不適切な応答は、効果的なコミュニケーションの妨げとなり、メッセージが適切に受け止められないことにもなります（Rodd, 2013）。リーダーが他の人に共感し話を聴く能力をもって行う互恵的なコミュニケーションというのは、効果的なリーダーがもつスキルの1つなのです（Goleman, 1996）。

　リーダーは学力や経験によって任命されることもあれば、リーダー不在の状況が生じたために任命されるということもあります。リーダーは、自らの働いている人中心のサービスの中で、十分な情動知能を育むことができなければ、リーダーとして成功することはないでしょう（Rodd, 2013）。情動知能は、他のあらゆるリーダーシップ能力に影響を与え、それらを高めたり妨げたりします（Goleman, 1996）。情動知能の優れたリーダーは、スタンダードを高め、個人としての成長と専門家としての成長を促し、組織の持続可能性を高めます。情動知能の優れたリーダーはまた、職員の情緒的能力を支援する必要性について理解していて、それにより、情緒的能力の高い組織を構築していくことに貢献するのです（Rodd, 2013）。ゴールマン（Goleman, 1996）は、情動知能とは、自分の感情について理解していること、自分の感情を管理できること、共感のセンスをもっていること、自分や他の人の情緒的ダメージを修復できること、そして、他の人に波長を合わせて情緒的に影響し合うことで、他の人と効果的にかかわることのできること、と説明しています。

　効果的なコミュニケーション・スキルは、情動知能の優れたリーダーの礎となるものです。彼らは自らの感情について積極的に話すことができ、良い聴き手であり応答者であり、適切な質問をして、意味のある対話に参加します。情動知能が優れているリーダーは、職員や子どもたち、保護者の情動知能をも育み尊重し、その結果、園全体で情動知能が高まっていくことになります（Rodd, 2013）。

　以下のふり返りのための問いは、リーダーとして、あるいはこれからリーダーになる者として、あなた自身の情動知能についてふり返る機会となるでしょう。

ふり返りのための問い

今リーダーの人と、これからリーダーになる人へ

　あなた自身の情動知能についてふり返ってみましょう。情緒についてどの程度知識がありますか？

- **あなたは自分の感情についてどのくらい理解していますか？**

　　ご自身のことを10段階で評価してみましょう（10＝最高点、1＝最低点）

　保育における効果的なリーダーの質に関する文献レビューの中で、ロッド（Rodd, 2013: 58）がリーダーシップに関する共通の質、スキル、知識、そして能力

があることを明らかにしています。その中に、情動知能と互恵的コミュニケーションが含まれています。図4.2に示されているように、効果的なリーダーは、8つのリーダーシップ能力をもっていることがわかりました。

以下のふり返りのための活動は、ロッドが提唱したリーダーシップ能力のうち3つを用いて、今リーダーの人あるいはこれからリーダーになる人が、ご自身のリーダーシップ能力をふり返る内容となっています。あなたがご自身の感情にどのようにして気づいたか、あるいは理解したか、例をあげてみましょう。

- あなたは自分の感情をどのくらい管理できますか？

    ご自身のことを10段階で評価してみましょう（10＝最高点、1＝最低点）

    同僚とコミュニケーションをとる際、自分の感情をどのように管理しているか、例をあげてみましょう。満足できる内容でしたか？　それとも、改善すべき点がありましたか？　ある場合、どうしたら改善できますか？

- あなたの共感のセンスはどのくらい優れていますか？

    ご自身のことを10段階で評価してみましょう（10＝最高点、1＝最低点）

    他の人とコミュニケーションをとっているとき、どのように共感を示しているか、例をあげてみましょう。満足できる内容でしたか？　それとも、改善するべき点がありましたか？　ある場合、どうしたら改善できますか？

- あなたあるいは他の人の情緒的ダメージを修復することにどのくらい長けていますか？

    ご自身のことを10段階で評価してみましょう（10＝最高点、1＝最低点）

    あなた自身、あるいは他の人の情緒的ダメージを修復したときの例をあげてみましょう。満足できる内容でしたか？　それとも、改善するべき点がありましたか？　ある場合、どうしたら改善できますか？

- あなたは他の人と、どのくらい情緒的に影響し合っていますか？

    ご自身のことを10段階で評価してみましょう（10＝最高点、1＝最低点）

    あなたがどのようにして他の人と波長を合わせ情緒的に影響し合ったか、例をあげてみましょう。そこでのかかわりは、効果的なコミュニケーションをもたらしましたか？　あるいは逆に、非効果的なコミュニケーションになりましたか？　上記の内容は、満足できる内容でしたか？　それとも、改善するべき点がありましたか？　ある場合、どうしたら改善できますか？

パート2　保育における効果的なリーダーシップ

情動知能
自分あるいは他の人の感情を理解し、感受性豊かに応答する能力

批判的思考
論理的、分析的に考えることを通して、他の人に影響を与える能力

方向性の明確さ
わかりやすい目標を設定し、明確化し、それに向けて人々が深くかかわりたくなるよう動機づけする能力

創造的な知能
知識、理解、スキルを統合し応用することで問題を解決する能力

能力向上の支援
支援や助言を行い、人々を力づける能力

互恵的なコミュニケーション
共感的に聴き、他の人とつながる能力

変化の組織化
積極的、建設的に変化をリードする能力

忍耐強さ
自己主張し、落ち着いていて、専門家としてふるまう能力

図4.2　効果的なリーダーシップ能力（Rodd, 2013から引用）

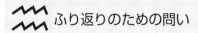　ふり返りのための問い

今リーダーの人と、これからリーダーになる人へ
リーダーシップ能力：情動知能　自分あるいは他の人の感情を理解し、感受性豊かに応答する能力
- 情動知能を備えたリーダーシップ能力とはどのようなものか、ふり返ってみまし

ょう。あなた自身の情動知能を用いてリードする能力について、短い文章で書いてみましょう。

リーダーシップ能力：方向性の明確さ　わかりやすい目標を設定し、明確化し、それに向けて人々が深くかかわりたくなるよう動機づけする能力

- 方向性の明確さに関連するリーダーシップ能力とはどのようなものか、ふり返ってみましょう。あなた自身の、方向性の明確さをリードする能力について、短い文章で書いてみましょう。

リーダーシップ能力：互恵的なコミュニケーション　共感的に聴き、他の人とつながる能力

- 互恵的なコミュニケーションに関連するリーダーシップ能力とはどのようなものか、ふり返ってみましょう。あなた自身の、互恵的なコミュニケーションをリードする能力について、短い文章で書いてみましょう。

まとめ

　この章では、方向づけのリーダーシップの中の効果的なコミュニケーションのさまざまな方法について検討しました。例えば、アクティブ・リスニング、情緒に関する知識をもつ、コミュニケーションの妨げとなるものを減らすといった方法がありました。事例では、方向づけのリーダーシップと関係して、あるリーダーがもっている効果的なコミュニケーションに関する知識、スキル、理解を例示しました。ふり返りのための問いでは、今リーダーの人とこれからリーダーになる人が、自らのコミュニケーションに関する知識、スキル、理解、そして方向づけのリーダーシップにおける効果的なコミュニケーション能力のうち特に情動知能について、ふり返る機会を設けました。

　次の章では、効果的でケア的なリーダーシップの中の「協働的なリーダーシップ」について、特に園における「チーム文化の活性化」について見ていきましょう。

さらに学びたい人へ

Jarvis, J. and Lamb, S. (2001) 'Interaction and the development of communication in the under twos: issues for practitioners working with young children in groups', *Early Years,* 21 (2): 129–38.

本論文は、2歳以下の子どものコミュニケーション能力の発達において、大人と子どものかかわりがどのような役割をもつかを検討しています。特に、ある双子の家庭を対象に、大人が2人の子どもと同時に、継続的で援助的なやりとりをする能力について検討しています。

Perry, L., Lennie, C. and Humphrey, N. (2008) 'Emotional literacy in the primary school classroom: teacher perceptions and practices', *Education 3–13,* 36 (1): 27–37.

本論文は、情動的なリテラシーとそれに対する教師の認識について、教室の現場ではどうモデル化できるかを検討しています。得られた結果について、学校における情動的リテラシーの発達という文脈で議論しています。

Rodd, J. (2013) *Leadership in Early Childhood.* 4th edn. Maidenhead: Open University Press. pp. 64–103.

この本の以下2つの章で、園のリーダーのコミュニケーション・スキルについて議論しています。第4章「コミュニケーションを通してリードする――他の人のニーズに合わせる」、第5章「コミュニケーションを通してリードする――自身のニーズに合わせる」。

Rose, J. and Rogers, S. (2012) *The Role of the Adult in Early Years Settings.* Maidenhead: Open University Press. pp. 50–67.

この本では、「ひとりの保育者のもつ7つの自己」として、子どもや家族、その他関係者とかかわりながら働く保育者のさまざまな役割について書かれています。第4章では、「コミュニケーター」としての自己に焦点をあて、効果的なコミュニケーションについて検討しています。

協働的なリーダーシップ
――チーム文化の活性化

> ☀ **この章のあらまし**
>
> 　効果的でケア的なリーダーシップの中の「協働的なリーダーシップ」とは何かを述べ、特に「チーム文化の活性化」について詳しく検討していきます。この章では、うまくいっている園が、組織内外の関係性の構築と維持をよりどころとしているということをふまえ、チーム文化の活性化がいかに重要かを見ていきます。園のリーダーの実践に関するさまざまな事例を通して、協働的なリーダーシップ、関係性の構築、そしてチーム文化の活性化について述べてきます。最後に、協働的な方法でリードすること、チーム文化を経験すること、そしてチームで働くということについてふり返る機会を設けています。
> 　この章では：
> - 協働的なリーダーシップとは何かを述べます
> - 関係性の構築とチーム文化の活性化の方法について考えます
> - 関係性の構築とチーム文化の活性化についてふり返ります
>
>

協働的な関係性にもとづくチーム文化

　保育の分野で働くということは、すなわち、人とかかわりながら働くということです。その仕事の特性から、1人きりで働く人はおらず、皆、保護者や職員、子どもたち、複数の機関、政府、経営委員会、PTA、地域住民とのネットワークや関係性の中で働いています。園の仕事には、たくさんの人との交流が含まれています。関係性やそこでの交流の質が、子どもとその家族へのサービスの質の基礎を形づくっているのです（Rodd, 2013）。

パート2　保育における効果的なリーダーシップ

保育には、人、関係性、そして感情が含まれています（Jones and Pound, 2008）。リーダーと保育者がチームとして取り組む協働の仕方が、保育の仕事の中心となります。そこには、専門的知識・技術の共有、理解、省察的対話が含まれます。保育分野のリーダーシップは、人々の集団が、協働とチームワークという関係性の文化の中でともに働くことの結果なのです（Rodd, 2013）。

　リーダーはチームに対して責任を負っていますが、同時に、その内部で働くチームの一員でもあります。「リーダーの責任には、チーム『に対する』責任と、チーム『のための』責任が含まれている」のです（強調部分は原著者による）（Jones and Pound, 2008: 25）。ベネットら（Bennett et al., 2003: 9）は、「チームがもっとも良く機能するのは、グループ内およびグループ間の関係性が、協力的な組織の風土の中で、相互の信頼と開かれたコミュニケーションに支えられた、開かれた雰囲気においてである」ということを明らかにしました。それは、職員が互いの長所や専門性を認識している協働とリーダーシップの文化の中で生じます。チームが効果的かどうかは、リーダーの個人的資質、特性、そして信頼し合える風土の中で全員が大切にされ、尊重されるよう、チーム文化を活性化するためにリーダーが介入しているかどうかに依拠します（Jones and Pound, 2008）。効果的なリーダーシップによって、チームが園や保護者、子どもたちのためになる知識やスキル、理解を共有しながら、焦点化された方法で、協働的にともに取り組むことが可能になります（Harpley and Roberts, 2006）。以下では、「保育実践における学びのリーダーシップ（LLEaP）」に参加した2名の園のリーダーが、自らの協働的なリーダシップのスタイルやチームワークについて、ふり返っています。

 事例：リーダーの省察──協働的なリーダーシップ

　アヴァ先生は私立のデイ・ナーサリーのリーダーです。リーダーシップ・チームにいるもう1人のリーダーとともに、リーダーシップを共有しています。彼女は、週のうち3日は私立のデイ・ナーサリーで過ごし、2日は地元の大学の講師として、保育専攻の学部生の指導をしています。

　私のリーダーシップのスタイルは、かなり「人」志向だと思います。協働的なアプローチをとることが好きなのですが、それによって実践が良くなったり、チームが当事者意識をもちやすくなったりします。私自身はコントロールしたがりで完璧主義なので、難しいと感じることもありますが、そうした性質は、私がリーダーとしてあるべきと信じる姿にはあてはまらないこともわかっているので。

　協働的なアプローチを進めていくには、職員、子どもたち、そして家族の間の相互の信頼がきわめて重要です。私は、チームのニーズやアイディアに対して共感的であるべき（だし、そうでありたい）と考えていて、私自身が親しみやすい

存在であるよう心がけています。他の人たちのアイディアを喜んで受け入れたいと思いますし、彼らのアイディアは素直に価値のあるものだと考えています。後からふり返りをするということも前提として、新しいことにはどんどん挑戦していきたいですし、それによってチームの実践がより良くなればと願っています。

　それから、職員には私が弱さも抱えていることを知ってもらう必要があります。そのことで、彼らの自信や自己肯定感が支えられるからです。例えば、私が画びょうを刺すときに異常なまでに位置を揃えたがる行動について、一緒に笑い合うのです。そうすると、私が大学で講義もしている別次元の人ではなく、人間らしい存在だと思ってもらえるのです。次元（レベル）の話は嫌いです。私たちは皆、チームに欠かせない存在なのです。一方で、危機的な場面では、私が学びや変化をリードする立場にあるということも自覚しています。必要であれば、課題や衝突に対応します。幸い、これまでそのようなことはほとんどありませんでしたけれど。

 事例：リーダーの省察──チームワーク

カレン先生は、公民館に設置され、地域に根ざした、ボランティアによるプレイグループのリーダーです。地域に根ざした広いチームワークの視点をもっていて、チームで働く場合の関係性の求心性についてふり返っています。

　チームワークは、私がリーダーとして働く際の中核をなします。私はリーダーとして、職員の考え、子どもたちの考え、保護者の考え、そして訪問者や他の専門家が尊重されるようにしています。すべての人──彼らの考え、アイディア、長所──を大切にし、巻き込むようにしています。私はひとりひとりの特性が結びつき、最高のコンビネーションが発揮されるように努めています。そのために、私は皆と良い関係性を築こうとしています。彼らに話しかけ、耳を傾け、関心をもっています。彼らを支えています。これは双方向のプロセスで、皆も私の任務やプレイグループでの仕事を支えてくれます。この後お話するのは、私が保護者、子どもたち、職員、プレイグループ委員会の声に耳を傾け、彼らを巻き込む方法の例です。そうすることで、彼らは自らもプレイグループの一員だと感じ、プレイグループに貢献できるようになるのです。

保護者の声に耳を傾け、尊重する

　私たちは、保護者が彼らの子どものことをもっともよく知っていると考えています。プレイグループに通う保護者たちは、プレイグループの一員です。係の当

番表があり、プレイグループのセッションの手伝いに参加します。私たちのプレイグループは、誰にでも開かれていて、保護者はいつでもプレイグループに参加して、子どもたちと一緒に活動したり、子どもの成長に関する悩みを私たちと話し合ったりすることができます。登降園時には、保育者と保護者が、その日の子どもの活動の様子や、子どものことで気になっていること等について、肩ひじ張らずに話します。週末には公開保育を行い、家族の他のメンバーが来て、プレイグループの様子や子どもたちの活動、作品を見てもらいます。私たちの目標は、子どもたちの保護者や家族の他のメンバーと知り合い、じっくりと良い関係を築いていくことです。それらが子どもたちの遊び、学び、育ちの支援につながると考えています。

子どもたちの声に耳を傾け、尊重する

　私たちはプレイグループで、子ども中心に過ごしています。私たちの目標は、ひとりひとりの子どものことを知り、良い関係を築き、室内・室外両方の環境で彼らの遊び、学び、育ちを支えることです。子どもたちの言葉に耳を傾け、尊重し、大切にします。子どもたちの学びや育ちのプロセスは、保護者と共有される写真や、彼らの作品についての本やポスターにも示されています。

職員の声に耳を傾け、尊重する

　職員は、ふり返り、省察的な実践、信頼の風土、省察的な会話、建設的なフィードバック、そして評価を行うことで、チームのメンバーとして互いに耳を傾け、尊重し合っています。私はリーダーとして、ポジティブなかかわりの見本を示し、自己評価やふり返りの機会を毎日提供しています。定例の職員会議の進行は私かプレイリーダーの誰かがつとめ、知識や実践をより豊かにするよう努めています。

プレイグループ委員会の声に耳を傾け、尊重する

　このプレイグループは、地域に根ざしたボランティアの組織です。プレイグループ管理委員会も、私たちのプレイグループ・チームに入っています。何名かの保護者と地域のボランティアの方々が定期的に集まり、財源、方針、実践といったプレイグループに関連することについて話し合います。プレイグループ委員会は、私たちの仕事について異なる視点を投げかけてくれます。委員会のメンバーは、プレイグループに来て、私たちの日々の仕事を見たり、子どもたちの学びや育ちに関連して、子どもたちと遊んだり、かかわったりすることを歓迎されています。

以下の質問は、あなたの協働的なリーダーシップやチームワークの経験をふり返る手助けとなるでしょう。

ふり返りのための問い

今リーダーの人と、これからリーダーになる人へ

以下では、協働的なリーダーシップの実践について、ポジティブな経験、ネガティブな経験、あるいは両方の経験の比較をしながら、ふり返ってみましょう。

あなたがチームの一員であると感じ、チームの判断や仕事に貢献した、ポジティブな協働的リーダーシップの経験について考えてみましょう。

- その経験について、短い文章で書き表してみましょう。
- あなたがチームの一員となれるように、リーダー（あるいは複数のリーダー）はどのようなことをしていましたか？
- あなたがチームの一員となり、チームの判断や仕事に貢献できるように、チームのメンバーはどのようなことをしていましたか？
- この経験を通じて、あなたはどのようなことを感じましたか？

あなたがチームから除外されていると感じ、チームの判断や仕事にほとんど貢献できなかった、ネガティブな協働的リーダーシップの経験について考えてみましょう。

- その経験について、短い文章で書き表してみましょう。
- あなたがチームの一員となり、チームの判断や仕事に貢献できるようにするために、リーダー（あるいは複数のリーダー）がしていなかったことは何ですか？
- あなたがチームの一員となり、チームの判断や仕事に貢献できるようにするために、チームのメンバーがしていなかったことは何ですか？
- この経験を通じて、あなたはどのようなことを感じましたか？

次に、異なるチームと協働的に働くことについて考えていきましょう。

チームをリードし、チームの一員として働く

保育では、保育者が複数のチームで働くことがありますが、その規模はさまざまです。例えば、デイ・ナーサリーでは1つのクラスで小さなチームが組まれ、小学校では基礎ステージのユニットで大きなチームが組まれ、チルドレンズ・センターでは複数機関によるチームが組まれます。家庭的保育のチャイルド・マインダーでさえ、一見ひとりで働いて

いるようですが、家庭内外のチームの一員であり、利用者である保護者、地域のチャイルド・マインダーのネットワーク、そしてチャイルド・マインダー養成者とともに働いています。どのような文脈で働いていようと、保育者は直接かかわっているチームや地域のチーム、園の内外にあるより広範囲のチームの一員なのです。「シュアスタート・チルドレンズ・センターのリーダーシップのための国家基準（the National Standards for Leadership of SureStart Children's Centre Services）」の改訂にあたっては、草案の中に、チルドレンズ・センターの園内、園間、そしてさらに広範囲でのリーダーの役割について記されています。そこでは、体系的で持続可能なリーダーシップのための、チルドレンズ・センター同士のネットワーク構築について述べられています（Siraj-Blatchford and Hallet, 2012）。

　これらの「国家基準案」には、チルドレンズ・センターのリーダーに求められる専門家としての質とスキルについて書かれています。その中には、次のことが含まれています。信頼、支え合い、尊重にもとづく、オープンでインクルーシブで安全な文化を育み、定着させること。メンバーが何か判断をする際、ひとりひとりが同等の権限を有するというアプローチをとる一方で、必要な場合には、リーダーが決断力をもつこと。チルドレンズ・センターの内外で協働し、交渉すること。対立が生じた際に仲裁し、対処すること。

　クラスルームや園、チルドレンズ・センターが一貫しているようにするためには、リーダーや保育者、多機関の専門家、保護者、その他の専門家の間に効果的な関係を築くことが重要となります。「子ども・若者のために働く人材育成戦略（Children's and Young People's Workforce Strategy）」（DCSF, 2008a）では、誕生から19歳までの子どもや若者とかかわりながら働く実践者が、他の専門職と一体となって働く（'integrated working'）ことで、子どもや若者の成果（アウトカム）の向上を目指すことを推奨しました（Greenfield, 2011）。この働くことに関する総合的なアプローチにより、実践者は、保健、教育、社会福祉といった異なる理念やチームをもつ広範の実践者とつながることができます。その一方で、専門家間の知識や仕事の仕方の違いから、コミュニケーションの障壁や理解の困難が生じる可能性も指摘されています（Duffy and Marshall, 2007）。

　ウィグフォールとモス（Wigfall and Moss, 2001）は、多機関を対象とした調査から、保健、社会福祉、教育という異なる領域の総合化を妨げているいくつかの要因について明らかにしました。彼らは、外部からの圧力、すなわち政策や基本方針が、協調して働くことの妨げとなっているらしいことを見出しました。そして、これらの政策や基本方針で、一度にあまりにも多くの主体（イニシアチブ）、プロジェクト、達成目標、財源枠組み、その他特定のサービスに固有の仕組みが同時に導入されることが、効果的なネットワークの妨げとなると主張しました。彼らはまた、専門性向上のために必要であると同時に、ワーキング・グループや個人が協働的なつながりを構築するのに必要な、ノン・コンタクト・タイムへの関心が不足していることを強調しました。もう1つの制約は、それぞれが多忙であるということでした。彼らは複数の機関の場合について述べていますが、同じことは

個々の園についても言えます。ひとりひとりの職員が複数の責任を負っている中で、限りない優先事項の調整をするのは困難をきわめます。なぜなら、職員間の緊張を容易に高めうるからです。

　効果的なチームの構築は、園において常に進行中の課題です。なぜなら、保育者の離職、昇給、退職、あるいは新しい採用によって、チームの構成が変化するからです。保育者が既存のチームに新しく参加することもあれば、リーダーが新しい学校を設置するために園長として任命され、新しいチームを構成することもあります。チームを構成するということは、ただ人を集めてきて、チームと名づけるだけではありません。チームが協働し、効果的な方法で働くためには、チームの組み立てのプロセスが必要であり、それなりの時間を要します。ハンディ（Handy, 1990）によれば、チームのエートスが確立されるまでに、チームは4つの発展段階を経ると言います。

1．形成：この段階では、チームが自らのアイデンティティを見つけ出そうとしています。はじめは、チームは個人の集合として機能しますが、メンバーが一緒に取り組むようになると、互いに親しくなり居心地が良くなってきます。リーダーは、この段階ではメンバーひとりひとりの長所と短所を見定めます。
2．混乱：これはチームとして発展する段階です。この段階では、挑戦やメンバー間の衝突が生じるかもしれません。チーム・リーダーは、チーム全体が成長するように、衝突に効果的に対処する必要があります。チームは、全般的な意見の一致と働き方の合意に向けて、動き出しています。
3．統一：チームのアイデンティティが確立し、チームはよりまとまりがあると感じるようになります。働き方も確立し、支えられています。問題や意見の不一致は率直に提起され、チームメンバーの間で議論されます。チームリーダーとメンバーは、互いに居心地よく感じており、信頼感があり、メンバーは協力し合い、チームとしての自覚をもつようになります。
4．機能：個人がチームの一員であると感じる段階です。チームのエートスは生産的、協力的であり、全員が協働的に、支え合いながら、同じ方向に向かって取り組んでいます。この段階では、リーダーは、園の環境や実践が確かなものとなり、より良くなるよう、チームとともに支え合い、話し合い、ふり返り、再検討します。

　近年の政府の先進的取り組み、例えば早期介入チームの設置や小学校の基礎ステージ・ユニットの設置といった実践の一元化の進展は、新しいチームの設立を促しました。チーム文化をつくる際、協働的な風土が立ち現れるための条件を整えるために、十分な時間と努力が費やされることが不可欠です。職員間のパートナーシップを育むことが求められます。そのためには、資格や経験の違いによらず、硬直した境界線を打破し、関係者間の信

パート2　保育における効果的なリーダーシップ

頼と尊重を構築すること、そして職員が柔軟に働き、将来的にその専門性を共有することが必要です。

「保育における効果的な教育方法の研究（REPEY）」に参加したナーサリーとレセプション・クラスの2つのチームが合併し、就学前ユニットを形成しました。次の事例は、新しいチームの形成についてのものです。

 事例：新しいチームの形成

　以下は、ナーサリー・クラスの主任2名へのインタビューからの抜粋です。どちらの園も、最近の就学前ユニットの設置、ナーサリー・クラスとレセプション・クラスの合併、そして保育のコーディネーターの出現を目のあたりにしていました。両事例とも、レセプション・クラスの教師がコーディネーターに任命されました。十分な説明がなくても、真の協働が見られる環境を確保する努力をしてきたナーサリークラスの教師と、そうでない教師との違いは一目瞭然でした。

　以下のコメントは、次の質問への答えとして述べられたものです。「乳幼児基礎ステージのカリキュラム指針は、導入されて以降、あなたの園に影響を与えてきましたか？」。1つ目の園でナーサリー・クラスの責任を任されている教師は、次のように答えました。

　　私たちの実践してきた活動には、そこまで大きな変更はなかったと思います。以前との主な違いは、保育計画にあります。私たちは今はレセプション・クラスと一緒に働かなくてはならないので、与えられた現在の書式に合わせて計画を立てています。私たちのコーディネーターはレセプション・クラスの教師で、おそらく一度もナーサリーで働いたことがないと思うのですが、彼女は両者のアイディアをなんとかつなぎ合わせようとしていました。そのことが、私たちにもっとも大きな影響を与えたと思います。計画への影響と、それから私たちのもっていた独自性ではないのですが、排他性のようなものを取り除いていきました。私たちはナーサリーでしてきたことを続けようとする傾向があります。そして、私たちはレセプション・クラスの職員が子どもの成長についてよく知る必要があると考えています。レセプション・クラスの職員は私たちの計画の詳細まで知っていて、何が起きるかを把握しています。時折、園にやってきて私たちを訪ねてきて、もし計画について彼らが知りたいことがあれば、話し合います。ある意味、私たちが動き始め、レセプション・スタッフの職員たちがそれを参考に自分たちの計画をつくり上げていってほしいと思っています。私たちは、彼らの計画にアクセスすることはできません。

　同じ質問に対し、別のナーサリー・クラスの主任は、次のように述べています。

> 今のところ、「乳幼児基礎ステージ（EYFS）」は私たちの実践にほとんど影響を与えていません。私たちがレセプション・クラスとより緊密に働けることと、ナーサリーのみでなく基礎ステージ全体について考えることを除けば、です。もちろん、ナーサリーからレセプションへの連続性は常に意識していましたが、どうしても彼らと私たちという区別があり、そこまで緊密にともに取り組むということはありませんでした。しかし今は、カリキュラム全体をナーサリー・クラスの子どもたち、レセプション・クラスの子どもたち、ナーサリーの職員である私たち、そしてレセプションの職員である彼らのためのものにできるように努力しています。それから、そうした関心から、私たちは一緒に計画を立てることも試みました。

　職員間のチーム文化を形づくっていく方法はさまざまあり、リーダーはそこで重要な役割を担います。リーダーの任務は決して容易ではありません。デュフォール（DuFour, 2004）は、たとえ抵抗に合うことは避けられないと予想されたとしても、リーダーは協働的な環境をつくり上げるためにチームに継続的にかかわることが求められると主張しています。ノイゲバウアーとノイゲバウアー（Neugebauer and Neugebauer, 1998）は、チーム構築のプロセスを5段階で示しています。達成可能な目標の設定、チーム内の役割の明確化、協力的な関係性の構築、積極的な参加の促進、そして、チームの効果のモニタリング（観察・評価）です。効果的なチーム・リーダーシップとチーム構築は、結果として、チーム・メンバーとリーダーの間の質の高いやりとりにつながります。そこでは、人間関係における信頼感が増し、風通しの良い、互いに開かれた状態があり、共通の理解がもたれています。チーム・アプローチによって、保育者の経験や専門的知識・技術がチーム内で共有され、専門性向上が支援されています（Rodd, 2013）。

　次に登場するナーサリー・スクールのリーダーの事例は、「保育における効果的な教育方法の研究（REPEY）」からの抜粋ですが、学びの共同体の構築を目指して、協働的なチーム文化を活性化するためにかかわったことについて述べています。

事例：協働の文化形成の促進

　あるナーサリー・スクールの園長が、職員間に協働の雰囲気をつくり出すために、積極的にかかわりました。そのことは、現職研修プログラムや毎週の職員会議を通して、すべての職員の専門性向上の促進につながりました。全職員が専門性向上の機会に平等にアクセスできるようにし、全員が集まって対話に参加できるようにするため、園長は水曜日の午後を休園とするべく奮闘し、実際にそれを成し遂げたの

です。一部の保護者からは困惑の声も聴かれましたが、強調しておきたいのは、園長は入園手続きの前に、すべての保護者に対し、定期的に園を閉めることとその目的について告げていたということです。研修日に早く園を閉めることで、園長は、すべての看護師と保育補助の職員が、保育者のようなフルタイムの職員とともに、勤務時間内に研修に参加できるようになりました。低賃金の職員はこれまで勤務時間後に残ることは期待されていなかったのですが、そうすることで結果的に地位の問題への理解が示されることになりました。

　午後のセッションは、さまざまな目的で活用されています。例えば、園の方針の検討と改定、子どもたちやクラスの実践、園全体の変化等の最近の様子の共有、外部の政策や法令の変更の紹介や検討、そして園内外の誰かが主導する現職研修です。また、セッションが行われる日が始まる前に、セッションの計画を話し合い仕事の振り分けを確認するために、職員らにある程度の時間が与えられます。園長によれば、この午前のセッションにはチーム・コーディネーターが参加し、先輩職員が意見や情報を提供します。加えて、毎週「個別指導会議」を開催しており、巡回指導員がさまざまなチームを訪れて、特定の子どもたちについて気がかりなことを共有しています。

職員間のチーム文化を形づくるための、園長のかかわりに見られる重要な特徴として、さらに、同僚間の努力によって園の方針がつくられるというプロセスがあります。次の事例を読んでみましょう。

 事例：協働による園の方針

　すべての方針は、リーダーや職員の間の調整を経てつくられます。最初の話し合いで、職員全員に、園の方針をより良くしたり発展させたりするためのアイディアや提案を出して貢献する機会が与えられます。例えば、行動、健康と安全、カリキュラムといったことについてです。出されたアイディアや提案について、その後、園長や副園長、あるいは関係しているカリキュラム・リーダーが検討し、適宜参考にしながら、園の方針の案を作成していきます。方針の案は職員の前で発表され、再検討、話し合い、修正、そして最終的な承認を経て、最後に文書として完成します。とはいっても、この「完成」は暫定的なものとみなされます。なぜならば、園の方針は、再検討のルーティンによって、あるいは環境からの刺激によって定期的に差し戻され、見直されるからです。環境からの刺激には、園での出来事が含まれます。例えば、子どもが手に余る行動をとった場合には、現在自分たちが子どもた

ちの行動をどう把握し調整しているかという点に疑問が向けられます。そして、現在の方針や実践に関するふり返り、話し合い、変更が求められます。園長は園の方針を協働的につくっていくプロセスについて、次のようにふり返っています。

> 園の方針について、皆が観察したことやそれまでの経験にもとづいて質問し合い、明確にし、変更したり省略したりするよう求めるなど、徹底的に話し合います。すると、園の方針と、さらに重要な、方針が導く実践について、それらを実行する人々がより深いレベルで一貫性をもって理解するようになるのです。このプロセスは素晴らしいものです。見直しをする段階になると、私たちは方針を分解して、「妥当だ」と思うまで少しずつ加えたり取り除いたりして、さらに徹底的に論じます。

　園の方針をつくったり書いたりする協働的なプロセスとは、批判的省察、話し合い、計画、実験と観察の実行、見直しによる省察的なプロセスです。このプロセスは図5.1のように循環しています。

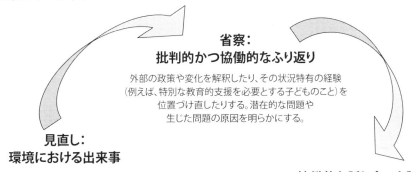

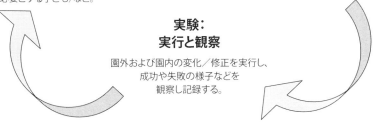

図5.1　方針の策定と改善

　上記の方針の策定と改善のサイクルを参照しながら、次のふり返りのための問いを使って、方針の策定・改善に関連するあなたのリーダーシップや、方針の策定・改善へのかか

わり方についてふり返ってみましょう。あなたが経験してきた、自身の協働的なリーダーシップや協働的参加のレベルについて考えてみましょう。

> **ふり返りのための問い**
>
> 　あなたがリードしたことのある園の方針の策定と改善について考えてみましょう。あなた自身の協働的なリーダーシップについて、方針の策定・改善サイクルの4つの構成からふり返ってみましょう。
>
> *今、リーダーの人へ*
>
> **省察**：批判的かつ協働的なふり返り
>
> 協働的な**話し合いと計画**
>
> **実験**：実行と観察
>
> **見直し**：環境における出来事
>
> - あなたのリーダーシップはどのくらい協働的なものでしたか？
> - 職員全員が貢献したかどうかを、どのように把握していますか？
> - あなたの協働の仕方はどのくらい効果的でしたか？　また、園の方針を実行に移すにあたって、どのように協働の仕方を示しましたか？
> - 他の方針の策定・改善をリードする場合に、それまでとは異なる方法をとることはありますか？
>
> *これからリーダーになる人へ*
>
> 　あなたがかかわったことのある園の方針の策定・改善について考えてみましょう。あなた自身が経験した協働的なリーダーシップについて、方針の策定・改善サイクルの4つの構成からふり返ってみましょう。
>
> **省察**：批判的かつ協働的なふり返り
>
> 協働的な**話し合いと計画**
>
> **実験**：実行と観察
>
> **見直し**：環境における出来事
>
> - あなたの経験はどのくらい協働的なものでしたか？
> - あなたの貢献が園の方針に含まれたかどうかを、あなたはどのように把握していますか？
> - あなたの協働の仕方はどのくらい効果的でしたか？　また、園の方針を実行するにあたって、それはどのように示されていますか？
> - 園の方針を策定・改善させるという経験から、あなた自身の今後の協働的リーダーシップに対して学んだことはありますか？

まとめ

　この章では、協働的なリーダーシップと、園の中で良い関係性を構築し維持するためのチーム文化をつくり促すリーダーシップの実践について検討しました。それらの園では、省察的対話が行われています。ここでは、協働的リーダシップ、チームワーク、園の方針の策定・改善を協働的に導く様子が、複数の事例によって描き出されました。ふり返りのための問いは、今リーダーの人やこれからリーダーになる人に、自身の協働的なリーダーシップとチーム文化の促進についてふり返る手助けとなることでしょう。

　次の章では、引き続き、「協働的なリーダーシップ」について検討します。特に、園における「保護者の協働を促す」リーダーシップ実践について、詳しく見ていきましょう。

さらに学びたい人へ

Blatchford, P., Russell, A., Bassett, P., Brown, P. and Martin, C. (2007) 'The role and effects of teaching assistants in English primary schools', *British Educational Research Journal,* 33 (1): 5–26.
　本論文では、教師と生徒にとって役に立つような、ティーチング・アシスタントと教師との間の仕事における関係性と、教室における配置について検討しています。

Bush, T. and Middlewood, D. (2013) *Leading and Managing People in Education.* 3rd edn. London: Sage. pp. 124–42.
　本書の第8章「チームを通してリードし、マネージする」では、チームワークの理論を説明し、チームワークの強みと弱みを議論し、さらにニュージーランドやイングランドのチームワークの例を含む、複数の国におけるリーダーシップとマネジメントのチームの構成について検討しています。

Greenfield, S. (2011) 'Working in multidisciplinary teams', in L. Miller and C. Cable (eds), *Professionalization, Leadership and Management in the Early Years.* London: Sage. pp. 77–90.
　本書の第3章では、異なる背景をもつ専門家が学際的なチームで働く方法について探究しています。

Jones, C. and Pound, L. (2008) *Leadership and Management in the Early Years.* Maidenhead: Open University Press. pp. 25–43.
　本書の第3章「リーダーのリーダー――チーム文化の形成」では、チームをつくり発展させていくうえでのリーダーシップの役割について議論を深めています。

Leeson, C. and Huggins, V. (2010) 'Working with colleagues', in R. Parker-Rees, C. Leeson, J. Willan and J. Savage (eds), *Early Childhood Studies,* 4th edn. Exeter: Learning Matters. pp. 101–11.
　本書の第8章では、同僚間の効果的な協働についての重要な論点を探究しています。

6

協働的なリーダーシップ
―― 保護者の協働を促す

> ☀ **この章のあらまし**
>
> この章では、「協働的なリーダーシップ」における「保護者の協働を促す」リーダーシップの実践について探究します。乳幼児期の子どもの教育、学び、育ちにとって、保護者の協働的なかかわりを促すことの重要性を考えます。また、保護者のかかわりを促し、保護者と職員間のパートナーシップを奨励するというリーダーの役割についても見ていきます。事例では、リーダーと保護者の協働の具体例が描かれています。そして最後に、保護者との協働の促進についてふり返る機会を設けています。なお、「保護者」とは、子どもの親（ひとり親・両親）、養育者、後見人を意味します。
>
> この章では：
> - 保護者の協働的な参加の重要性、また、子どもたち、家族、保育者とかかわりながら働くうえでのパートナーシップの重要性について考えます
> - 保護者との協働を促す方法について探索します
> - 保護者とのパートナーシップにおける、協働的リーダーシップの経験についてふり返ります
> - 保護者の協働について、専門的にふり返ります

互恵性：家庭と園

家庭と園、保護者と園の職員に一貫性があることが、子どもたちの幸せ（ハピネス）と達成を支えるというエビデンスが示されています（Sylva et al., 2004）。こうしたエビデンスがあるにもかかわらず、一般的に、家庭と園との関係はいまだに一方向的であることが

多いです。つまり、子どもに関する情報を園や職員から保護者に伝えるという方向性が大半を占め、その逆はめったに見られないのです。医療サービスや社会的養護、教育など、子どもたちや保護者を取り巻くサービスが多岐にわたる中で、家庭のパートナーシップの形成や情報共有の互恵性に対するニーズや期待が高まっています。

　保育の分野では、家庭と園との関係性を確かなものとするために、政府からのいくつかの要求がありました。「乳幼児基礎ステージ（EYFS）」のカリキュラムの枠組みでは、保護者が子どもの初めての教育者であると認識されています（DCSF, 2008b）。EYFSに関する報告書『ティッケル・レビュー』では、ティッケル（Tickell, 2011）が保護者、あるいは彼らに委任された者が、彼らの子どもに関する情報をスピーチ・セラピストや言語セラピスト等の他の専門家と共有することを奨励しています。

　保護者は、乳幼児の健康を記録するための冊子「レッド・ブック」に、子どものことを書き込むように推奨されています。乳幼児期の教育とケアにかかわる資格についてレビューを行ったナットブラウン（Nutbrown, 2012）は、保護者と協力し合うことが子どもたちに良い影響を与えることを強調しました。ナットブラウンは、保育を学ぶ学生たちに、家族と効果的にかかわり、保護者と互恵的に情報を与え合うということについて学ぶよう勧めています。同様に、保育者は、保護者を彼らの子どもの専門家として捉え、保護者の言葉に耳を傾け、保護者から学び、ひとりひとりの子どものウェルビーイング、学び、育ちを支えるためにどうしたらよいかを学ぶ必要があります。家族と協働的にかかわる方法はさまざまです。例えば、一対一の会話をする機会をもつ、情報共有のためのイベントを設ける、移行期の家庭訪問、早期介入、家族支援プログラムなどがあります。

　次の事例では、園のリーダーが、子どもの入園時に保護者と情報共有する方法や、子どもたちの読み書きの学びに保護者をどのように巻き込むかについて説明しています。

事例：保護者を巻き込む

　　エレーナ先生は、オープン・プラン（クラスの仕切りを作らない方法）を採用している小学校のレセプション・クラスのチーム・リーダーです。彼女はもう1人のレセプション・クラスのメアリー先生と、ナーサリーの補助保育者のスー先生とともに働いています。2つのクラスがあり、60名の子どもたちが通っています。エレーナ先生は、レセプション・クラスに通い始め、保護者とともに言葉や読み書きの学習に取り組む子どもたちに対する、自らのリーダーシップ、教育哲学、教育方法と実践についてふり返りました。

　　　子どもが学校に通い始めるとき、保護者、あるいは祖父母などの親戚も同時に学校とかかわり始めます。子どもはなじみのある家庭環境から離れ、より大きな、不慣れな環境へと参入します。異なる環境間の移行は、できる限り、子どもや保

護者にとってなだらかで、滑らかに行われることが望ましいでしょう。私は週案について検討する会議で移行をテーマとして提案し、2名のチームメンバーとナーサリーユニットから参加している職員とともに、私の主導のもと話し合いを行いました。互いの言葉に耳を傾け、他の人の経験、専門的知識や技術、アイディアを尊重するようにしました。そのようにして、子どもたちの家庭やナーサリーからレセプション・クラスへの移行について、保護者に情報を提供し、保護者を巻き込んでいく活動を、協働的に進めていきました。なかでも、読み書きの学びに焦点をあてました。例えば、以下の活動を行いました。

- 移行プログラム
- 言葉のワークショップ
- 読み書きライブラリー

「移行プログラム」というのは、レセプション・クラスでの子どもの経験について保護者に伝え、子どもとかかわる職員、特に担当の職員に保護者が会う一連の面談のことです。例えばある面談の回では、保護者は子どもたちの活動を実際に体験することができます。色塗り、遊び、描画、調べること、問題解決、足し算など、さまざまな活動が用意されています。時間が十分にあるので、保護者は職員の誰にでも質問することができます。ここから、保護者と保育者の良い関係が築かれていくのです。家庭訪問では、レセプション・クラスの教師とプログラムの担当職員が子どもと保護者の家を訪ねます。また、入学の半学期前になると、子どもたちは、ナーサリーや家庭からレセプション・クラスを何度か訪問します。これらの訪問は徐々に期間や時間が長くなり、子どもたちにとって新しく、なじみのないルーティン、例えば遊びの時間、夕食の時間、読み聞かせの時間、ホールでの体育（PE）のセッションなども活動に組み込まれていきます。

　言葉や読み書きの発達は、カリキュラムを始める際の手がかりとなります。私は、子どもの読み書きや言葉の学びの支援に、保護者を巻き込みたいと考えました。レセプション・クラスでは毎朝1時間、「言葉のワークショップ」を行います。子ども1人に対して1つのテーブルを用意します。テーブルには、子どもひとりひとりの名前が書かれたフォルダーが置かれ、中には彼らの言葉、読み、書きのやる気を引き出すような教材がいくつも入っています。物語本や、関連するぬいぐるみ・おもちゃが入っています。お話と関連するノンフィクションの本や、物語本をもとにした言葉遊びゲーム、物語本とつながるお話を書くといった活動の教示も入っています。それぞれの教材の活用方法をまとめた保護者向けのシートも入っています。

　働いている保護者は言葉のワークショップに参加できませんので、「読み書きライブラリー」を立ち上げました。プラスチックのフォルダーに、家庭で読み書

きを行うための教材、活動、説明書を綴じて、たくさん並べておくのです。例えばフォルダーの1つには『ポストマン・パット』のDVD、ジャネット・アルバーグ&アラン・アルバーグ作『ゆかいなゆうびんやさん』の絵本、用紙、封筒とペン、そして、友達や親戚、教師、あるいはぬいぐるみに宛てた手紙を書きましょうという招待状が入っています。手紙を投函しに行くという経験は、子どもたちが郵便局までの道のりを地図に描きたいという意欲をかき立てるでしょう。これらの活動が、地理の知識や自分の住む地域の理解へとつながっていくと考えています。読み書きライブラリーに置いてあるフォルダーは貸出可能で、保護者、きょうだい、祖父母やおじおばといった親戚と一緒に、家庭で共有できるようにしています。

　私は「言葉と読み書きのコーディネーター」として、小学校の期間を通して、言葉と読み書きの教育方法と実践を良くしていく責任を負っています。これらの読み書きの取り組みをレセプション・クラスで始めて、定期的に見直しと評価を行ってきました。その中で私が気づいたことを、学校全体の職員会議で共有したところ、関心が寄せられました。今は、子どもたちが次のクラスでも、その年齢にふさわしい言葉のワークショップを経験できるように、教師チームと一緒に取り組もうとしているところです。目標は、小学校全体を通して、各年齢にふさわしい言葉のワークショップを開発していくことです。

　以下の問いを通して、あなたがリーダーシップを発揮して、どのように保護者との協働を促進しているかをふり返ってみましょう。

ふり返りのための問い

今、リーダーの人へ

　あなたが、自園で保護者との協働や保護者の参加をどのようにリードしてきたかを考え、ふり返ってみましょう。

- 保護者との協働のうち、どの部分をリードしましたか？
- その取り組みが保護者にとって効果的だったかどうかを、どのようにして把握していますか？
- その取り組みが子どもたちにとって効果的だったかどうかを、どのようにして把握していますか？
- その取り組みが職員にとって効果的だったかどうかを、どのようにして把握していますか？

- 保護者との協働をリードし促進することについて、何を学びましたか？
- リーダーとして、将来的にもっと別の方法で取り組んでみようと考えていますか？

これからリーダーになる人へ

あなたが、自園で保護者との協働や保護者の参加にどのようにかかわってきたかを考えて、ふり返ってみましょう。

- 保護者との協働のうち、どの部分にかかわりましたか？
- その取り組みが保護者にとって効果的だったかどうかを、どのようにして把握していますか？
- その取り組みが子どもたちにとって効果的だったかどうかを、どのようにして把握していますか？
- その取り組みが職員にとって効果的だったかどうかを、どのようにして把握していますか？
- 保護者との協働をリードし促進することについて、何を学びましたか？
- これからリーダーになる立場として、将来的にもっと別の方法で取り組んでみようと考えていますか？

保護者とのパートナーシップ

　保育、小学校、中学校の各セクターで、保護者との協働とパートナーシップを進めようという取り組みが進められてきました。セクター横断のイニシアチブである「すべての子どもが大切（Every Child Matters）」（DfES, 2004b）の主な目的の1つは、保護者への支援のレベルと範囲を改善するということでした。情報提供や助言だけでなく、必要に応じて専門家の支援を提供する広範なサービスを増やしていくことが盛り込まれました。報告書「アレン・レビュー」（2011）は、早期介入プログラムを通して、保護者との協働とパートナーシップをより一層進めるものでした。そのねらいは、保護者や家族が子どもや若者の成果に対してもっとも重要な影響を与えるという視点に表れています（DfES, 2004b）。

　上記の内容は、子どもたちの学びや教育への保護者の参加に関する数多くの文献によって支持されています。いくつかの研究では、子どもの学びに家族や保護者が参加することが、子どもたちの学業達成や学びに影響を与えることを示しています（Arvizu, 1996; Nutbrown et al., 2005; Sylva et al., 2010）。保護者とのパートナーシップが子どもたちの動機づけ、行動、自己肯定感を向上させるという知見もあります。デスフォルゲとアブシャール（Desforges and Abouchaar, 2003）は、保護者の学校や園への参加、そして何よりも家庭の教育環境が、子どもたちの学業達成や適応にポジティブな効果をもたらすことを確かめ

ています。

　ウォルヘンデール（Wolfendale, 1992）は、保護者が子どもにとって最も重要な教育者であると主張しており、このことはより近年のシルヴァら（Sylva et al., 2004）の研究でも述べられています。「効果的な就学前教育プロジェクト（EPPE）」の研究では、家庭の学習環境が子どもたちの学びや発達に著しい影響を与えていたという結果が出され、保育者は第一の教育者としての保護者とともに子どもの成長発達のために取り組むことが効果的であることが見出されました。シルヴァら（Sylva et al., 2004）は、乳幼児期の保護者への介入は、特に3歳あるいは4歳の子どもたちにとって、言語、認知、自己肯定感に頑健な効果をもたらすと主張しています。アレン（Allen, 2011）は早期介入に関するレビューを行い、子どもを助けるために必要な情報と支援、すなわち複数の専門家による介入のための資源を、なるべく早い時期に保護者に提供することを推奨しました。彼は、保護者の行為が、保護者の社会経済的な地位よりも重要であることを強調しました。特に乳幼児期ほど、保護者としての適切なかかわりが、家庭の裕福さ、保護者の社会的地位、教育歴、あるいは他のあらゆる社会的要因よりも、子どもの将来により大きな影響を与えるのです。

　保護者を巻き込む取り組みの目的は、保護者の権利を保障するものから積極的に奨励するものまで多岐にわたります。エプスタイン（Epstein, 1986）は、保護者の参加についてわかりやすい類型を提示し、参加の仕方には五種類あることを示しました。第一に、子育てのスキル、子どもの発達、家庭の学習環境。第二に、園と家庭の間のコミュニケーション。第三に、園のボランティアとしての保護者。第四に、家庭での子どもの学びへの保護者の参加。そして第五に、園における意思決定、リーダーシップ、管理運営への保護者の参加、です。

　過去30年の間に、家庭と園による主導的な取り組みは増え、多様化しました。取り組みの大半が不足を補うという性格のものから、保護者、園、子どもの参加と協働によるインクルーシブなものへと変化してきました。保護者の参加については、いくつかの解釈がされてきました。例えば、園あるいは園から派生したサービス（放課後クラブなど）における保護者のボランティア活動があります（Vincent, 2012）。また、家庭における教育者としての保護者、学校運営の理事としての保護者といった立場から「保護者の声」を集め届けることで、園の教育に対して意見を述べたり、非専門家としての視点を提供したりすることもあります（Vincent, 2012: 24）。

　「保護者とのパートナーシップ」という用語はよく使われますが、この用語は何を意味しているのでしょうか？　ピューとダッフィー（Pugh and Duffy, 2010）は、保護者と保育者が協力し合うと、子どもたちの学びや育ちに良い影響があることを見出しました。すべての保護者が我が子の発達や成長に関心を抱いているという信念が、パートナーシップの出発点となります（Whalley and Pen Green Team, 2008）。保護者とのパートナーシップは、目的を共有している感覚、相互の信頼、そして困難を乗り越えたいという気持ちで特徴づ

けられるものであり、ともに取り組むという関係性です。そこには、情報の共有、責任、スキル、意思決定、そして説明責任が含まれます（Pugh and Duffy, 2010）。パートナーシップにもとづく取り組みは、平等の上に成り立つものであり、どちらか一方がより力をもつということはありません（Hallet, 2013）。保護者とのパートナーシップが効果的かどうかは、保護者との間に形成される関係性の質によるところが大きいですが、尊重と信頼のもとに関係性を築き育むにはそれなりの時間を要します（Draper and Duffy, 2010）。

　保護者を巻き込む取り組みの目的は、保護者の権利を保障するという目的から積極的に奨励するという目的まで多岐にわたります。フットら（Foot et al., 2002）は、「パートナーシップ」という用語の定義づけを試みました。彼らは、パートナーシップとは単なる参加以上のこと、つまり、保護者が就学前の教育の支援や活動に巻き込むだけのことではない、と主張します。パートナーシップとは、平等と権力の分散を意味します。保護者がただ手伝いや情報共有をするだけでなく、園での意思決定や方針に関連することにもかかわるということです。それは、保護者のエンパワメントや自己効力感の向上につながります。フットら（Foot et al., 2002）は、保護者参加の仕方として、保護者が直接子どもたちや学校のためになる活動をするだけでなく、保護者自身も参加したことで恩恵を受けるようにしていくことが望ましい、と述べています。例えば、園が提供、計画、あるいは広報している講習に保護者が積極的に参加することが、保護者の自己肯定感の高まりにつながるでしょう。保護者は自分が子どもの発達に影響を与える存在であることを自覚し、結果的に、保護者と子どものやりとりの質、子どもと一緒にいるときの活動の質が高くなっていきます。ワリーとペン・グリーン・チーム（Whalley and the Pen Green Team, 2008）は、彼らの調査に参加協力した保護者について、彼ら自身、適切な能力と専門性を備えていると述べています。保護者が、家庭の内でも外でも、子どもの人生に真に貢献できるのだと心から認識するためには、開かれた、互恵的な、非階層的なコミュニケーションが必要なのです。

　以上のように、園で「保護者とのパートナーシップ」という概念を認識し、築いていく方法は、実に多様です。「保育における効果的な教育方法の研究（REPEY）」で実施された保護者へのインタビューでは、保護者によって、園から提供される情報や機会についての知識、認識に差が生じていました。多くの園では、保護者とのコミュニケーションをわかりやすいものにしようと取り組んでいます。しかし、保護者間に差があるという結果をふまえると、コミュニケーションの手段が明瞭か、すべての保護者に利用可能か、園で自己点検する必要があるでしょう。例えば、あるプリスクールでは、保護者会に参加できない保護者には、会で伝えられた事柄、決定した事項について短く要約し、職員から伝えるようにしています。英語以外のいくつかの言語でも対応しています。あるいは、この保護者間の差は、他の制約を示唆している可能性もあります。別の園のある保護者は、子どもが通っている私立のデイ・ナーサリーのコミュニケーションのレベルには満足しています。その一方で、家庭と学校で責任を共有することの重要性という、別の興味深い論点を強調

して、次のように述べています。「保護者次第という部分もあると思うのです。ナーサリーの職員が、保護者のために手取り足取りしてくれるのではないのですから。保護者は、パートナーシップのあり方として何が提供されているかに積極的に関心をもつべきだと思います」。

保護者の協働をリードする

　子どもたちの教育や育ちに保護者を巻き込むことが重要であるとされるなか、園のリーダーが現在の家庭と園の関係の方針を評価し、保護者と協働的なパートナーシップを築いているか、保護者と平等で積極的な対話ができているかをふり返ることが大切です（Whalley and Pen Green Team, 2008）。このような互恵性と、互いのためになるという認識をもつからこそ、保護者と職員の両者が子どもたちの学びや育ちに貢献することができるのです。また、協働的な関係性とパートナーシップを築くことの真の良さが理解できるようになります。

　子どもたちに質の高い学習環境を与えるためには、家族と保育者との強いつながりが不可欠です。スタートライト・レポート（Ball, 1994）によれば、保育施設の役割とは、保護者に良い実践の例を見せ、最新の研究に関する情報を提供し、適切な保護者教育と専門的支援を行い、保護者が自己肯定感や自己効力感を抱き、それを維持できるよう援助することです。保護者の参加や保護者向けの講習は、保育の中心部分を構成します。特に、シュアスタートのチルドレンズ・センターでは子育ての講習を幅広く実施しています。ロッド（Rodd, 2013: 222）は、保護者参加と子育てに関する講義には、3つの共通のテーマがあると述べています。第一に、「パートナーシップ」——子育てを共有するという哲学。第二に、「連続性」——家庭と園での状態や経験に連続性をもたせること。第三に、「保護者教育」——子どもたちのウェルビーイング、親としての喜び、そして親としての役割を高めていくために、保護者を支援し教育するという専門家としての責任、です。

　保護者は同質の集団ではないので、教育、教師、教育者について、また、彼らが担っている保護者の教育者としての役割については、文化によって異なる考えや理解をしているでしょう。中には、「教師」としての役割は明確で、子育ての役割とは切り離して捉える文化もあります。次の事例は、「保育における効果的な教育方法の研究（REPEY）」の一部ですが、複数の保護者教育の方法によって、子どもの教育、学び、育ちについて園が保護者に情報を与え、保護者を巻き込んだ様子を示しています。

事例：保護者教育

　子どもの成果が良かった園では、子どもの成長記録、毎月の関係者会議、毎週の

フィードバックを通じて、保護者に定期的に情報を提供していました。これらの園が他の園と違ったのは、自分たちが子どもたちに教えている内容に焦点化し、子どもたちが成し遂げたことを定期的に報告し、家庭と園における学びの機会の連続性を示していたことでした。これらの園は、子どもたちの学びについて、より頻繁に定期的な評価を行っていました。このことが、保護者が家庭での補完的な教育的活動にかかわることの支えとなっていました。

> 保護者のための入園説明会が開かれて、先生方があらゆることを私たち保護者に説明してくれました。先生方が子どもたちの評価をしていること、また、継続的に評価を行っていくことは理解しています。先生方は、子どもがどのようなパフォーマンスをしているかを私たち保護者に教えてくれるそうです。評価というのは、標準化テストのようなものではなく、先生が子どもたちを観察するのだそうです。先生方は私たち保護者に、子どもたちがどの段階にいるかを教えるとのことでした。面談のような場で知らされるのか、文書での報告なのかは、よくわかりませんが。

これらの園の保護者は、家庭での学びの活動を始めることに積極的です。加えて、職員が子どもたちに、自立などポジティブな心構えを勧めている場合、子どもたちは家庭での学びの活動を率先して行っていました。あるナーサリー・クラスでは、特に、仲間間の社会性をとても大切にし、子どもたちが話し合いに参加するという方針を一貫して保持していました。ある保護者は次のように回顧しています。

> 息子がここに通い始める少し前に、家でも、息子が自分の名前を書けるよう練習を始めたところでした。ほとんどの文字が逆向きで、一文字飛ばすこともありました。家庭でしていることが園に支えられているかはわかりませんが、園で初歩を教わっているのだと思います。彼はここに通い始めて、すぐに変わりました。彼は物事を達成できるようになりたいと思うようになったのです。ここでは、子どもたちは自立していて、尊重されています。息子が帰宅して、色々なことをどうやってしたらよいかを教えてほしいと言われたときに、私もその必要性を感じました。家で教えてあげれば、息子が園に行っている間も同じようにできて、問題が生じないだろうと思ったので。

園のリーダーは、保護者とパートナーシップを構築するためにどのような方法をとっているのでしょうか。例を示すことで、保育者への示唆が得られることでしょう。

> 保護者の中には時折、なぜ私たちがある決まった方法をとるのか疑問に思う方がいらっしゃいますが、きちんと説明をすれば大抵は納得してくださいます。その理由の1つに、次のようなことが考えられます。保護者が初めて私たちの園に来るのは、お子さんの入園の半学期前です。その間、私たちは園の哲学を説明し、

> 園に来て子どもたちの様子を見ていただいて、私たちのエートスのいくらかをお伝えしようとします。そして、このように申し上げます。「子どもたちが科学をしている様子が、こんなふうに見られます」「この子どもたちが数の学びをしている姿が、こんな様子で見られるのです」。
>
> このリーダーはさらに、園のアプローチと活動について少しでもわかりやすくするために、例をどのように用いるかを説明しています。
>
> 私が比較的よくするのは、年少の子どもがするようなアートの活動を例に、それがいかにカリキュラム横断的な活動かを説明します。子どもたちがアートの活動をしているとき、友達同士でおしゃべりしています。家族の絵を描いているということ、自分が着ているもの、服が何でできているか、おばあちゃんやおじいちゃんがいるかなど、その経緯や由来の話までするわけです。そんなふうに保護者の方々に説明をします。この活動は、子どもたちがこれから経験するあらゆることの芽生えなのだとお伝えします。
>
> 保護者は、必要な支援を得るために、本物の機会が与えられます。保護者にこのようなサービスと子どもから離れられる時間を提供することで、職員の保護者支援がおのずと本物になっていくのです。保護者のための大きな部屋では、グループ活動や話し合いをすることができます。保護者のグループは、毎週集まります。その集まりを、近隣の保健センターから来た多機関の専門家がリードします。園の職員は、保護者がおしゃべりをしたり専門家からアドバイスを受けたりしている間、クレッシュ（託児コーナー）を運営して子どもたちを見ます。また、夜に家族で参加できる保護参観では、職員は園児の年下のきょうだいのために、ふさわしいおもちゃを保育室に用意しておきます。

保護者参加に向けたパートナーシップを築くためのアプローチでは、ただ一緒に活動するだけでなく、協力し、協働してともに取り組むことを強調します。このアプローチでは、保護者は、他の仕事の状況やどれだけ家族がかかわれるかをふまえて、参加の度合いを決めることができます。例えば、イギリスのノースハンプトンシャー州の街コービーにあるペン・グリーン・センターや、北イタリアに位置するレッジョ・エミリア市のプリスクールは、保護者と保育者が強いパートナーシップで結ばれ、両者がエンパワメントし（力づけ）合い、子どもたちの学びや育ちを支えています（Abbott and Nutbrown, 2001）。このようなパートナーシップは、平等だけれども異なる貢献に支えられ、共通のアカウンタビリティ（説明責任）と責任にもとづいています（Rodd, 2013）。園のリーダーが保護者参加にかかわり、協働し、実践を支える園の方針にこうした教育方法が反映されるところから始まります。その中で、園の方針をリードし、実践をモニタリングする、保護者参加を専門

パート2　保育における効果的なリーダーシップ

とするコーディネーターの役割が新しくつくられることもあるでしょう。

次の事例は、「保育における効果的な教育方法の研究（REPEY）」からの抜粋です。園のリーダーが保護者の声に耳を傾けるアプローチを実践する様子が描かれています。

 事例：保護者の声

　ある私立のナーサリーのリーダーは、あらゆる重要な問題について保護者の意見を確かめるため、定期的にアンケートを実施しています。このアンケートは、保護者が自分たちの考えを表明することができるようにと作られたものです。保護者の中には、このアンケートがあることで、給食の献立や安全管理の問題について自分たちが影響を与え、変化をもたらすことができると述べる人もいます。アンケートでは、保護者は以下の内容についてコメントするよう求められました。

- 職員や園からどの程度歓迎されていると思うか
- 職員とコミュニケーションをとる時間は十分に与えられているか
- 主任リーダーに気軽に話しかけられるか
- 教育のプログラムやその手順、ルーティン、安全性についての情報が保護者に知らされているか
- 園だより等で提供される情報が適切であり、役に立つものか
- 職員の態度
- 専門家に相談する機会
- 保育料に相応する価値が提供されているか
- 給食の献立
- その他の一般的な満足度に関連すること

　このアンケートは、保護者が0～10の間で評定する形式で、さらに改善のためのアイディアやその他のコメントを記入できる欄を設けています。アンケートを回収したら、情報を整理し、職員に示します。職員は結果について話し合い、改善すべき点を見きわめます。その後、これらの情報は保護者にフィードバックされます。このように、保護者の意見を聞き、それに対して応答するというやり方は、国や自治体の要請や基準に対して、自分たちを支え、守るための力強い手段となります。特に、匿名回答にすることで、保護者の真の回答を引き出すことになります。ある保護者は、彼女の参加について、次のようにふり返っています。

　　私たち保護者を対象としたアンケートがあるのですが、そこにはどんな提案も気がかりも書いてよいのです。もちろん、満足していることについても書くことができます。そして、必ずフィードバックをもらいます。アンケートがすべて回収され、情報がまとめられたら、私たちに戻されます。ある年は、給食の献立が

テーマとして取り上げられ、保護者は子どもたちが日頃食べている食事について
コメントを書きました。それを受けて、園ではメニューの変更が検討されました。
その意味では、私たち保護者も参加したわけです。先日の園だよりには、小学校
入学を控える子どもの保護者向けに、何かしら集まりを開催することを検討して
いると書かれていました。私たちは、もし要望があれば、カリキュラムや子ども
たちの活動について、自分たちの考えを伝えることができます。いつでも自分た
ちの声を聴いてもらえるという感覚があります。

　この章の事例では、保護者と協働するための色々な方法をご紹介しました。以下の問い
は、今リーダーの人には、保護者の参加を協働的にすすめていくということについて、ま
た、これからリーダーになる人には、保護者との協働に自分がどのように参加しているか
についてふり返る機会となるでしょう。

ふり返りのための問い

今、リーダーの人へ

　保護者の参加をどのようにリードしたかをふり返りましょう。短い文章で書き表してみましょう。

- あなたは協働的な方法でリードしたと思いますか？　そう思う場合、どのようにしてそれを実現しましたか？　そう思わない場合、それはなぜですか？
- あなたは保護者との平等なパートナーシップのもとで取り組んだと思いますか？そう思う場合、どのようにしてそれが実現しましたか？
- パートナーシップが効果的だったかどうかを、どのようにして把握しましたか？保護者、子どもたち、保育者、その他の関係者にとって、ためになったと思いますか？
- 保護者の協働を促すうえでの、あなたの協働的なリーダーシップについて考えたときに、あなたはご自分のリーダーシップについて何を学びましたか？　別の方法で行うこともありえますか？

これからリーダーになる人へ

　保護者の参加にかかわったときの方法についてふり返りましょう。短い文章で書き表してみましょう。

- 保護者と保育者は協働的だったと思いますか？　そう思う場合、どのようにしてそれが実現されていましたか？　そう思わない場合、それはなぜですか？
- 保護者と保育者の間に平等なパートナーシップがあったと思いますか？　そう思

パート２　保育における効果的なリーダーシップ

う場合、どのようにしてそれが実現されていましたか？　そう思わない場合、それはなぜですか？
- 保護者の参加は、協働的な方法でリードされていたと思いますか？　そう思う場合、どのようにしてそれが実現されていましたか？　そう思わない場合、それはなぜですか？
- パートナーシップが効果的だったかどうか、あなたはどのようにして把握していましたか？
- 保護者、子どもたち、保育者、その他の関係者にとって、ためになったことは何だったと思いますか？
- 保護者の協働をリードして促すということを考えたときに、あなたは協働的なリーダーシップについて何を学びましたか？　また、もしあなたがリーダーだったら、保護者の協働をどのように促しますか？

まとめ

　この章では、協働的なリーダーシップというテーマで、保護者の協働を進める方法について探究しました。リーダーシップ実践の事例を通して、家庭や移行場面、園での乳幼児期の教育に関して、保護者の協働的な参加を促すことと保護者とのパートナーシップのもとで取り組むことの重要さが検討され、描かれました。そして、今リーダーの人にもこれからリーダーになる人にも、保護者と協働しながら、ともに取り組み、保護者の参加をリードすることについて、ふり返りました。

　次の章では、効果的でケア的なリーダーシップの3つ目のテーマである「エンパワメントするリーダーシップ」について検討し、中でも「主体性を引き出す」リーダーシップの実践について詳しく見ていきたいと思います。

さらに学びたい人へ

Clarkin-Phillips, J. and Carr, M. (2012) 'An affordance network for engagement: increasing parent and family agency in an early childhood education setting', *European Early Childhood Education Research Journal*, 20 (2): 177–87.

　本論文では、ニュージーランドの園における総合的なサービスの実施や、赤ちゃんやよちよ

ち歩きの子どもの保護者や養育者を対象としたプレイグループ設置における、先進的なリーダーシップの取り組みについて記述しています。著者らは、そうした取り組みのインパクトについて、参加の機会や家族の主体としての可能性を大きくすることに関して、アフォーダンス・ネットワークという概念を援用して分析しました。

Dockett, S. and Perry, B. (2012) '"In kindy you don't get taught": continuity and change as children start school', *Frontiers of Education in China,* 7 (1): 5–32.
本論文は、オーストラリアの幼児が学校や学習をどのように認識しているかを、描画や会話に表現されたものから探究しています。

Needham, M. and Jackson, D. (2012) 'Stay and play or play and chat: comparing roles and purposes in case studies of English and Australian supported playgroups', *European Early Childhood Education Research Journal,* 20 (2): 163–76.
本論文では、保護者と保育者の視点からグループの目的を比較し、オーストラリアのサポーテッド・プレイグループとイングランドのペアレント・トドラー・グループの活動の類似性について検討しています。

Neumann, M. M. and Neumann, D.L. (2010) 'Parental strategies to scaffold emergent writing skills in the pre-school child within the home environment', *Early Years,* 30 (1): 79–94.
本論文では、子どものリテラシー・スキルを伸ばす、保護者と子どもによる共同のライティング活動に関するオーストラリアの研究について解説しています。

O'Conner, A. (2013) *Understanding Transitions in the Early Years: Supporting change through attachment and resilience.* Abingdon: Routledge.
本書では、乳幼児の移行の重要性について解説しています。そして、家庭から園への移行を含む、乳幼児のさまざまな移行経験をどのようにサポートするかについて、実用的なガイドを提供しています。

Rodd, J. (2013) 'Building shared understanding with parents and the public', in J. Rodd (ed.). *Leadership in Early Childhood,* 3rd edn. Maidenhead: Open University Press. pp. 219–42.
この本の第12章では、保護者をリードし、保護者と協働することの課題やアプローチについて議論しています。

パート2　保育における効果的なリーダーシップ

エンパワメントするリーダーシップ
── 主体性を引き出す

> ☀ **この章のあらまし**
>
> 　ここでは、保育における効果的でケア的なリーダーシップの中の「エンパワメント[5]するリーダーシップ」というテーマがどのようなものかについて見ていき、リーダーシップの実践の中でも、人の主体性を引き出すとはどういうことなのかということについて議論していきます。人に影響を与え、人がリードするように力づける能力は、リーダーシップの実践の核となるものです。リーダーシップが分散され、共有され、変化しうるものであってこそ、リーダーシップの実践は個々人のリーダーシップの能力や組織内での力量、そしてこれからの組織の発展の力量を培うことになります。
> 　この章では：
> - リーダーが人に影響を与えることの大切さについて考え、その人たちが自信をもって他の人や組織をリードする主体性を引き出すにはどうするかを考えます
> - 人に影響を与えるリーダーシップ、変革型リーダーシップ、分散型・共有型リーダーシップを通して、リーダーシップの力量を育む方法を探ります
> - エンパワメントするリーダーシップの実践について、リーダーが自身の経験をふり返ります

---

[5] 力づけ、権限委譲、能力開化などと訳され、人に本来備わっている能力を尊重し、その能力を引き出す援助をすることで、個人の成長や組織・社会の活性化に結びつけようとする考え方。また、個人のエンパワメントを前提に、組織としての判断や情報の共有、組織文化の醸成などを行うことで組織全体の力を引き出すことを組織のエンパワメントとする考え方もある。このように、エンパワメントには個人、関係性、組織、地域などのさまざまな次元があり、それぞれが相乗的に高め合うとされている。

人に影響を与えるリーダーシップ

　ロッド（Rodd, 2013）は、かなり詳細にわたって、役に立つリーダーシップの定義をしています。その定義では、リーダーの役割の複雑さを明らかにしようとしています。これによると、リーダーシップとは、他の人が望ましい行動をするようにある基準や期待を設け、その人の行動に影響を与える過程と言うことができます。リーダーは、目標を達成するために、他の人の行動に影響を与えることのできる人物です。リーダーは、捉えどころのない資質やスキルを併せもっていて、その特殊な資質やスキルは、リーダーが求めることをその人自身がそうしたいと思って行う能力となって現れます。リーダーは、仕事や課題、仕事の質、生産性への配慮と、人や対人関係、満足感、道徳的なことへの配慮とのバランスをとれる人物です。リーダーは、変革や変化に向かう方向性と、現在の継続性や安定性への関心を組み合わせることができます。リーダーがこのようなことを行えるのは、他の人から敬意を集め、人に信頼感や安心感をもたせることができるような個人の資質によります。また、リーダーは、目標と役割と責任がどのようなものかを明確にし、情報を集め、計画・決断し、グループのメンバーを巻き込むという点でも責任があります。リーダーは、コミュニケーションをとりながら他者の参加と貢献を励まし認めることで、グループのメンバーを巻き込んでいくのです。

　人に影響を与えることのできるリーダーは、人を力づけ、その人たちのリーダーとしての主体性を育むことで組織をより良くし、彼らのリーダーシップの実践を進展させていきます。このリーダーシップに関する知識、資質、スキル、行動については、「シュアスタート・チルドレンズ・センターにおけるリーダーシップに関する国家基準案」の中の「今を形づくり、未来をつくり出そう」および、チルドレンズ・センターのリーダーのための「可能性に満ちた未来のリーダーたちの成長を明らかにし、伸ばしていこう」（DCSF, 2007: 13）でも述べられています。また、リーダーシップを発揮するときに、影響力が果たす役割については、「リーダーと効果的なチーム」の中の「シュアスタート・チルドレンズ・センター・サービスのリーダーシップのための国家基準案」（Siraj-Blatchford and Hallet, 2012: 12）に、さらに詳しく書かれています。チルドレンズ・センターのリーダーに求められているのは、個人やチームの強みを把握し活用することを通して、人を育て、励まし、やる気にさせることです。そして、自園、他園、さらにそれ以外でも、子どもとかかわるサービスの中で幅広く人に影響を与える真のロール・モデルとして行動することが求められています。

　リーダーシップにはさまざまな定義がありますが、その主要な要素として、人に影響を与える過程（Bush and Glover, 2003）があります。それは、グループや組織の活動や関係性をつくり上げることで、個人的な影響力、あるいはグループやチームの影響力を個々人に意図的に及ぼす過程です（Yukl, 2002）。人に影響を与えるリーダーシップは、個人の

パート2　保育における効果的なリーダーシップ

リーダーシップの場合も、チームのリーダーシップの場合もありえます。以下の省察は、「保育実践における学びのリーダーシップ（LLEaP）」に参加した保育のリーダーが、自らのリーダーシップ実践について語ったものです。この省察から、モチベーションや人に影響を与える行動が、彼女のリーダーシップ実践にとっていかに重要かがわかるでしょう。

 事例：リーダーの省察──人に影響を与えるリーダーシップ

　サム先生は、地域のプレイグループのリーダーです。このプレイグループは、教会のホールを活動場所にしています。彼女は、人に影響を与えるリーダーシップ実践についてふり返って、次のように語りました。

　　私は自分のことを「働きアリ」だと思っています。常にインスピレーションや新しいアイデアがないかを探したり、他の人が働くのを助けたりしていますから。これまで私は、人の話を聴くようにし、その人が自分のアイデアを出すように勇気づけてきました。リーダーシップが効果を上げるのは、他の人のやる気を起こしたり、尊重するときです。プレイグループは、そこにいる人たちがいてこそ成り立ちます。誰もが大切にされ、当事者となり、すべての人の考えやアイデア、強みが合わさって、最高の状態になります。誰もが皆、プレイグループのリーダーであり、子どもたちやその家族とかかわる活動に影響を与えます。誰かが活動を始めリードをとると、私たちはお互いに学び合い、アイデアを共有するのです。

　　別のプレイグループを見に行って、何かおもしろい活動を見たとき、私は子どもたちと試してみたり、他の人たちにも伝えたりして共有します。実際にやってみて他の人に影響を与えることで、実践を支え発展させていきたいと思っています。先週、私は近くのプレイグループを見に行ってきました。プレイグループのリーダーたちは、地域の公園で、子どもたちとパラシュート・ゲームをやっていました。リーダーたちは、パラシュートを空中で上げたり地面まで下げたりし、子どもたちはそのパラシュートの下を通って、出たり入ったりしていました。子どもたちは、体を活発に動かし、外遊びを楽しんでいました。

　　教育者の立場から言えば、この活動は子どもたちの数学の理解を助けていると思いました。子どもたちは身体的かつ健康的に、数学的な言語を経験していたのです。私はパラシュートを1日借りて、自分のプレイグループに戻り、子どもたちと似たようなゲームをやってみました。カラフルなパラシュートに、子どもたちは磁石のように吸い寄せられ、プレイグループのリーダーたちは、遊びを生み出すこの道具に興味をそそられました。私は、ひとりひとりにパラシュートを使ってこんな遊びができるかもしれないと言いながら、さまざまなゲームを見せま

> した。その日の終わりには、プレイグループのリーダーたち全員がパラシュートで子どもたちと遊んでいました。その後、私はパラシュートを返さなければなりませんでした。次の職員会議で、私たちはパラシュートを使った活動と、その活動が子どもたちにもたらした学びの経験について評価しました。私は、パラシュート・ゲームを通して子どもたちが経験した数学的な言語と数学の理解について自分の考えを伝え、共有しました。話し合いの末、プレイグループのリーダーたちは、私たちのプレイグループに、野外での学びをもたらす教材としてパラシュートがほしいという結論に至りました。私は、パラシュートの値段を調べ、次回の会議で話し合うため、プレイグループ委員会に提出するパラシュート購入申込書を作成しました。自分のリーダーシップの実践についてふり返るなら、この経験では、私は実際にやってみせることで他の人を導き、幼い子どもたちの数学の学びについての知識と理解を示しました。そして、プレイグループのリーダーたちと一緒に働きながらリードをすることで、他の人に影響を与えました。

　リーダーが人の主体性を引き出し、影響を与えるという能力は、変革型リーダーシップの中でも鍵となる特性です。そこで、これから、変革型リーダーシップの特性と特徴について見ていきたいと思います。

変革型リーダーシップ

　変革型リーダーシップとは、リーダーが強い情緒的な愛着や関係性を示して、個人やグループ、組織のパフォーマンスを期待以上に高める過程です。変革型リーダーは、フォロワーに影響を与えると同時に、フォロワーからも影響を受けます。そして、リーダーは導くだけでなく、リーダーを育ててもいるのです（Diaz-Saenz, 2011）。変革型リーダーはフォロワーを力づけて、ビジョンと重要な目標を達成するためのパートナーになってくれるように行動を起こします（Yukl, 1999）。変革型リーダーシップは多面的で、例えば、バス（Bass, 1985）は変革型リーダーシップには、次の4つのリーダーシップの行動があると言っています。

- 理想像としての影響
- やる気を奮い立たせること
- 知的な刺激
- 個人への配慮

理想像としての影響力をもったリーダーとは、他の人がこの人についていき、この人のまねをしたいとすら思うようなロールモデルになるということです。人のやる気を奮い立たせるリーダーとは、明確なビジョンを示し、チームを鼓舞して、そのビジョンを実現させられるような道筋を築いていく人です。知的な刺激を与えるリーダーは、何が課題なのかを示したり、新しい方法で解決したり、すでにある前提を見直すことで、他の人が革新的で創造的になるように促します。個人への配慮を示すリーダーは、ひとりひとりのフォロワーを個人として気にかけ、彼らの個人的なニーズ、能力、向上心に気を配ります。そして、コーチとなり、ガイドやメンターとなることで、フォロワーひとりひとりが自分の強みを伸ばすのを助けるのです（Diaz-Saenz, 2011）。

効果的なリーダーは、基本的な価値観、信念、態度を変え、変容させて、フォロワーたちがその組織の最低水準以上に働くようにします（Podsakoff et al., 1990）。この章に後で出てくる「リーダーシップを培う」という事例では、リーダーが職員のリーダーシップ実践を培う取り組みを紹介し、変革型リーダーがどのような効果を及ぼしているのかを見ていきます。このようなリーダーは、影響力を及ぼして職員を奮い立たせ、職員の個人かつ専門家としての自信を強めます。そうやって、リーダーシップに関する知識、理解、スキルを高め、リーダーシップの道のりとキャリアにおいて職員が前に進めるようにしていったのです。最終的には、職員がその学校や園を離れて、別の組織でリーダーシップの役割をとれるようにしていきました。フォロワーのやる気を奮い立たせるリーダーは、フォロワーの今後の状態に向けて明確なビジョンを示し、チーム精神も育てていきます。個人への配慮を示すリーダーは、フォロワーひとりひとりを個人として扱い、その個人のニーズ、能力、向上心に気を配ります。個々人が自分の強みを伸ばすことを助け、時間をかけて人をコーチしたりガイドしたりするのです（Diaz-Saenz, 2011）。このような変革型リーダーの多面性には、リーダーシップの6つの行動と尺度がかかわっています。ポドサコフら（Podsakoff et al., 1990: 112）が明らかにしたこれらの行動や尺度を、図7.1に示しています。

変革型リーダーシップがどのように駆使され、どのような効果をもっているかを、各国の文化的状況の中で検討した研究は（Den Hartog et al., 1999）、変革型リーダーシップの側面が国際的に活用されていることを示しています。リーダーシップの行動は、文化的状況に埋め込まれています。文化によって、変革型リーダーシップは強くなったり弱くなったりするのです。アメリカやイギリスのように、伝統重視というよりはリベラルな文化の中では変革型リーダーシップは強いのですが、台湾のように階層を重んじる伝統的な文化ではリーダーシップ・スタイルとしては弱いと言えます。韓国のように集団主義色の強い文化では、フォロワーのモチベーションを本人の自己利益より集団のために高め、変革型リーダーシップの効果を上げることがわかっています（Jung et al., 2009）。一方で、アメリカのように個人主義的な社会では、個人の自己利益のためにモチベーションを高める傾向があります（Diaz-Saenz, 2011）。

ビジョンを定め、明確にすること
リーダーがその部署、課、団体・会社にとって新しい機会になるであろうことを見きわめ、今後のビジョンを発展させたり明確に示したりすることで、他の人を鼓舞するようなリーダーの行動

適切なモデルの提示
リーダーが重視する価値観にかなった手本を示し、職員が後に続けるようにするリーダー側の行動

グループの目標が受け入れられるよう促すこと
職員同士が協力することを促し、共通の目標に向かって力を合わせて取り組むようにするリーダー側の行動

優れたパフォーマンスへの期待
フォロワーが優れた質の高い仕事をすることへのリーダーの期待を示す行動

個人へのサポートの提供
リーダーがフォロワーに敬意をもち、フォロワーの個人的な感情やニーズに気を配っていることを示すリーダー側の行動。リーダーシップの成長やキャリアを進めていくための専門家としての学びを支えること

知的な刺激
フォロワーが前提としていることを見直したり、リーダーシップがどのように発揮されるかについて再考するように求めるリーダー側の行動

図7.1 変革型リーダーシップの行動（ポドサコフら、1990, 112を元に作成）

　変革型リーダーシップに取り組むことで、他の人に影響を与え、その人たちが保育の場でリードをとるように力づけることができます。この変革型リーダーシップへの取り組みは、保育の担い手のリーダーシップの力量を高め、園の持続可能性を築くうえで重要です。そこで、組織と保育の担い手の持続可能性を目指したアプローチについて、これから考えていきたいと思います。

リーダーシップの力量形成

どのようにリーダーシップが発揮されるかについての認識や期待は、私たちや他の人がもつ子ども観、乳幼児期に対するイメージ、そして私たちの専門家としての自己像やアイデンティティの概念にかかわっています。乳幼児期の子どもとかかわる保育者には、伝統的に、愛情深く、育てやすい子どもを世話することができる女性というイメージがあります。このようなイメージは、時代遅れの「メアリー・ポピンズ」のように、子どもにご飯を食べさせたり世話をしたりする受動的な役割を担った女性像です（Woodrow and Busch, 2008: 89）。このような女性像は、自信に満ちていて、能動的なリーダーシップをもった役割とは言えないでしょう。

専門性とリーダーシップを新たに結びつけて考えることで、イギリス国内に限らず国際的にも（Miller and Cable, 2008）、専門家や保護者、地域社会の境界を超えて、他者と積極的にかかわる「積極行動主義的な専門家」という概念が立ち上がってきます（Woodrow and Busch, 2008: 90）。積極行動主義者のアイデンティティは、民主的な原則の上に成り立つものです。交渉によるものであり、協働的で、社会について批判的で、未来志向であると同時に戦略的で戦術的です（Groundwater-Smith and Sachs, 2002）。今、「行為の中のリーダーシップ」（leadership-in-action）という概念が生まれつつあります（Woodrow and Busch, 2008: 91）。すなわち、保健、社会福祉、教育分野といった伝統的な専門分野の境界を超えた、状況に埋め込まれその場に根ざした新しい種類のリーダーシップの概念が生まれてきているのです。このオーストラリア発祥の概念は、新たに生まれつつある専門性と専門的アイデンティティ、行動につながる専門的・政治的主体性を備えたリーダーシップ、子どもにかかわるサービスの変化と改善に結びついています。

保育者は、子どもや家族とかかわるとき、特徴的とも言えるような情熱を見せ実践します（Moyles, 2001）。この情熱は、日々の仕事やリーダーシップにおいて、実践者が主体性をもつうえでの原動力となるものです。情熱は、学位をもった保育のリーダーたちが他の人に影響や刺激を与えようとするときにも鍵となる原動力であることが明らかになっています（Hallet, 2014）。リーダーシップを「状況に埋め込まれた行為」と捉えることで、保育者たちは自らをリーダーとみなすことができるようになります（Woodrow and Busch, 2008: 90）。

園でのリーダーシップは、状況に埋め込まれています（Siraj-Blatchford and Manni, 2007）。というのも、就学前の施設は小規模で、職員に対する子どもの比率も小さいことがしばしばです。状況に埋め込まれたリーダーシップは、社会・文化的な状況の中でできあがっていき、他の人との関係性を含みこんでいきます（Woodrow and Busch, 2008）。インクルーシブなリーダーシップという概念は、良い関係性を通して協働的な働き方を活性化します（Rodd, 2013）。共有型のインクルーシブなリーダーシップでは、小規模の職員チームで実

際的な問題に対処することができ、1人のリーダーだけでは提供できないようなさまざまな面の保育を子どもたちや家族に提供できます。園にリーダーが何人もいるようなチームをつくることで（Raelin, 2003）、保育におけるリーダーシップの力量と能力が内側から育っていくのです。組織が生き残り成功するためには、1人のリーダーに頼るのではなく、システムを通して組織全体でリーダーを育てる必要があります（Goleman, 2002）。次の事例は、保育のリーダーが小学校で働いていたとき、そのときの校長が職員のリーダーシップの力量を育てていたことをふり返って語ったものです。

 事例：リーダーの省察――リーダーシップを培う

　　リアナ先生は、新設の小学校で校長に就任したばかりの教師です。リアナ先生は、職員チームと一緒に方針を立て、環境を整え、実践しながら、新しい学校をつくるという挑戦を楽しんでいます。彼女は、インクルーシブで民主的なリーダーシップ・スタイルを育てようとしています。彼女は、職員が学校の実践を形づくる方針を一緒につくり発展させるとともに、自分のものにしてほしいと願っています。彼女は自問していました。「どうやって私はリーダーシップをとるポジションに着いたのか？　なぜ私は、このリーダーシップのスタイルを進めていきたいのか？　インクルーシブで民主的であろうとすると、全員の意見を聞いて方針を築くことになり、時間がかかる。独裁的なリーダーになって、こういうことをやります！　と言ったほうがずっと簡単だ」と。リアナ先生は、規模の大きい小学校で働いていたときに、そこの校長のもとで経験したインクルーシブなリーダーシップのことを思い出していました。リアナ先生が学校外の教師から何度も耳にしたのは、「おお、ABC学校で働くんだったら、必ずうまくいくよ。権威ある地位についている校長や副校長たちは、あそこで働いていた人たちばかりだからね」というものでした。これは、彼女自身の経験にも当てはまっていました。その学校では、6人の教師がリアナ先生と同じ時期に働き始めましたが、4年後には、6人のうち5人が校長としてリーダーシップをとる役職についていたからです。もう1人は、大学で、「保育基礎学位」を授けるプログラムのリーダーとなっていました。校長のクリスは、インクルーシブで、エンパワメントするリーダーシップのスタイルをとっていました。彼女は、職員の強みやリーダーシップをとる素質を見抜き、職員がカリキュラムや他の人をリードする機会を与えていました。そして、専門性向上の機会や職員が担う役割と責任を認識することで、それを支えていました。

　　その校長は、私に、リーダーシップの知識や理解、スキルを伸ばしていく機会を与えてくれました。その学校には、カリキュラムの教育方法を創造的なやり方で実行するために、「アート週間」という週間がありました。1週間、通常の授業

を中断して、保護者や職員が準備した創造的な活動に子どもたちが取り組むのです。この「アート週間」プログラムを進めているときのことです。校長は、低学年では私に、高学年ではポール先生に、この「アート週間」プログラムを行うように言いました。

　私たちは2人とも担任をもっていました。当初はなんで私なの！　と思い、居心地が悪く、逃げ出したいような気持ちでした。でも、ポール先生と一緒にやっていく中でリーダーシップが最初から共有されていたので、2人で一緒に保護者や職員から活動の案を募り、「アート週間」のプログラムと予定表を組んでいきました。保護者は、子どもたちに木箱の工作、フラワーアレンジメント、ラインダンス、人形づくり、歌、バンジョーの演奏を教えてくれました。職員は、子どもたちを市民劇場で行われているパントマイムに連れて行ったり、サーカス団を連れてきてジャグリングなどのサーカスの技能を教えてもらったり、ダンス・グループに来てもらい、インド舞踊を教わったりしました。活動プログラムをつくる段階でも、「アート週間」のリーダーシップは共有されていました。私は、低学年の責任者、ポール先生は高学年の責任者として、自分たちの担当学年で計画された活動や教材、職員の準備をリードしたり調整したりしました。そして、毎日、午後の終わりにふり返りの会を開いたことで、その日のイベントや自分たちのリーダーシップについてふり返ることができました。

　「アート週間」が終わるころには、私は、自分の居場所だった教室から飛びだし、小学校のより広い範囲へと足を伸ばすようになりました。私は、個人としても専門家としてもリーダーシップをとるための自信、知識、理解、スキルを手に入れました。そして、「アート週間」のリーダーになることを通して、自分のリーダーシップのとり方についても洞察を深めることができたのです。校長は、私のリーダーシップの力量を伸ばすために、リーダーシップをとる機会を与えてくれたのだと気づきました。この経験を通して、私はリーダーシップというものの味見をし、将来担うべきリーダーシップの役割と責任の根幹となるものを学びました。

　次の問いは、リーダーシップの力量を伸ばす経験についてふり返るときの助けとなるでしょう。

> **ふり返りのための問い**
>
> **今リーダーの人と、これからリーダーになる人へ**
>
> あなたがリーダーシップを実際にとった機会を思い浮かべてみましょう。
>
> - リーダーシップをとった機会がどのようなものだったか、説明してみてください。
> - 誰が、その機会をあなたに与えましたか？
> - あなたはどんなことをしましたか？
> - どうやってリードしましたか？
> - リーダーシップについてどのようなことを学びましたか？
> - 自分自身のリーダーシップの実践と力量についてどのようなことを学びましたか？
> - リーダーシップの実践の中で、うまくできたと思う部分をあげてみてください。
> - リーダーシップの実践の中で、もっと改善の余地があると思う部分をあげてみてください。

保育およびチャイルドケアの資格と「質向上の基礎（Foundations for Quality）」（Nutbrown, 2012）について書かれたナットブラウン・レビュー（Nutbrown, 2011: 46）は、インクルーシブなリーダーシップという概念が重要であると述べています。そして、資格をもった保育者は、どんな人であってもグループ、保育室、園など何らかの規模でのリードができるはずであるという考えを述べています。そのため、ある組織の中でリーダーシップの力量と能力を育てていくことは、組織の持続可能性にとって大切です。分散型、共有型、参加型のリーダーシップは、他の人を力づけることでリーダーシップの力量を育てていきます。ここからは、教育の場での分散型リーダーシップと総合的な実践について考えていきましょう。

分散型リーダーシップ

分散型リーダーシップのモデルは、1人の主要人物による伝統的なリーダー像から脱皮し、より集団的なリーダー像へと移り変わることを求めています。集団的なリーダー像では、フォーマル・インフォーマル含めさまざまなリーダーがリーダーシップをとる可能性があり、それが求められているのです。要するに、組織における人の可能性を最大化するということです。このリーダーシップのモデルは、まちがいなく、参加型、協働型のリーダーシップの概念と結びついています（Leithwood and Levin, 2005）。ウッズら（Woods et al., 2005: 441–4）は、分散型リーダーシップには3つの主要な特徴があると述べています。

1つ目の特徴は、協奏的な行為であるということです（Gronn, 2002）。言い換えると、1人の関係者の実行力や専門的知識・技能に頼るのではなく、むしろ、あらゆる関係者の実行力や専門的知識・技能を共有・管理することで、単にひとりひとりの行為を合わせたものよりもずっと大きな成果やエネルギーを生み出すということです。2つ目の大きな特徴は、「境界を開け放つこと」です。リーダーになる可能性のある人の範囲が、保護者も含め、コミュニティの成員全体に広がるということです。最後の3つ目の特徴は、2つ目の特徴とも関連していることであり、「専門的知識・技能に応じたリーダーシップ」ということです。これは、専門的知識・技能が至るところに散らばり、この専門的知識・技能が、組織の内外の「信頼し合い、支え合う文化」の中で使われることで、可能性が最大限まで高まることを指しています。

リーダーシップは、指示型というより参加型であるべきです。そして、自ら発揮するというより誰かにその権限を与えるべきものであり、分散型リーダーシップが主張するものと相通じるところがあるべきです。ハリス（Harris, 2002: 3）は、分散型リーダーシップを「ある組織における専門的知識・技能の枠組みに従って、誘導・方向づけをするための複数の情報源であり、共通の文化の中で一貫性をもたらされたもの」と定義しています。この定義は、真の分散型リーダーシップが生まれるような雰囲気や環境をつくるためには、校長や園長・施設長といった形式的なリーダーがきわめて能動的な役割を未だにもっていることを示しています。成功する組織は、トップにいる人の強い「個人の」リーダーシップと「分散型」リーダーシップが混ざり合っています。ムイスら（Muijs et al., 2004）は、この分散型リーダーシップの考え方を支持し、次のように結論づけています。「保育者が専門性を高めようとするとき、その実現にもっとも適した方法は起業家的なアプローチではなく、協働的・協力的なコミュニティ志向の方法です」（前掲書., 166–7）。

デイビッド・ベルは、リーダーシップとマネジメントに関する教育監査局（Ofsted）の報告書（2003b）について検討し、分散型リーダーシップというビジョンについて次のように述べています。

> リーダーシップやマネジメントは、もはや校長・園長といった教師1人の責任ではありません。教師がすべての学校で教育の底上げをし、社会的なインクルージョンを促すという気概をもって新たな挑戦に立ち向かうとき、質の高いリーダーシップとマネジメントは、今や、学校組織全体で育てていかねばならないものです。

真の分散型リーダーシップにつながるような雰囲気を醸成することは、簡単なことではありません。特に、分散型リーダーシップの基準と、現在の教育の説明責任システムとの間の対立した状況を考えると、簡単ではありません。ジャクソン（Jackson, 2003: xiv）は、学校の質の向上を支えるリーダーシップの力量形成を考えるにあたって、分散型リーダー

シップのモデルを適用するには困難な状況があると言っています。最大の課題は、現在の「組織としての学校という概念」を、常に変わり続ける有機的なものとしてつくり直すことにあると言います。ジャクソンは、続けて、学校という概念をつくり直していく唯一の方法は成功した分散型リーダーシップを通じてでしかありえない、だからこそ、ここにパラドックスがあると言うのです。

　変革型リーダーシップは、保育者同士の協働に影響を与えます。ウッズら（Woods et al., 2005）は、分散型リーダーシップが生まれる可能性があるかどうかを決めるのは状況であるとして、その重要性を説いています。分散型リーダーシップが開花するような条件をつくり出し維持するような状況もあれば、上下関係や指示を重んじ、分散型リーダーシップの出現を妨げるような状況もあると言います。ウォレス（Wallace, 2001）は、分散型リーダーシップにつきまとうリスクとして、園長やリーダーが自分の統制力を手放せなくなるような抑止力があると指摘しています。園長は大きなジレンマに直面しています。同僚にどんどん頼ると、リーダーシップを共有していくことになります。しかし、未だかつてないほど説明責任を求められる風潮では、リーダーシップを共有しにくい状況にあります。というのも、リーダーシップは、同僚が自信をもってリーダーとして行動するのを力づけるべきものだからです。分散型リーダーシップにおいて園長がリーダーシップと責任を誰かに委ねるときには、その全体像を把握し、どういう結果になるのかにも注意を払わねばなりません。

　ハッチャー（Hatcher, 2005: 256）は、学校や園という場で、真の分散型リーダーシップと民主主義が実行できるかどうかを問うて、次のような質問を投げかけています。「戦略を練る権力は、最終的にはどこにあるのでしょうか。校長・園長でしょうか、それとも学校・園に直接関係する人たち全員なのでしょうか」。行政の権限や社会の要請から考えると、最終的な責任はリーダーにあると考えるでしょう。ハッチャーは、続けて、校長・園長を頂点にした権力階層の中で参加型のやり方をする方が学校・園の体制にずっとなじむだろうと述べています。参加とは、名目上、包括的なものであり、権威は排他的なものなのです。

総合的な保育実践での分散型リーダーシップ

　総合的な保育実践において多職種連携チームをリードするときに大切なのは、リーダーシップは全員のものであり、集団的なリーダーシップ・チームの中ではリーダーシップは分散され共有されるものだという考えをもつことです。集団的なチームは、リーダーシップの仕事と責任を他者に委ねるリーダーの熟慮した行動のもと、さまざまなリーダーシップの役割・行動・機能を引き受けます（Jones and Pound, 2008）。これは、総合的な保育実践で、保健・教育・社会福祉サービスの専門的な仕事を多機関協働で行うチームでは明ら

かに大切なことです。

　チルドレンズ・センターや子どもにかかわるサービスで総合的な保育実践を行うためには、子どもたちの健康面、社会性、教育面での成果をよりよくするような働き方を考えていかなければなりません。そのためには、従来の文化を変えていく必要があります。従来の文化では、職員が、保健面、社会福祉面、教育面のサービスそれぞれの狭く専門的な境界の中で働いてきました（Siraj-Blatchford et al.,2007）。しかし、子育て支援のチームリーダー、家庭への介入コーディネーター（intervention coordinator）、保護者支援のチームリーダー、拡大学校サービスコーディネーターなど、リーダーシップの役割の範囲が広がってきた現在、リーダーシップの捉え方を変えていく必要があります（Duffy and Marshall, 2007）。1人だけのリーダーという考え方から、スペシャリスト・チームのリーダーシップ、すなわち、それぞれのスペシャリスト・チームにスペシャリストのリーダーがたくさんいるチームという考え方へと変えていくのです。さまざまな多職種連携チームのリーダーシップは、子どもたちや家族のためになるように専門分野を補い合い、共同作業をすることが課題であり、往々にしてその機会をもっています。

　「シュアスタート・チルドレンズ・センターにおけるリーダーシップに関する国家基準案」では、多様なパートナーシップを築くことが国家基準の1つとなっています（Siraj-Blatchford and Hallet, 2012）。チルドレンズ・センターや子どもとかかわるサービスのリーダーは、多職種連携のための多様なパートナーシップを築くことで総合的な実践をリードする責任があります。多様なパートナーシップを築くことで、多様性をもたらし大切にする文化を広め、育てることになります。そのような文化では、地域社会やチルドレンズ・センターのサービスにかかわる諸機関の多様性や学際的なチームを育て、力づけ、活気づける能力を大切にします。そうすることで、ひとりひとりの強みや集団としての強みが効果的に発揮され、専門的な知識・技能が尊重されるようになります。

　このようなリーダーは、互いに信頼し合い尊敬し合う雰囲気をつくっていきます。このような雰囲気の中でこそ、効果的なパートナーシップ、コミュニケーション、協働、一体となって働く実践が可能になるのです。そして、多くの専門機関の実践者を勇気づけ、集め、関係をつなげ、支えて、子どもや家族の生活を全体的に改善していきます。リーダーシップが分散され共有されているような効果的なチームのリーダーシップでは、チームのメンバー同士で質の高いかかわりや互いに信頼し合う風通しのよい文化が生まれ、共通理解が築かれていきます（Rodd, 2013）。総合的な実践は、構造的、関係的、参加的なやり方で行われます。これらのやり方が関連しあって、参加的で協働的なリーダーシップが活気づいていきます（Davis and Smith,2012）。次にあげる問いは、総合的な教育の場で分散型・共有型リーダーシップの経験についてふり返る手助けとなるでしょう。

ふり返りのための問い

今、リーダーの人へ

誰かとリーダーシップを分担し、共有した場面を思い浮かべて答えてください。

- リーダーシップを分担し共有した場面と経験について述べてください。
- なぜリーダーシップを分担し、共有しましたか？
- 誰とリーダーシップを共有しましたか？
- なぜその人（たち）を選びましたか？
- どのようにリーダーシップを分担しましたか？
- あなたの役割はどのようなものでしたか？
- リーダーシップを誰かと共有する経験を通して、どのようなことを感じましたか？
- その経験から、分散型のリーダーシップについて学んだことを1つあげてください。

これからリーダーになる人へ

他の人とリーダーシップを共有した場面を思い浮かべて答えてください。

- リーダーシップを共有した場面と経験について述べてください。
- 誰とリーダーシップを共有しましたか？
- 誰が、あなたにリーダーシップを共有するよう頼みましたか？ それとも自発的にそうしましたか？
- なぜリーダーシップを分担し、共有したのでしょうか？
- どのようにリーダーシップを共有しましたか？
- あなたの役割はどのようなものでしたか？
- リーダーシップを誰かと共有する経験を通して、どのようなことを感じましたか？
- その経験から、分散型のリーダーシップについて学んだことを1つあげてください。

まとめ

この章では、リーダーシップの実践の中でも、影響力を通して他の人を力づけ、職員チームの中で、あるいは組織の中でリーダーシップの力量を育てる実践について考えてきました。また、イギリス国内と国際的な背景にもとづいて、リーダーが集団や組織のパフォーマンスを高める過程として変革型リーダーシップについて探ってきました。そして、教育の場や多職種連携が必要とされる場で、リーダーシップが他の人と共有される分散型リーダーシップについても考えました。事例はリー

ダーシップの実践を示すものです。最後のふり返りのための問いは、現在のリーダーあるいは将来リーダーになろうとする人たちが他のエンパワメントするリーダーシップの実践経験について省察するために設けています。

次の章では、保育における効果的でケア的なリーダーシップにおける「エンパワメントするリーダーシップ」というテーマについて引き続き見ていきます。変化の過程についてのリーダーシップの実践や保育の組織の中で変化を導いていくためのリーダーの役割について探っていきます。

さらに学びたい人へ

Davis, J.M. and Smith, M. (2012) *Working in Multi-professional Contexts.* London: Sage.
　　この本の第4章「多職種連携のためのリーダーシップとマネジメントの伝統的構造」では、総合的な保育・子育て支援サービスの事例を通して、参加型のリーダーシップについて論じています。

Dumay, X. and Galand, B. (2012) 'The multilevel impact of transformational leadership on teacher commitment: cognitive and motivational pathways', *British Educational Research Journal,* 38 (5): 703–30.
　　フランス語圏ベルギーの学校で行われた研究によると、変革型リーダーシップが教師の学校への関与に影響を与えるということがわかっています。

Osgood, J. (2012) *Narratives from the Nursery: Negotiating Professional Identities in Early Childhood.* London: Routledge.
　　この本は、アイデンティティの構築および関係性と主体性を形成し社会的不平等に立ち向かうための権力の交渉について探究しています。

Woodrow, C. and Busch, G. (2008) 'Repositioning early childhood leadership in action and activism', *European Early Childhood Education Research Journal,* 16 (1): 83–93.
　　この論文は、保育のリーダーシップ活動のさまざまな次元、それから、オーストラリアの保育の場でそれらがどのように理解され実践されているかについて探っています。

エンパワメントするリーダーシップ
―― 変化の過程

> ☀ **この章のあらまし**
>
> 　この章では、保育における効果的でケア的なリーダーシップの中の「エンパワメントするリーダーシップ」というテーマを見ていきます。特に、変化の過程をリードする実践について探っていきます。園やサービスをリードするときに求められる主要なスキルの1つが変化の過程というものを理解し、変化をリードするとともに、実行し維持する能力です。このときの変化は内発的・外発的に動機づけられ、必要とされたものでなくてはなりません。近年の変わりつつある保育の現状では、リーダーシップの役職に注目と説明責任がいっそう高まっています。このことを考えると、変化の過程にかかわるリーダーシップはとりわけ大切です。
>
> 　この章では：
> - 組織をよりよくするために、変化の過程について考えていきます
> - 変化をリードするときに、化学反応を引き起こすリーダーシップについて探っていきます
> - 園の質を高めるためのシステム・リーダーシップについて見ていきます
> - 変化をリードするリーダーの経験についてふり返ります
> - 変化をリードすることについて、専門的な省察を行う機会を提供します

変化の背景

　変化は、私たちの周りのいたるところにあり、日々の生活の一部です。変化とは、移行や修正、適応、調節を含みます。変化は、発展しつづける保育の風景の一部でもあります。

パート2　保育における効果的なリーダーシップ

　それは、地域やコミュニティの取り組み、国の政策、1989年の国際連合による子どもの権利条約や2002年の欧州連合によるバルセロナ目標などの国際的な協定などの影響を受けています。しかし、ある国の保育政策が影響を受けるのは、国際的な条約や協定だけではありません。フレーベル、モンテッソーリ、ヴィゴツキー、ピアジェといった教育理論や概念、北イタリアのレッジョ・エミリアの保育施設やニュージーランドのテ・ファリキ・カリキュラムといった教育実践もまた、園や実践の変化に影響を与えています（Baldock et al. 2013）。

　イギリスでは、アレン、フィールド、ムンロ、ティッケル、ナットブラウンのレビュー（2010～12年）やトラス・レポート「よりよいチャイルドケアを」（DfE, 2013）といった政府の調査報告書が次々に発表されています。それらを受けて、政策改革が進む情勢の中で、保育のリーダーや教育者、保育者が働いている現場は変化と発展のさなかにあります。保育のリーダーは、政策を園の保育実践に移す最前線にいる人たちです。リーダーシップは変化を起こす力であり、リーダーは変化をもたらす人なのです（CWDC, 2008）。ホエイリー（Whalley, 2011）は、保育における大きな変化は、全体的にみれば、専門性の向上と子どもと家族に対する園の質の向上を目指すためにあると述べています。

　変化とは不確実さを高め、曖昧さを大きくするものです（McCall and Lawlor, 2000）。ある個人やある組織が変化に対してどのように応じるかが、変化がもたらす効果に影響を及ぼすことになります。以下に示す2人のリーダーの省察は、「保育における効果的な教育方法の研究（REPEY）」の一環で行われたものです。これらの省察では、リーダーがカリキュラムを実施する際、変化の中で折り合いをつけようとするときにぶつかる困難について語っています。

事例：リーダーの省察――変化への対応

　ナーサリー・クラス1の保育者は、カリキュラムが変わったと同時に、自分の役割も変わってきたように感じています。片付けねばならない事務仕事の量が増えて、変化のスピードも速く、「1つ何かわかったと思ったら、またさらに少し変えないといけないのよ」と言っています。このような状況や不満は、政府からのトップ・ダウンの方針や期待に対して、どこの園でも共通して感じていることのようです。そうは言っても、保育者はカリキュラムを変えたことで自分の保育がよくなっているとも思っています。それは、実施した方針あるいは引き継いだ方針を、何も考えずに丸ごと現場と保育に持ち込むのではなく、自分自身で判断して取り入れていることからうかがいしれます。

　ナーサリー・クラス2の保育者は、行政の権限や社会からの要請があって変化を迫られたときの自分の態度について、次のようにふり返っています。

> 私たちは、保育政策の動向が変わるとき、それに飛びつかないように非常に気をつけてきました。システムを急に移行するのではなく、少しずつ変わろうとしてきたのです。私たちが遂げた変化は、変わったことに気づかれないほど、どれも日頃やっていることの範囲内でのことです。でも、そのうちに、かなりたくさんの変化があったと気づくでしょう…（例えば）私たちは、カリキュラム・ガイダンスの内容を必ず意識するようにし、じっくりと時間をかけて、その内容を自分たちのそのときの実践に合わせていきました。そうしていくうちに、どのような目で見ても、私たちの実践がカリキュラム・ガイダンスの内容にきわめてよく沿ったものになっていることがわかりました。

変化を起こすには、変化の過程と変化を起こそうとするときにリーダーが果たす役割について理解することが大切です。見直しと実行のサイクルにおいて変化の過程が組織の発展の力であると考えると、図8.1に示すように3つの段階があります。

1．変化を起こす主体性
2．再検討
3．変化に積極的にかかわること

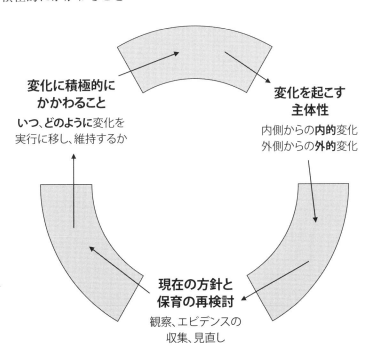

図8.1　変化の過程

変化の過程

ここでは、変化のニーズや主体性について見ていきます。変化の担い手は、変化を起こす「てこ」になります。変化の担い手は、組織に変化をもたらす原動力となり、変化の過程に着手します。この原動力になるのは、政策や地方自治体あるいは財団からの要求のように外部の力かもしれません。トラス・レポート（DfE, 2013）は、イングランドの保育セクターに変化をもたらした外的手段の1つです。特に、子どもたちへの教育的成果や保育者対子どもの比率に注目して、学位をもった教育のリーダーシップを育成することにつながりました。

変化のきっかけとなるのは、組織やサービスの内側から出てくる力かもしれません。例えば、新しい園長を任命することが園内の変化を活性化することがあります。ロッド（Rodd, 2013）は、保育現場に起こるさまざまなレベルでの内部の変化を、いくつかのタイプに分けて整理しています。そのタイプとは、漸進的変化、誘起変化、ルーティンの変更、危機に瀕しての変化、刷新による変化、変革による変化です。誘起変化が起こるのは、人やプロセスと関連して実践の一面を変える必要があるときです。例えば、園のキーパーソン・システム[6]を再編成するときがそうです。刷新による変化では、園の保育実践を向上させるために、新しい保育実践を取り入れようとします（Whalley, 2011）。例えば、ストーリー・サック・ライブラリー[7]を子どもと保護者のために用意し、乳幼児期の子どもたちの読み書きの学びに保護者が参加できるようにするといったことです。

変化の過程での次の段階は、観察しエビデンスを集めながら、現在の園の方針や保育を見直すことです。見直すために、次のような質問をしてみるのです。例えば、「私たちがすでにやっていることってどんなことだろう？」「どうしたらうまくいくだろう？」という質問を投げかけてみることで、実践についてふり返ることができます。そして、変化の過程における次の段階、つまり変化に取り組むことに進んでいけるのです。子どもたちや家族、サービスの実施のためによい結果を得るには、どのような変化を起こせばいいのか？　そうやって、いつ、どのように変化を起こしていくかという実際的なことや変化について見つめ直し維持していく過程について考え、計画することができるようになります。

---

[6] 子どもは、安全基地となる特定の養育者との関係性を基盤に健やかな発達を遂げることから担当制保育のように、少人数のグループに分かれた子どもたちを受けもつ保育者を決め、子どもが安全や保護を感じられるような環境を提供するシステム。

[7] 絵本と、絵本の内容を補う活動がセットになった教材。例えば、袋の中に指人形やゲームが入っており、ガイドブックにしたがって教材を使うと、乳幼児期の読み書きの発達を促すようなやりとりを含んだ活動が行えるようになっている。

変化をリードする

変化と変革をリードする人は、その変化を実行に移すために選んだ人が、知的、感情的、実用的なサポートを得られるように努めなければなりません。実際に変化を起こす人が相談やサポートを受ける機会のない場合、その変化は長い目で見ると必ず失敗すると言っていいでしょう。変化を実際に行う責任者たちに、当事者意識や集団での確かな責任感、目的の共有がなければ、求められている変化に異議を唱える解釈が出てくるかもしれません。変化の過程では、コミュニケーションや相談することを核にして変化を進める文化が必要です。そのような文化をつくっていくことで、変化を実際に起こすための枠組みができていきます（Siraj-Blatchford and Manni, 2007）。

効果的なリーダーは、すべての同僚が変化の過程の一部になるようにします。保育に関する知識と価値観に裏付けられた専門家としての対話を通して、協働的にリードするのです（Colloby, 2009）。変化のスピードは、変化を起こし維持していくことに影響を与えます。変化を起こすことに対する理解と当事者意識をもち、意思決定にかかわることで、確かな変化を徐々に起こすことができます。急に変化が起きると、変化に対する抵抗が起こります。参加者は何も知らされていないので、脅かされているように感じ、不安になってしまうのです（Jones and Pound, 2008）。リーダーは、変化を起こすと良いことがあるということを、子どもたちや保護者、保育者、または組織に対して説明する必要があります。こうすることで、次の事例が示すように職員が自分も参加していると感じ、変化について理解し、当事者意識をもつことができるようになるのです（Jones and Pound, 2008）。

 事例：リーダーの省察──変化に取り組む

保育のリーダーのミーラ先生は、「保育実践における学びのリーダーシップ（LLEaP）」プロジェクトの参加者でした。ミーラ先生は、私立のデイ・ケアで変化をリードし、変化に取り組むタイミングをとてもよくわかっていました。

園の中には常に変化がありますし、私たちは皆、政権の交代や政府からの要求に応じて自分たちの働き方を変えていかねばなりません。私は辛抱強さが非常に大切だと感じていました。変化をうまくいかせたいと思ったら、ゆっくりとしたプロセスを踏まなければなりません。一朝一夕で山を登ることはできないのですから、私はチームの人たちに、気楽に変化に取り組むようにと言っていました。時間をかけて、皆でふり返りながら進むのはいいものです。

保育のリーダーにとっての課題は、園の意思決定の過程にかかわる機会を職員に与え、

参加型のやり方で変化の過程を導いていくことです（Bush, 2011）。ロッド（Rodd, 2013）は、変化をもたらすリーダーシップの6つの側面を明らかにしています。1つ目は、リーダーはビジョンとひらめきをもって変化に着手しなければならないということです。そのとき、長期的・短期的な目標を明確にしたアクション・プランを作成し、綿密な計画を立てる必要があります。リーダーは意思決定を行うスキルと、効果的なコミュニケーション・スキルをもっておくべきです。変化にはなんらかの抵抗がつきものなので、リーダーは自信をもって葛藤に対処し、変化にかかわる人々や変化の影響を受ける人々に細やかに接するべきです。重大な変化に向かうとき、リーダーシップは他の人を結集させるための技術になります（Kouzes and Posner, 2007）。そのため、リーダーが変化の担い手としてうまく行動し、他の人がついてくるようにするには、変化に対処する過程に熟練していなければなりません（Van Knippenberg and Hogg, 2003）。変化に対するリーダーの態度は、他の人が変化の過程をどのように捉え、変化をどのように起こし対処するかに影響を与えることになります。カバナフとアシュカナシー（Kavanagh and Ashkanasy, 2006）は、組織のメンバーは変化の過程に透明性を求めるということを示しています。透明性とは、リーダーが変化の理由を説明することで、関係者すべてが起こりつつある変化についてよく知っておくことです。リーダーは、職員が疑問を解消できるような研修と支援、不安や恐れを表明する場を確保することで、同僚からの支援を受け、やる気が維持できるようにすべきです。パリー（Parry, 2011）も同じように、変化の過程の途中で、職員が意見を聞いてもらえていると感じ、意思決定の過程にかかわっていると感じられるような安心できる環境を組織のリーダーがつくることが大切だと述べています。

効果的なリーダーは、職場の中でも広い専門領域の中でも、チェンジ・メイカーになれる主体性をもった省察的な人々です（Costley and Armsby, 2007）。省察的実践を通して、保育者は自分たちがしていること、子どもや子育て家庭が経験していることを変えていく力をもち（Paige-Smith and Craft, 2011）、教育方法や専門家としての保育実践を変えていく主体性をもちます。ここからは、変化の担い手となるリーダーシップ・スタイルについて考えていきます。

化学反応を引き起こすシステム・リーダーシップ

学位をもった保育のリーダー（EYP）の役割は、保育実践のリーダーとして（Whalley, 2011）、実践をよりよくし、つくっていく変化の担い手となることです（CWDC, 2006）。この役割を通して、リーダーシップの新たな捉え方が生まれます。それは、学位をもった保育のリーダーが触媒のように園の内部に変化をもたらし、新しいものをつくり出すという捉え方です（McDowall Clark, 2010）。この化学反応を引き起こすリーダーシップのモデルにより、リーダーシップが「上」や「前」からくるような捉え方に疑問を呈し、組織の

内側のどこからでも出てくるものとして、保育のリーダーシップの意味を捉え直すことになります（Reed and Canning, 2012）。マクドウォル・クラークの研究（McDowall Clark, 2012）では、リーダーシップとは他の人の行為をコントロールしたり指示したりするという形をとるわけではなく、非支配的で影響を与えるという形になることもあるのだということを研究協力者が認識し始めていました。この非支配的なリーダーシップ・スタイルの鍵を握るのは、劇的な介入ではなくスモール・ステップを通じて徐々に築き上げるという働きかけによるものです。

変化の目的は、園の質を高めることです。この継続的な向上に向けた変化という概念は、「シュアスタート・チルドレンズ・センター・サービスのリーダーシップのための国家基準案」にも盛り込まれています（Siraj-Blatchford and Hallet, 2012）。「変化と継続的な向上を」という国家基準では、チルドレンズ・センターのサービスを向上させるために、どのように変えていく必要があるかを見きわめ、その変化を実行し維持していくことをリーダーに求めています（Siraj-Blatchford and Hallet, 2012: 16）。短期的な変化ならば、単に誰かの要求に応じるだけでもいいでしょう。しかし、長期的に質を向上させようとするならば、リーダーと保育者が献身的に取り組むことが必要になってきます。リードとカニング（Reed and Canning, 2012）は、次のように言っています。仕事の肩書きに物を言わせるような権威的リーダーは変化を強制しがちですが、化学反応を引き起こすリーダーは自ら行動し続けることを通して変化をもたらすのです、と。

質の向上のためのリーダーシップは明確な目的をもっています。向上とは、方向性をもった変化であり、時間をかけて持続していくものです。園による差をなくし、ある行動がなぜ他の行動よりもよいのかを人々に理解してもらうことで、質とパフォーマンスの平均水準を上げ、システム全体を動かすことができます（Hopkins, 2005）。システム・リーダーシップは、園や学校に化学反応を引き起こす触媒になります。そして、社会正義と倫理的な目的の枠組みの中で、互いに向上するために一丸となって働くことにつながります。倫理的なリーダーシップに関するゴールドらの研究（Gold et al., 2002）によれば、教育監査局（Ofsted）が「優秀」と評価した特別支援学校、小学校、中学校では、校長がそのリーダーシップ・スタイルと実践において、次のような価値観と信念を他の人に示していました。それはインクルーシブであること、平等な機会、公平性と正義、高い期待、関係者との積極的なかかわり、協力、チームワーク、献身的な参加、理解し合うことです。

学校の自治連盟や集団でシステム・リーダーを育てることで、最良の実践を共有することができます。そして、システム・リーダーが大きな責任をもって学校同士をつなげていくことで、学校集団にとどまらず、その外にも革新的な試みを伝え続けていくことができるようになります。連盟の長となる教師は1つの学校だけのリーダーではないため、学校にいない間の時間は副校長や教頭がその穴を埋めることになり、その間に彼らのリーダーシップの能力が磨かれることにもなります。システム・リーダーシップは、ネットワーク

づくりや協働・パートナーシップによる取り組みにもかかわります。方針も実践もより高い水準を目指し、すべての子どもたちによりよい学校を提供するために、システムの改善とそのシステムに合った改善戦略を練るべきです。これが何を意味するかというと、校長は自分の学校の成功と同じくらい他の学校の成功にも心を砕かなければならない、ということです。学校の向上を持続させていくには、システム全体が前に進んでいかなければなりません（Hopkins, 2005）。保育者の中にシステム・リーダーシップが生まれることで、民間の保育サービス提供者やチルドレンズ・センターなども含めた保育セクター全域の「乳幼児基礎ステージ」のリーダーにとっても、システム全体に及ぶ質の向上がもたらされうるのです（Siraj-Blatchford and Wah Sum, 2013）。

　リースウッドとリール（Leithwood and Riehl, 2003）は、システム・リーダーの役割を次のように定義しています。システム・リーダーは、ビジョンをつくり出し、学校改善のプロセスに身を投じることで方向性を定めます。そして、職員と子どもたちの学びをリードすることで、人を育てます。学校間の差を解消するために最良の実践を広め、共有する力をもっています。自らの行動、職員配置、カリキュラムによって成果を上げるシステムをつくり、組織を育てます。そして、状況を変えるためにあらゆる水準で良好な関係性を築きます。システム・リーダーは、子どもの学業成績を上げ、教育成果の差を小さくすることを成功と考えます。このような評価をすることで、リーダーは自らの倫理的な目標を表現しているのです。システム・リーダーは、ひとりひとりに合ったカリキュラムを実践できるような個別学習について理解しています。システム・リーダーのいる学校は、個人の学びの共同体であると同時に、専門家の学びの共同体として育てられ、学校内外で関係を築いていきます。そして、継続的な専門家の学びのためのさまざまなカリキュラムや学ぶ経験・機会を提供しています。システム・リーダーは、カリキュラムの置かれた状況や文化に働きかけることで、公平性やインクルージョンを達成しようと努めています。システム・リーダーは、教室、学校、システムといったあらゆるレベルが互いに影響を与えあうことを知っています。より大きなシステムを変えていくためには、そのシステムに意味ある形で取り組まなければならないことを根本的にわかっているのです（Hopkins, 2005）。

　この章では、変化の過程について考え、変化を導くリーダーシップの実践をいくつか見てきました。次の事例は大学院で学びながら小学校で教鞭をとっているマリアン先生が、その学校でフォニックスを教えるにあたって、どのように変化を起こそうとしたのかについてふり返って書いたものです。

 事例：フォニックスの教え方を変える

「初歩的な読みの教え方に関する第三者報告書」（通称「ローズ・レポート」）（The Independent Review of the Teaching of Early Reading（the Rose Report））は、

ィングランドのすべての学校で体系的にフォニックスを教えるべきだと推奨しています（DCSF, 2006）。体系的なフォニックスとは、文字と発音の間にあるきまりを示し、その規則体系を使って読み方を教える方法のことです。その規則に従えば、子どもたちはだんだん綴り字と音の関係がわかるようになっていきます（De Graff et al., 2009）。フォニックスを教える規則体系にはさまざまなものがあり、学校によって違うものを使っているのが現状です。学校の監査を行う機関である教育監査局（Ofsted）は、体系的にフォニックスを教えることを奨めています。また、学校全体で一貫して使えるフォニックスの体系を各学校が選び、教えることを奨めています（Ofsted, 2012）。私は、管理職チームに、5歳から11歳の子どもたちを対象にした小学校の読み書き育成コーディネーターを任され、学校全体で新しいフォニックスの体系を使うことを目標にしたリーダーになりました。これは、低学年担当の多くの実践者にとっても、学校全体にとっても大きな変化でした。これまでは、各学年でフォニックスや綴り、読み方を教えるために異なる体系と教材を選んで使っていたからです。

　方針を変える理由は「教育監査局（Ofsted）の学校監査に備えて」と題された研修日に、すべての教職員に説明されました。方針を変えることは、管理職チームによって決められたことでしたが、その変化は教職員に必要かつ前向きな取り組みとして快く受け入れられたようでした。その変化は、「学校向上プラン（School Improvement Plan: SIP）」に謳われている子どもたちの学業成績の向上という全体的なビジョンにも合致するものでした。

　学校全体で使うために選ばれたフォニックスの体系は、リード・ライト社（'Read, Write Inc'）のものでした。私の役目はレセプション・クラス（小学校入学準備クラス）の主任として、このフォニックスの体系が学校の4つのレセプション・クラスで実施できるよう万全を期すことでした。そのために私がすべきことは、私自身が教え方と評価の行動見本となること、同僚を観察すること、乳幼児基礎ステージのカリキュラム（EYFS）を用いているレセプション・クラスから、小学校のナショナル・カリキュラムを用いているキー・ステージ1への移行ができているかをチェックすること、学校の両段階のコーディネーターと密に連携して働くことでした。フォニックスのコーディネーター、カリキュラムの2つの段階のコーディネーター、すなわち保育段階のコーディネーターとキーステージ1のコーディネーター2人と私は、フォニックスの体系についての研修に参加しました。その研修で学んだフォニックスの体系についての知識を、次の教育段階別の職員会議で他の教職員にも伝えることにしました。私は、その職員会議に出席し、すべての教職員に資料を渡し、どのように使うかを説明しました。次のステップは、その新しい体系を使って実際に教えることでした。そこで、私は1週間授業を行ってみせ、2つの

教育段階の教員に向けて授業の見本を見せました。ほとんどの教師は、私のフォニックスの授業を1回は見て、新しいフォニックスの体系を自分の実践に取り入れるための手段としました。それから、私は毎週行われる職員会議で、教師が新しい体系を教える中で生じた疑問や問題に答えるようにしました。この新しい体系を教えはじめて学期の半分が過ぎた頃、私とフォニックスのコーディネーターは、乳幼児基礎ステージとキーステージ1のクラスを一緒に観察しました。そして、すべての教師を観察し、一緒にフィードバックを行いました。その結果、何人かの教師にはさらなる指導が必要であることがわかりました。そこで、フォニックスの体系と資料を使って体系的に学べるように、フォニックスの授業をすることを計画し、見本となるフォニックスの授業を観察する機会をつくりました。授業観察の後には、対話の時間が設けられ、なぜその授業が効果的なのか、どうしたらもっと子どもたちの学びを深めることができたかについて検討しました。そして、数人の教師にとっては、フォニックスの体系の構造や進度が原因で教えるのが難しいこともわかりました。

　新しいフォニックスの体系を教師が学び、教えるだけでなく、私はその変更を保護者に説明することも必要だと考えました。そこで、私は放課後に保護者への説明会を開き、新しい体系が、子どもたちへのフォニックス指導にどのような影響を与えるかを説明しました。保護者もあらかじめフォニックスという総合的な言葉について情報を求めていたため、ワークショップ形式でフォニックス指導の意味とやり方を説明しました。フォニックスの教育法をめぐる、このような変化は、実行、見直し、計画という行為を通して螺旋状のプロセスで行われました。レセプション・クラスの主任として、私の役割はフォニックスが体系的に教えられているかを定期的に確認すること、そして、観察をして教員や保護者と話したり、子どもたちの学力を見ながら、読み方が効果的に教えられているかをチェックすることでした。

　上記の事例の中で、マリアン先生は変化の過程についてふり返っています。図8.1の変化の過程の図を使いながら、以下のような質問を投げかけてみることで、変化をリードするとはどういうことかについてふり返ることができるでしょう。

ふり返りのための問い

今、リーダーの人へ

　あなたが変化をリードしたときのことを思い浮かべてみましょう。変化をリードし、対応し、続けていくとき、あなたの役割はどのようなものでしたか？

〈変化の主体性〉

- 変化の原動力になったのは、どのようなことでしたか。変化へのニーズは、内側から出てきたものですか？　それとも、学校や園の外側からですか？

〈見直し〉

- 現在の保育の見直しや、何を変える必要があるかをどのように見きわめましたか？
- どのように観察を行い、根拠となるものを集めましたか？　それらの情報から、どのように変化に向けた見直しを行い、計画を立てましたか？

〈変化への取り組み〉

- 変化をリードする人は誰だと思いましたか？　なぜその人を選んだのですか？
- いつ、どのような形で変化を起こそうと計画しましたか？
- 実際に変えたことを、どのように維持し、続けようとしていますか？
- 最後に、変化をリードすることで、どのようなことを学びましたか？

これからリーダーになる人へ

　これまでかかわった変化について思い浮かべたとき、あなたの役割はどのようなものでしたか？

〈変化の主体性〉

- 変化の原動力となったのは、どのようなことでしたか。変化へのニーズは、内側から出てきたものですか？　それとも、学校・園の外側からですか？

〈見直し〉

- 現在の園の見直しや、何を変える必要があるのかについて見きわめるとき、その作業にかかわりましたか？
- もしかかわったなら、どのように観察を行い、根拠となるものを集めましたか？それらの情報から、どのように変化に向けた見直しを行い、計画を立てましたか？

〈変化への取り組み〉

- 変化のどこか一部をリードしましたか？
- もしリードしたなら、どのように変化を実行しましたか？
- 実際に変えたことを、どのように維持し、続けようとしていますか？　最後に、変化をリードすることで、どのようなことを学びましたか？

まとめ

　この章では、保育における効果的でケア的なリーダーシップにおける「エンパワ

メントするリーダーシップ」というテーマについて見てきました。特に、変化をリードするリーダーシップの実践について考えました。組織を向上させるための変化の過程について、変化の担い手、化学反応を引き起こすリーダーシップ、システム・リーダーシップを中心に探ってきました。事例では、変化に取り組み、変化の過程のリーダーとなった人たちの取り組みを見てきました。ふり返りのための問いは、現在リーダーを担う人たちやこれからリーダーになろうという人たちが、自分たちの参加や変化を起こした際のリーダーシップについてふり返る質問になっています。

次の章では、保育における効果的でケア的なリーダーシップにおける4つ目のリーダーシップとなる「教育のリーダーシップ」がどのようなものかについて見ていきます。学びの実践共同体の中で、学びをリードするリーダーシップの実践について考えていきます。

さらに学びたい人へ

Cottle, M. and Alexander, E. (2012) 'Quality in early years settings: government, research and practitioners' perspectives', *British Educational Research Journal,* 38 (4): 635–54.
　イギリスでの研究調査「質の捉え方プロジェクト」について述べられた雑誌記事です。このプロジェクトでは、保育者たちが「質」と「成功」をどのように捉えているかを調査し、子どもや子育て家庭に向けたサービスについて、どのようなことが言えるかを述べています。

Jones, C. and Pound, L. (2008) *Leadership and Management in the Early Years.* Maidenhead: Open University Press.
　第8章「多機関協働が必要な状況でのリーダーシップ」では、リーダーが情報とスキルを共有し、職員同士の良好な人間関係を育てることが大切であると言っています。

McDowall Clark, R. (2012) '"I've never thought of myself as a leader but …": the early years professional and catalytic leadership', *European Early Childhood Education Research Journal,* 20 (3): 391–401.
　この雑誌記事では、学位をもった保育のリーダーたちが、権力で変化を推し進めるのではなく、周囲のやる気を奮い立たせながら変化を起こしていく過程について述べられており、化学反応を引き起こすリーダーシップという概念について詳しく述べられています。

Reed, M. and Canning, N. (2012) *Implementing Quality Improvement and Change in the Early Years.* London: Sage.
　この本では、全章を通じて、園の保育実践の質を向上させるために変化をリードするという考えが貫かれています。

教育のリーダーシップ
──学びをリードする

> ☀ **この章のあらまし**
>
> この章では、保育における効果的でケア的なリーダーシップの中の「教育のリーダーシップ」というテーマがどのようなものかについて見ていきます。学びをリードするというリーダーシップ実践がどのようなことかを広い意味で探り、組織の中心に学びを位置づけること、学びの実践共同体を育てること、学位をもったリーダーによる教育のリーダーシップを育てることについて考えていきます。
>
> この章では：
> - 教育方法と教育のリーダーシップがどのようなものかを定義します
> - 教育のリーダーシップと、それが園の教育方法、保育実践の質にどのように貢献しているかについて調べていきます
> - 学びの実践共同体について考えます
> - 学位をもったリーダーによる教育のリーダーシップの育成と役割について考えます
> - 教育のリーダーシップ実践についてふり返ります
>
>

教育方法

教育方法（ペダゴジー）とは、人がいかにして学ぶかということを考慮に入れた、学びと教育についてのアプローチです。例えば、屋内や屋外での学びの状況や資源、子どもたちと職員とのやりとりが考慮されます（Siraj-Blatchford and Hallet, 2012）。イングランドでは、教育方法という語は教育の文脈で使われる言葉で、教室や集団の場、制度的な教育の

場での教育のやり方を指しています（Petrie et al., 2012）。教育方法は、教育することの複雑さを表した言葉で、学習者とカリキュラムが出会うときにどのような方法をとるかについて、教師・保育者がしっかりと知識と情報をもって選ぶ必要があることを示しています（Baumfield, 2013）。バウムフィールドは、教育と教育方法とは違うものであるとはっきりと言っています。教育は実際になされる行為を指しますが、教育方法は実際になされる行為だけでなく、教育するという行為に影響を与えている教育についての考えや価値観を含むものです。教育方法とは、意図的な指導や学習者の発達に影響を与えるための目的のある介入をどのように行うかということについての専門的技術と学術的知識の両方を含むものです。優れた保育者は子どもたちの興味・関心や能力について知っていることをケアに活かし、幅広い文化的・知的な資源を活用して、日常の保育の中でもっとも効果的かつ刺激的な能動的な学びの経験を子どもたちに提供します（Siraj-Blatchford, 2009）。

　現在では、教育方法という言葉はイギリスの教育の文脈や子どもたちの学びを語るときに一般的に使われるようになりました。ヨーロッパ大陸諸国では、「教育方法（ペダゴジー）」という言葉は頻繁に使われており、チャイルドケア、保育、青少年支援、子育て家庭支援サービス、青少年犯罪者向けサービス、家庭的保育、プレイ・ワークにも及ぶ広い範囲のサービスに対して使われています。教育方法は、子どもたちの発達全般を支えるホリスティック（全人的）なアプローチと結びついています。

　「教育方法では、ケアと教育が一体となっています。言葉をかえれば、教育方法とは子どもを育てることに関することです。その言葉のもっとも広い意味は『教育』です」（Petrie et al.,2012: 225）。園の保育実践・サービス、研修、国の施策に対してはそれぞれが異なるアプローチをもっています。教育方法とは、そのそれぞれ異なるアプローチを支える概念です。教育方法の土台となるのは子ども観です。ヨーロッパでは、子どもは社会的な存在であり、他者とつながり、子ども特有の経験や知識をもった存在とみなされています。例えば、スウェーデンの教育政策は子どもの全体的な発達を考えています。イングランドの子ども観に見られるような「学習成果」や「乳幼児期の学びの到達目標」といった狭義の認知的な用語（Petrie et al., 2012）で子どもを捉えてはいません。同じように、ヨーロッパで子どもとかかわる実践者は「ペダゴーグ」と呼ばれています。この言葉には、子どもや家族のために働くことへのホリスティック・アプローチが表れています。例えば、イタリア北部のレッジョ・エミリア地域のプリスクールで、子どもや家族のために働くペダゴーグたちがその例です。

　2000年から2002年にかけて、イングランドでは「保育専門職（Early Years Professional）」が導入され、社会的にも認められています。この資格が導入されるとき、ソーシャル・ペダゴジーのモデルを取り入れる機会がありました。保育の担い手に「保育ペダゴーグ（early years pedagogue）」という名称をつけることが提案されたのです。しかし、協議した結果、退けられ、「保育専門職」という言葉が使われるようになりました。ペダゴーグと

いう言葉を使うためには、子どもたちとかかわるアプローチを根本的に変えなければならなかったのでしょう。しかし、「すべての子どもが大切」(Every Child Matters: ECM) の基本方針 (DfES, 2004b) の序文は、誕生から19歳までの子どもたちと子育て家庭へのユニバーサルなサービスを通して全体的かつ総合的なアプローチを行うことを後押ししています。

「すべての子どもが大切」の基本方針は、保育者が子どもたちや子育て家庭にもっと情報共有し、多機関協働で働き、総合的で全体的なアプローチをとることを促すことを目指して政策の転換をすることでした（Baldock et al.,2013）。2010年の連立政権はイングランドの政策の見直しを図りました。子ども・学校・家庭省（the Department of Children, Schools and Families: DCSF）から教育省（Department for Education: DfE）への行政機関の名称変更は、子どもや子育て家庭にかかわる仕事に対するホリスティックなアプローチから、教育や学業成績、学校教育に軸足を移した政府の姿勢を反映しています。トラス・レポート「より質の高いチャイルドケアを」(DfE, 2013) には、この政策の変更が表れています。このレポートでは、保育教育者（early years educator）や保育教師（Early Years Teacher）といった言葉が初めて使われ、イングランドの保育の場で、教育のリーダーシップという役割が求められてきました。そこで、教育のリーダーシップという概念と、それが保育の質に与える影響についてこれから考えていきたいと思います。

教育のリーダーシップ

リーダーが果たすもっとも大切な役割は、教育と学びの質を向上させることです。このことについては衆目の一致するところになりつつあります。学校を効果的な場にする要因についてはさまざまな研究者が論じていますが、その中でもサモンズら（Sammons et al., 1999）は、職員が教育と学びの質を向上させようという意欲を持ち続けるにはリーダーが決定的に重要な役割を果たすとはっきりと言っています。学校の質の向上に関する文献は、次のようなエビデンスを一貫して示しています。それは、効果的なリーダーは間接的ではあるけれども強い影響力を使って、学校全体で児童・生徒の学力を上げていく力をつけていくということです。「組織のパフォーマンスを向上させ子どもの学力を高めるには、リーダーシップが成果を上げることは疑う余地がない」と言われています（Muijs et al., 2004: 157）。学校におけるリーダーシップとマネジメントについての教育監査局（Ofsted）の報告書（2003b）は、学校における質の高いリーダーシップの特徴をいくつか明らかにしています（p.7）。

- 学校に対する目的意識と高い向上心をもち、児童・生徒の学力に絶えず目を向けた明確なビジョンをもっていること

- 戦略的な計画により、学校の理念や目標を表し、進めていること
- リーダーが職員や児童・生徒を勇気づけ、やる気にさせ、影響を与えていること
- リーダーが効果的なチームをつくっていること
- 教育とカリキュラムに関する知識が豊富で革新的なリーダーシップを発揮していること
- 公平でインクルーシブな学校運営に、リーダーが献身的にかかわっていること
- リーダーが、他の職員や児童・生徒にとって良いロールモデルになっていること

　このようなリーダーシップの特徴をさまざまな教育現場でどのように適用していくかが、リーダーシップを効果的にするためにはきわめて重要です。リーダーが学びをリードする方法についての理解が深まりつつあります。いくつかの理論では、模範となる教師などの他者から学ぶこと、あるいは評価をしたり現職研修や支援を受ける機会を設けることもリーダーが学びをリードする方法の1つであると述べています（NCSL, 2004）。教育監査局（Ofsted）の報告書（2003b）でも、学校における質の高いリーダーシップの3つの特徴があげられており、そこでも同じような見方が示されています。それは、リーダーは職員や児童・生徒を勇気づけ、やる気にさせ、影響を与えていること、他の職員や児童・生徒にとって良いロールモデルとなっていること、教育とカリキュラムについての知識が豊富で革新的なリーダーシップを発揮していることです。

　リーダーシップは、オーストラリアの保育プログラムの質の鍵を握る要素だということが明らかになっています（Hayden, 1997）。同じように、ムイスら（Muijs et al., 2004）は、アメリカの乳幼児と子育て家庭を対象にしたヘッド・スタート・プログラムを評価するにあたって、リーダーシップに関する研究を概観しています。その中で、実力のある安定したリーダーシップはプログラムの効果に強い影響を与えることを明らかにしています。数少ない、最も成功したプログラムに共通して見られる主要な特徴の1つが、プログラムに深く関与し、実力を発揮し、周囲から敬意をもたれるリーダーシップだったのです。成功から程遠いヘッド・スタートプログラムには、リーダーにリーダーシップの経験が少なく、職員を研修したり指導したりする能力が乏しいだけでなく、学校や地域と連携することを得意とせず、積極的に関与したり力を入れたりすることが少ないという特徴がありました。

　アメリカのヘッド・スタート・プログラムは、イングランドのシュアスタート・チルドレンズ・センターの発展にも影響を与えました。シュアスタート・チルドレンズ・センターは、特に誕生から5歳までの子どもたちと家族を対象に多職種協働のサービスを提供する地域の園です。シュアスタート・チルドレンズ・センターは、子どもたちと子育て家庭に保健、チャイルドケア、教育を総合したサービスを提供することにより、保護者参加を促し、家庭を支援して、介入プログラムを実施します。効果的で総合的なサービスを提供しているチルドレンズ・センターは、子どもの発達の成果を高めています（Siraj-Blatchford and Hallet, 2012: 14）。

保育における教育方法や園の実践は、地域に根ざしたものです。ケイガンとホールマーク（Kagan and Hallmark, 2001）は、保育におけるリーダーシップは地域に根ざした側面があることを示しています。

- 「地域のリーダーシップ」は、地域の子育て家庭とサービス、資源についての情報を提供し、つながりをつくることで保育と地域を結びつけます
- 「教育のリーダーシップ」は、新しい情報を広め、取り組むべき課題を考えていくことで、研究と実践のあいだの架け橋となります
- 「管理・運営でのリーダーシップ」には、財務・人事のマネジメントも含まれます
- 「アドボカシー（権利擁護の主張）のリーダーシップ」は、保育の将来への長期的なビジョンをつくり出します。また、保育分野への適切な知識と理解を広め、熟練したコミュニケーターになります
- 「概念形成のリーダーシップ」は、保育のリーダーシップの概念を社会の動きや変化といった広い枠組みの中でつくっていきます

　教育のリーダーシップは研究と実践の架け橋であり、園の核となる特徴的なリーダーシップの実践です。伝統的に、教育方法や教育・カリキュラムにおけるリーダーシップは、学校の文脈では大切にされ理解されてきましたが、チルドレンズ・センターでの総合的な園サービスでは、そこまでではありませんでした。「乳幼児基礎ステージ（EYFS）」のカリキュラムは、誕生から5歳までのすべての子どもたちを対象に、学校や園、チルドレンズ・センターで実施されています。そのため、教育のリーダーシップは、改訂された「シュアスタート・チルドレンズ・センターにおけるリーダーシップのための国家基準案」（Siraj-Blatchford and Hallet, 2012: 14）でも、「教育と学び、発達をリードする」というスタンダードで強調されているところです。このスタンダードでは、チルドレンズ・センターのリーダーには、子どもたちの発達や学力における成果を高めるために教育と学びの質を向上させる責任があるということが示されています。学びのリーダーシップでは、リーダーが学びを組織の中心に据えて、子どもたちや実践者、保護者、ケアする人が熱心で探究心をもち、自立した生涯の学び手として成功するように勇気づけ力づけるような組織を育て、文化をつくり出していきます。

学びの実践共同体

　教育のリーダーシップ、あるいは学びのリーダーシップは、学び中心のリーダーシップのあり方です。このリーダーシップのあり方は、学びへの情熱と言ってもよいほどの関心をもって取り組むときに活性化されます。知識を伝達するのみの指導的リーダーシップと

はちがって、知識の構築、共同構築、創造を重視しています。学びのリーダーシップにとって重要なのは、指導の有無にかかわらず、学びの過程であり、園の子どもたちだけでなく、職員、保護者、ケアする人、地域の人たち、政治家といった関係者も含めた組織全体の人を学び手とみなします（MacBeath, 2003）。「先頭に立つ学び手」（lead learner）という言葉は、一般的には、学ぶ組織を築く校長や園長のことを指して使われます。その組織は学びを中心に回っており、省察的な対話を通して子どもたちの学びの過程と学びの進み具合について話し合ったり、組織や個人で継続的に専門性向上のための学びの機会をもち、「学び合う専門家集団」として成長し続けたいという強い願いをもっています（Guile and Lucas, 1999）。

「教育のリーダーシップ」という概念について、マクニールら（MacNeill et al., 2004: 37-9）は次のように述べています。リーダーの役割は「人的資本」を育てることです。「人的資本」が育つのは、教師が「実践共同体」の一員として一丸となって働くようなコミュニティにおいてです。そのようなコミュニティになるよう、リーダーは、学校を、協働的で、互いをいたわりながら熱心に探究するコミュニティへとしていくのです。続けて、マクニールは言います。学校が探究するコミュニティとなることで、知的資本を育てることができる、と。知的資本とは、学校の誰もが知っていることや共有していることの総体で、学校が子どもたちの学びと発達をより効果的に支えるために必要となるものです。知的資本が増えれば増えるほど、学校が子どもたちの人生を豊かにする力も高くなります。専門的な問題や教育方法、園の保育、実践に焦点をあてて探究すると、それぞれの役割や教育、リーダーシップの実践の質が高められます（Anning and Edwards, 2003）。そのようなことが頻繁に起きるのは、教師が自分たちのしていることについて関心や情熱を共有し、どうしたらもっとよくすることができるかを学ぶために集まる実践共同体においてなのです（Wenger, 1998）。

ホエーリー（Whalley, 2005）は、5歳以下の子どもと子育て家庭を対象にしたペン・グリーン・センターで、職員が実践共同体に参加したときのことを次のように書いています。職員は、高等教育や継続教育、園での現職研修を受けた後、自分たちの疑問や懸念にもとづいた小規模なアクション・リサーチ・プロジェクトに取り組みました。研究や継続教育に参加したおかげで、職員たちは研究に熱心に取り組むようになり、研究のサイクルに突き動かされているようでした。この例では、研究への参加は受け身のものではありませんでした。単に、他人が行う研究に参加し他人が発した問いに答えるのではなく、この研究では、職員、子どもたち、そして（または）他の関係者の能動的な話し合いや参加が促されていました。なぜなら、職員の置かれた状況で出てきた差し迫った懸念や問いが研究を動かしていたからです。

教育者と教師が実践共同体に参加すると、教育方法に関する理解が深まります。次の事例は、学位をもった保育のリーダーが教育のリーダーシップを発揮したケースです。彼女

は、「ともに考え、深めつづけること（Sustained Shared Thinking）」を重視した教育方法をナーサリーの実践共同体に取り入れました。そのとき、職員たちはともに学び合い、理解を深めていきました。

 事例：リーダーの省察──職員の学び合い

　マーサ先生は、私立のナーサリーに勤めている学位をもった保育のリーダーです。これから紹介するのは、マーサ先生が教育のリーダーシップをふり返って語ったものです。

　私たちのナーサリーでは、子ども中心の保育をしています。子どもたちが自ら探究する様子を見守り、そのことについてふり返ることができるような質問をすることで考えを持続させています。「ともに考え、深めつづけること（Sustained Shared Thinking: SST）」は、子どもたちのスキル、知識、態度の育ちを支える効果的な子どもと大人のやりとりです。「ともに考え、深めつづける」エピソードは、2人もしくは2人以上が、知的な方法で一緒に取り組み、問題を解決し、ある概念について明らかにし、自分たちの活動を捉え直し、語りを広げたりするときに起こります。「ともに考え、深めつづけること」が生じている間、どちらの子どもも考えを深め、その流れを進めたり広げたりしています。この「ともに考え、深めつづけること」と関連するのが、大人が「開かれた質問」をするスキルです。答えが1つに限らない「どうする？」とか「どうしたらいい？」といった質問をすることです（Siraj-Blatchford, 2009: 154）。

　「ともに考え、深めつづけること」は、大学院で学位を取るための保育コースを受けているときから、私の心に訴えてくる領域でした。ですので、子どもたちが省察的な学び手になれるよう、職員として自分たちのナーサリーでもぜひ取り入れたいと思っていました。私たちは、まず、ナーサリーで見られた「ともに考え、深めつづける」やりとりをビデオに撮影しました。そして、「省察的な教育者──省察的な子どもたち」と題した研修日に、あらかじめ撮影しておいた「ともに考え、深めつづける」エピソードを見せ、職員にそのときのやりとりをふり返るように求めました。私が、職員に言ったのは、そのときの質問がどのように子どもたちに活動をふり返らせていたか、そして、どのように反省的実践者として子どもたちを育てていたか、というものでした。私たちは、考えや見方を共有しました。この話し合いをもとに、私たちのナーサリーでどのように「ともに考え、深めつづけること」を取り入れ、子どもたちを省察的な学び手に育てていくかを示したアクション・プランをつくっていきました。

この事例から、学位を取るためのリーダーシップ研修のインパクトと、マーサ先生が教育方法のリーダーとしてどのように他の人に影響を与え、「ともに考え、深めつづけること」についての知識と理解を共有したかがわかります。これから、保育の担い手の中に教育のリーダーシップを育てることについてさらに考えていきましょう。

学位をもった教育のリーダーシップを育てる

近年、イングランド政府は、高等教育対象の国家資格である「保育専門職資格（EYPS）」を設け、教育リーダーの育成に多額の経済投資をしています。この資格を取った者が「保育専門職（EYP）」となるのです。「保育専門職」は、実践のリーダーシップの役割を担っています。リーダーシップの保育実践の質の向上にできるだけ深く関与し、「乳幼児基礎ステージ（EYFS）」のカリキュラムで他の人の実践をリードし、向上させていく姿を実際に見せる手本となります。保育専門職による実践のリーダーシップのモデルは、民間の非営利セクターの園や家庭型チャイルド・マインダー、公民館でのボランティアのプリスクール、民間のナーサリーや大規模なチルドレンズ・センターなど、あらゆるタイプの園・形態に適したものです（Whalley, 2011）。

多くの調査研究で、リーダーの経験と教育水準が園の質に関連していることがわかっています（Muijs et al., 2004）。「効果的な就学前教育プロジェクト（EPPE）」調査では、ケアと教育が一体になって保育が行われており、資格をもった保育者が無資格の職員の指導をしている園の保育の質がより高いということが明らかになっています（Sylva et al., 2004）。子どもたちの発達の伸びが全般的に良かった園では、強いリーダーシップと、学位と資格をもった職員配置が認められました。そのため、高い水準の資格をもった職員と子どもたちや家族のための質の高いサービスは、明らかに関連していると言えます。トラス・レポート（DfE, 2013: 13）は、保育が目指すべきビジョンを打ち出して、「愛情とケアの心で営まれる質の高い保育とチャイルドケアは、乳幼児に強力な影響を及ぼす」と述べています。そのため、職員の資格が園の保育の質にとってきわめて重要なのです。

「保育専門職（EYP）」が学位をもった保育実践のリーダーとして導入されるとき、国はこの仕事の役割がどのようなものであるのかを明記してはいませんでした（CWDC, 2006）。しかし、そこに、教育のリーダーシップの役割が生まれてきました。「保育実践における学びのリーダーシップ（LLEaP）」プロジェクトでは（Hallet and Roberts-Holmes, 2010）、「保育専門職」には、学びのリーダーとしての役割があると定義されました。子どもたちや子育て家庭、そして他の保育者のために、教育方法と保育実践の学びをリードするという役割です。この役割は、「保育教師」の役割に相当するものです。

「保育専門職資格」の学位が目指すところは、「乳幼児基礎ステージ（EYFS）」のカリキュラムの中で、学位をもった保育者が結束して保育の担い手を引っ張っていくことです。

しかし、このカリキュラムを実施するにあたっては、資格水準の不均衡が生じています。保育を行う学校では、教員資格（QTS）をもった教師がカリキュラムを実施します。園では、同じカリキュラムを「保育専門職」が専門資格のみで実施しています。「保育専門職」の資格の社会的地位が否定され、既存の資格や教師の地位とほとんど対立するものになってしまっている状況があるのです（Lloyd and Hallet, 2010）。このことが公立機関とそうでない機関の保育者の資格水準に大きな隔たりを生んでしまっています。保育に求められる資格水準や専門的実践のモデルは、その国の文化に固有のものであり、政策によって異なります。ニュージーランドでは、乳幼児に教育を行うのは教師です。一方、多くのヨーロッパ諸国では、乳幼児に教育を行うのはペダゴーグです。しかし、イングランドの労働党政権は学位をもった保育者を育成するとき、ヨーロッパのペダゴーグのモデルや教師を増やすという道は選びませんでした（Oberheumer, 2005）。教師の役割より、実践を引っ張っていくリーダーとして正規の教師とは異なる養成を経る「保育専門職」という新しいモデルをデザインしたのです。

　ガーリックとモーガン（Garrick and Morgan, 2009）は、チルドレンズ・センターの保育者の影響を調べた研究で、保育者はきわめて重要な専門的知識・技能と経験をもっており、多様なリーダーシップ・スタイルを駆使して保育実践の質を高め、職員の自信を高めていることを明らかにしています。「ナットブラウン・レビュー」（DfE, 2012: 46）では、資格をもった保育者の役割として、教育のリーダーシップが大切であると述べられています。教育のリーダーシップとは、1つのクラスで保育実践を引っ張っていくこと、いくつものクラスで保育実践を引っ張っていくこと、そして園全体の保育実践を引っ張っていくこと、園全般に教育のリーダーシップを行き渡らせること、子どもたちや子育て家庭と直接かかわること、そして資格水準の低い職員を支えることを含みます。「トラス・レポート」（DfE, 2013）は、質の高い園の質をさらに向上させるためにリードした保育者について紹介し、保育の場で学位をもった教育のリーダーシップが果たす役割についてさらに論じています。「トラス・レポート」（DfE, 2013: 44）は、「保育専門職」による教育のリーダーシップについて、「現在の保育専門職は、将来的には、保育教師（EYT）に相当するものになる。そのため、地位を上げるために教員資格（QTS）を新たに取る必要はない」と述べています。

　保育教師は、乳幼児の発達のスペシャリストであり、誕生から5歳までの子どもたちとかかわるための養成教育を受けます。養成ルートと新しい保育者の基準は、保育専門職プログラムの強みを生かして築いていくことになるでしょう。このような提言によって、イングランドの公立と私立の園の間にある資格水準の隔たりが埋まることが期待されます。そのためには、イングランド以外の教育のリーダーシップの実践と教育的役割を参考にしていくべきだと思います。

　次の事例は、「保育実践における学びのリーダーシップ（LLEaP）」プロジェクトに参加

パート2　保育における効果的なリーダーシップ

したリーダーの実践です。学位をもった2人のリーダーがそれぞれ別の保育の場で、学びのリーダーとして教育のリーダーシップをとったときのことをふり返っています。

　事例：リーダーの省察——学びのリーダー

アメリア先生のふり返り

　学びのリーダー——これは一筋縄ではいかない概念です。私の職場に関していえば、どこからリードが始まるのか、私はいったいどういう人間なのか、どうやって私はリーダーになったのか、私はどんな技能を使ったのかまたは使っているのか、という問いにぶちあたります。

　私は、ナーサリーの床から学びをリードしてきたと思っています！　どういうことかというと、私は子どもたちのレベルを出発点として学びをリードしてきたということです。私は多くの時間を子どもたちと過ごします（残念ながら、十分ではないのですが）。保育時間の90〜95％は、子どもたちと一緒にいると言ってもよいでしょう。遊んでいる子どもたちをよく見ることで、子どもたちの学びが次のステップに進めるように援助したり、その遊びや活動を深めたりしてこれました。しかし、このように子どもたちの学びを広げる力は、私と子どもたちのやりとりだけではなく、職員同士で共有している理念やビジョンが足場となっています。職員は、子どもたち自身が学びの担い手だと信じ、どういう教材・保育材や活動、空間があれば子どもたちのニーズに応えられるかを考えて、日々、精一杯学びを支える努力をしています。学びをリードするとは、多分次のように言い換えるとしっくりくるのですが、子どもたちと一緒に、彼らの学びについていくということだと思っています。私たちの子ども中心の教育方法は、子どもを学ぶ過程の中心に据え、ひとりひとりのやり方での学びを私たち保育者が支え広げることです。

　職員との学びをリードすることは、私がナーサリーを運営するようになってから何年もかけてやってきたことです。以前、クラス担任をしていたときの経験を参考にやってきました。私がどうしているかを見つめ直すのは複雑な心境です。私は民主的になろうとしていますし、なるべく皆の考えや思いを取り入れたいと思っています。職員の考えを取り入れ、前向きに職員の背中を押して、職員がさまざまな部分で責任をもつようにできたときにはうれしくなります。私は職員の「強み」に働きかけ、「弱み」を支えようとしています。すると、職員も同じことを私にしてくれていることに気づきました。皆を公平に扱い、でもそれぞれにふさわしい接し方になるようにしています。そして、職員の時間外労働もすべて把握するようにしています。

　学びをリードするために、私はどんなリーダーシップのスキルを必要としている

でしょうか。私にはビジョンや想像力、人に共感する力がふんだんにあります。子どもたちや保護者、職員やナーサリー・スクールを創造的で子ども中心の教育の方向に引っ張っていき、変革をもたらすビジョンをもっています。そして、変化にうまく対処し、上記のことを実行するための想像力もあります。それに、子どもたちや保護者、職員やナーサリー・スクールがこのような取り組みや考えに対してどのように応じるかを想像する共感性ももっています。ナーサリー・スクールの中心に子どもたちの学びを位置づけるには、課題、考え、変革に最善のアプローチで臨む必要があります。

ミリア先生のふり返り

保育のリーダーの役割として私が学びをリードするためにしていることは、一緒に働いている人たちと協働して、その人たちの思いや園の保育実践についてふり返り、変わることができるようにすることです。私は、教育方法の要である強くてたくましい子ども像に焦点をあててきました。なぜなら、結局は、私たちがしていることの中心にはいつも子どもがいるからです。子どもたちと、彼らの子ども時代は大切です。私は、他の人たちが言葉や能動的な学び、批判的かつ創造的思考である「ともに考え、深めつづけること」を通して、子どもたちや子育て家庭と共同構築する人になるように、でも同時に、有意義で大切な学びを築くために尊重し、ケアし、愛することができるように背中を押し、支えたいと思っています。

次の質問は、あなた自身の教育方法について考え、その教育方法があなたの教育のリーダーシップにどのように影響を与えたかについて考える手助けとなるでしょう。

ふり返りのための問い

今、リーダーの人へ

- あなたの教育方法を表す短い文章を書いてみてください。
- あなたの教育方法の鍵となる部分はどういうところでしょうか。教育のリーダーシップやどのように学びをリードするかに表れているはずです。
- あなたがうまく教育のリーダーシップを発揮できた例をあげてください。どうして学びのリーダーシップがうまくいったと思いましたか。どのような根拠があるでしょうか。教育のリーダーシップがうまくいった結果をどのように維持し続けていけるでしょうか？

パート2　保育における効果的なリーダーシップ

> **これからリーダーになる人へ**
> - あなたの教育方法を表す短い文章を書いてみてください。
> - 子どもたちや保護者、職員と一緒に、どのように学びをリードし進めていったか、その例を記述してください。どうしてうまくいったのだと思いますか？
> - 教育のリーダーシップの経験を記述してください。教育のリーダーシップは、あなたの教育方法や園、保育実践に影響を与えましたか？　もし与えたと考えるなら、どのような影響だったでしょうか？
>
> **最後に**：自分が学びをリードすることや教育のリーダーシップの役割について、あなたはどのようなことを学びましたか？

 まとめ

　この章では、保育における効果的でケア的なリーダーシップにおける「教育のリーダーシップ」というテーマの中でも、学びをリードするリーダーシップの実践について見てきました。そして、教育方法と教育のリーダーシップがどのようなものかを定義しました。広い意味で、学びをリードするというリーダーシップ実践がどのようなものであるのかを探りました。そして、組織の中心に学びを位置づけること、職員、子どもたち、保護者、そして地域社会のために学び合う文化と実践共同体を育てることについて考えました。そして、学位をもった保育のリーダーが園の保育実践の質を高めるためにできることは何かについて考え、あらゆる保育の場で学びをリードしていくために、教育のリーダーシップを育てていく必要があることや保育教師の役割がどのようなものかについて「トラス・レポート」（DfE, 2013）に照らして見てきました。また、学位をもった2人のリーダーが保育の場で学びをリードするときに果たした役割についてふり返りました。最後のふり返るための問いは、現在リーダーを担っている人たちや、これからリーダーになろうという人たちが教育のリーダーシップ実践について考えるきっかけとなるはずです。

➡ 次の章では、保育における効果的でケア的なリーダーシップのリーダーシップにおける4つ目のテーマ、「教育のリーダーシップ」についての議論を続けます。省察的な学びについてのリーダーシップの実践や職員の専門性向上のための継続的な学びや研修を通して、職員の教育のリーダーシップを支えるときのリーダーの役割について考えていきます。

さらに学びたい人へ

Beckley, P. (2012) 'Pedagogy in practice', in P. Beckley (ed.), *Learning in Early Childhood*. London: Sage. pp. 43–60.
　この文章は、保育の場の要となる思考をする人についての情報を提供し、その人たちが園の保育実践に影響を与えていることに触れています。また、スカンジナビア諸国、特にノルウェーの教育方法についても論じています。

Garrick, R. and Morgan, A. (2009) 'The children's centre teacher role: developing practice in the private, voluntary and independent sector', *Early Years: An International Journal of Research and Development*, 29 (1): 69–81.
　この論文は、イングランドの2つのチルドレンズ・センターで、保育者の役割がどのようなインパクトをもっていたかについて述べています。そして、いくつかの成果をもたらす要因、あるいは制限する要因を明らかにしています。そして、政策や保育実践への示唆についても述べています。

Pardhan, A. (2012) 'Pakistani teachers' perceptions of kindergarten children's learning : an exploration of understanding and practice', *Frontiers of Education in China,* 7 (1): 33–64.
　この雑誌記事は、パキスタンの保育の場で子どもたちの学びや学びを支える保育実践がどのように捉えられているかを議論しています。

Petrie, P., Boddy, J., Cameron, C., Heptinstall, E., McQuail, S., Wigfall, S. and Wigfall, V. (2012) 'Pedagogy: a holistic, personal approach to work with children and young people across services', in L. Miller, R. Drury and C. Cable (eds), *Extending Professional Practice in the Early Years*. London: Sage. pp. 221–38.
　第18章では、ロンドンのトーマス・コーラム研究所（Thomas Coram Research Unit）が行ったソーシャル・ペダゴジー研究について書かれています。ヨーロッパにおいて子どもたちとかかわる仕事はどのような営みなのか、そして、政策がどのように策定されているかについて論じています。

Siraj-Blatchford, I. (2009) 'Early childhood education (ECE)', in T. Maynard and N. Thomas (eds), *An Introduction to Early Childhood Studies*. 2nd edn. London: Sage. pp. 148–60.
　この文章は、乳幼児教育（ECE）の教育方法とカリキュラムの包括的な見方を示しています。そして、エマージェント・カリキュラム、遊びと保育、効果的な教育方法と「ともに考え、深めつづけること」（Sustained Shared Thinking）、国際的な乳幼児教育モデル、そして、よく見られる他の教育方法モデルに言及しています。

パート2　保育における効果的なリーダーシップ

10

教育のリーダーシップ
――省察的な学びをリードする

> ☀ **この章のあらまし**
>
> 　この章では、保育における効果的でケア的なリーダーシップの中の「教育のリーダーシップ」というテーマの中でも、省察的な学びをリードするリーダーシップの実践について探っていきます。一般的に、省察的実践と協働的対話を通して職員の継続的な専門性向上や学びを進めることが重要であると考えられています。この章では、このことについて考えていきましょう。
>
> 　この章では：
> - 保育の質にとって、専門性向上のための継続的な学びや研修が重要であることについて見ていきます
> - 教育のリーダーがどのように省察的な対話や学びの機会を提供できるかを探っていきます
> - 保育実践を継続的にモニタリングする方法について見ていきます
> - 保育実践のさらなる発展のためにフィードバックをしたり、手がかりをつかむ方法について考えます
> - 省察的な学びをリードするためのリーダーのあり方についてふり返ります

専門性向上のための継続的な学びと研修

　一般的に、教師や教育者は、そのキャリアを通じて専門性を高めるための学びを続け、専門家として成長し続けることが期待されています。「継続的な専門性向上（CPD: Continuing Professional Development）」の活動では専門職研修を行います。そこでは、経験

を積みパフォーマンスを高めるための実践的な情報、理論重視の専門職教育、そして研究にもとづく知識と専門家支援に重点が置かれています。これらの研修は個人で行われるものもあれば、他の人と一緒に行われるものもあります。このような活動を通して実践者、教育者、保育者は自らの保育実践について考え、子どもたちの学びや発達のためによりよい働き方をしていくことができます。さらに、自らの知識や技能を高め、人としての成長とともに専門家としての成長を遂げ、自信を深め、職務満足度を高めることができます（Bubb and Earley, 2007）。「継続的な専門性向上（CPD）」が開催するイベントにはさまざまなものがあります。例えば、研修、カンファレンス、現職研修コース、園でのプロジェクト、高等教育の短期・長期コース、職員研修日や職員会議、ネットワーク会議、コーチング、園内の指導助言（メンタリング）の会、園の環境や保育実践を見学するための他園訪問などです。教職開発機構（The Teaching Development Agency: TDA, 2008）は個人の専門的資質、知識、理解、技能を高める専門家としての学びの過程で、省察的活動が大切であると述べています。ふり返る機会をもつことで、個々人が自分の実践をよくするために専門家として感じているニーズを把握し支援することができるのです。

「保育における効果的な教育方法の研究（REPEY）」ではリーダー、マネジャー、職員にインタビューを行い、その回答の分析を行いました。また、専門性向上に向けた取り組みについての政策や他の文献の調査を行いました。その結果、インタビューでも文献調査でも継続的な専門性向上の取り組みが大切であると確信をもって語られていました。しかし、これらのデータの分析をさらに進めたところ、リーダーシップやマネジメントをする立場にある人や職員の専門性向上の機会の多くは概説的な短期の現職研修である傾向にあるとロッド（Rodd, 2013）は述べています。これらの研修の機会で、リーダーやマネジャー、もしくは他の職員が、例えばマネジメントの免許状を取るコースや保育の学位を取るコースといった長期のコースを受けるケースはまれであることがわかりました。インタビューの回答者の中には、現在の仕事をするうえでよりどころとなっている研修や養成教育について聞かれ、自分が受けた養成教育のことを答える人もいました。しかし、養成教育は現在の仕事との関連性やフォローアップ、学びの深さが足りないという不満を表す回答者もいました。ある私立のデイ・ナーサリーのマネジャーは、養成教育の限界点について次のように語っています。

> 私は、養成教育が深いところまで届いているとは思えません。養成教育で学んだことを実践に移したあとに、もう一度戻ってきて、また教育を受けたり、自分たちがしていることが「正しい」のかを確かめたり、助言をもらったり、気になることを共有したり、他園の人たちがどんなことをしていて、どんなことを経験しているのかを知れるといいのに、と思います。

パート2　保育における効果的なリーダーシップ

　このナーサリーのマネジャーは続けて、専門性向上の手段としてたくさんの情報を持ち帰って職員に伝える過程には、興味深いことにある種の限界があると言います。読みの教育についての1日ワークショップに参加したときのことについて、このマネジャーは語ります。そのワークショップでは、さまざまな保育の場や形態（私立／公立、ナーサリースクール／クラス、私立のデイ・ナーサリー、チャイルド・マインダー）を代表して来ている人たちとかかわれたことがその日のもっとも良かったことの1つであり、自分とは異なるさまざまな視点をもった人たちと省察的な対話をしたことが、自分にとってためになる機会だったと言います。続けて彼女が説明するには、そのワークショップで得た情報を持ち帰って、自園の職員に伝えるときには、彼女が「エキスパート」になってしまい、ワークショップのときに多様な背景をもった参加者から出てきたさまざまな反応や情報に耳を傾けて経験したやりとりや対話を、自園の職員室で再現して伝えることができないというのです。

　このナーサリーのマネジャーが研修に参加してよかったと感じている点については、別の私立のデイ・ナーサリーのマネジャーが感じたこととも共通しています。「私は園内研修がもっとできるといいなと思っています。指導助言者が私たちの園に来て、職員がみんな一緒に研修を受けられたらいいなと思います。それに、私たちだけのために、私たちの園の状況に応じて計画された研修をもっとしたいと思っています」。保育の場で、その保育者集団のために計画された集団研修を行いたいという欲求は、真の学びへと向かうものです。真の学びとは、現実世界の問題を扱い、学ぼうとする人たちが実際にぶつかっている問題や課題について考え、話し合うことのできる学びです。真の学びと対話は、組織の学びの核にあるものです。対話がなければ、個人や集団がうまく意見を交換したり、共通理解を図ることはできません（Parry, 2011）。リーダーは、個人、集団、組織レベルで、またはその間での学びの過程に影響を与える存在です。真のリーダーシップは、そこで生じる対話の種類に影響を与えます（Mazutis and Slawinski, 2008）。真のリーダーは、組織のメンバー同士の誠実で開かれた対話を促します。対話の中心には人との会話があり、自覚や省察、省察的な保育実践を支えています。リーダーは、開放的で誠実かつ調和のとれた、風通しのよいコミュニケーションができるような組織文化をつくっていく人です（Mazutis and Slawinski, 2008）。真のリーダーシップは、「結局のところ、自己成長を促すことで、リーダーとそれを補佐する人たちの自己認識と自己調整からなる前向きな行動につながる」過程（Luthans and Avolio, 2003: 243）と言い表すことができます。保育実践についてふり返ることができれば、専門家としての学びや専門性向上につながる自己認識が深まります。リーダーにとって、ふり返りや省察的な学びがどれだけ大切かは、イングランドのリーダーシップ研修プログラムを見ればわかります。

省察的リーダーシップ研修プログラム

　イングランドでは、保育リーダーの専門職の称号2つについての国家基準が設けられており、その中で省察や保育者の省察的実践の育成について述べられています。専門性向上の基準としての「保育専門職資格（EYPS）」では、資格取得希望者は自分の保育実践の効果についてふり返るとともに評価し、必要であればやり方を変えていくこと、そして自分の専門性を高めるために必要なものは何かを見きわめ、それを満たすことに責任をもつことが求められています（CWDC, 2006）。リアドン（Reardon, 2009: 43）は、EYPSの基準を満たし、学位をもった保育のリーダー、すなわち保育専門職になることを省察の旅になぞらえています。資格取得希望者は、自他の職場やネットワークでのさまざまなリーダーシップの経験について省察し、見直し、分析し、評価し、記録する時間を必要とします。ブルース（Bruce, 2006）は、省察の過程の中心にはさまざまな情報を通して省察し自己評価を行い、成長するというサイクルがあると言っています。そして、そのサイクルには、立ち止まって、効果的な保育実践にはどのような面があるのかを見きわめ、あまりうまくいっていない保育実践にはどんな要素があるのかを探ることで、批判的かつ真摯に保育実践を見直し、質の向上のために挑戦するオープンさと力量が必要であると述べています。

　「総合的なセンターのリーダーのための国家専門職資格（The National Professional Qualification for Integrated Children's Centre Leaders: 以下、NPQICL）」の修士課程レベルのプログラムは、省察を、成人の学びと教育の核となる概念としています。参加者は、クラスやチルドレンズ・センターで行われるリーダーシップ研修グループでの協働的な省察過程を通して、ふり返りながらリーダーシップの理論や実践について学びます。チルドレンズ・センターのリーダーのリーダーシップ実践については、助言をもらう（メンタリングの）機会を通して個々人が省察的に学びます。参加者は、自分のリーダーシップの実践や成長についてメンターとともに個人的にふり返りをします。チルドレンズ・センターという職場の外に省察する場があることで、参加者は総合的な実践やリーダーとしての成長について考えたり、感じたり、話したりすることができます。メンター（助言者）とメンティー（助言を受ける人）の間に支援的で援助的なメンタリングの関係ができると、省察的な実践を行ううえで大きな力となります（Ruch, 2003）。

　同様に、NPQICLプログラムでは、省察日誌を使うとリーダーシップの実践や成長についてふり返るよいツールとなることがわかりました。このツールを使うと、「次に何をなすべきか、物事をもっとうまくいくようにするにはどうすればよいかについて考える」ことができるからです（National College for School Leadership, 2008: 7）。参加者は、リーダーシップと総合的な実践に関して研究する領域を決め、省察的な学びを深めるとともに個人と組織の成長につなげていきます。この「継続的な専門性向上（CPD）」の省察モデルは、経験から生じる関心事について再検討し探究する過程を扱っています。このモデル

を用いると、さまざまな情報を吟味して、これまでとは違った見方ができるようになり、ふり返るときの根拠として経験を捉えるようになります。この専門性向上のやり方では、研修者の役割は知識の伝達者というより、実践についての省察のファシリテーターになります（Tarrant, 2000）。この考えは、ショーン（Schon, 1983）の省察論や、省察的（反省的）実践家の成長についての理論を踏まえています。つまり、自分の実践について省察し、専門的実践をよりよくするために修正していく実践家モデルを参考にしています。このモデルによれば、省察的実践は理論と実践の出会いの場であり（McMillan, 2009）、リーダーが実践と理論を結びつける場となるのです。次の4つの質問は、リーダーシップの実践についての批判的・省察的な学びの枠組みとなるものです。

ふり返りのための問い

今リーダーの人と、これからリーダーになる人へ

〈どのような？（What）〉

- 私の園ではどのようなリーダーシップが実践されているでしょうか？
- それらのリーダーシップの実践を支えているのは、どのようなリーダーシップの理論でしょうか？
- 私の園のリーダーシップの実践の根拠となるような研究にはどのようなものがあるでしょうか？

〈なぜ？（why?）〉

- なぜそのリーダーシップの実践が好まれているのでしょうか？
- なぜそのリーダーシップの実践が職員、子どもたち、子育て家庭のためになっている、もしくはなっていないのでしょうか？

〈誰が？（who?）〉

- 園では、誰がリーダーになっているでしょうか？
- 園で、誰がリーダーになりはじめたでしょうか？
- 園で、誰がこれからリーダーになっていくでしょうか？

〈どうしたら？（How?）〉

今、リーダーの人へ

- どうしたら園でのリーダーシップについての私のふり返りがリーダーシップの実践についての情報を提供し、質を向上させることができるでしょうか？
- どうしたらこの省察的な学びがリーダーシップの実践についての新しい理論や方法を発展させることができるでしょうか？

これからリーダーになる人へ

- どうしたら私自身のリーダーシップ実践についてのふり返りがリーダーシップの

能力についての情報を提供し、質を向上させることができるでしょうか？

　省察をすることで、リーダーと保育者は、教育方法や園の保育実践を変える過程に足を踏み入れることができます。これは、イギリス政府の調査報告書、改革、政策においても審議されていることです。

省察的な学びと実践

　政府の調査報告書、改革、政策を受けて、園の保育実践は変化のさなかにあります。このような流れの中で、保育者やリーダーが省察的であることがますます重要になってきています。リーダーや実践者が本を読んだり、他の人と対話したり、理論や研究について考えたり、これらの理論や研究が実践とどのように関係がありどのような知識を与えてくれるのかを考えたりすることを通して、省察はこれまでの働き方を考え直し、問い直す過程へと誘います（Reed, 2008）。省察とは、リーダーや保育者が新しい題材のことを理解しようとするときに知識を再処理し、再構成し、理解することにかかわる行為です。つまり、新しい題材をすでに知っていることと結びつけ、既存の知識や意味を修正して、新しい考えを練り上げたり取り入れたりするという行為なのです（Moon, 1999）。

　省察的で専門的な探究とは、省察的対話、教育の課題や問題について会話するといったことです。また、新しい知識を使うこと、新しい知識を探すこと、観察や分析を通して教師や教育者の実践を問い直すこと、それぞれの児童・生徒のニーズに応じて共同計画を立て展開していくことでもあります（Stoll, 2013）。アクション・リサーチは、自己省察的な探究の1つの形です。実践を理解し、質を向上させ、変えていくために、個人や協働で取り組む行動（実践）と研究（省察）を組み合わせた活動なのです（Siraj-Blatchford and Manni, 2007）。「保育における効果的なリーダーシップ研究（ELEYS）」で、効果的なリーダーシップの実践のカテゴリーの1つとされたのは、保育の組織の中に学び手の共同体を育てることで省察を促すという実践です。このときの学び手とは、省察的・批判的な実践や専門性向上に深く関与する人たちのことです。効果的な園のリーダーは、個人や協働での学び・研究に積極的にかかわり、自らの実践についてふり返るとともに、職員にもふり返りを促していたことがわかっています。

　学びの実践共同体は、省察的なリーダーに導かれた省察的な実践者からなります。この学びの実践共同体は、参加者が共通の関心をもち、考えや実践を共有し、さまざまな課題について話し合い、問題を解決し、省察的な対話を通して共通理解や新しい実践を進めていくという社会的な学びの過程を経て、育っていきます（Wenger, 1998）。この実践共同体は参加することで育っていき、時間をかけて生まれてくるものです。そのとき、学びは

静的なものではなく、専門的実践の中で省察し、改善し、変化する過程として立ち現れてきます。省察的実践者（反省的実践家）の学びの共同体を育むために、リーダーは信頼し尊敬し合い、開かれた対話のできる雰囲気をつくり、実践者が実践、理論、研究に挑戦して疑問をもつように背中を押します。そして、新しい理論や働き方に意味を見出し、発展させていけるように支えていきます（Hallet, 2013）。

コルマー（Colmer, 2008）は、このような学び合う組織をリードし、オーストラリアの保育施設を学びのネットワークにしていったときに、彼女が果たした役割について述べています。彼女は、オーストラリアの保育施設グループの1つで仕事を始めました。アデレードのチャイルド・センターで働く職員たちは、彼女のもとで働く中で、リーダーシップを任され省察を行うことを通して、やる気を高め、活気づいていきました。

職員の研修・育成への投資は、学びのネットワークを広げ、子どもたちや子育て家庭のために質の高い総合的な保育を行うことにつながりました。保育施設を効果的な学びのネットワークとして育てるために、この園はアクション・ラーニングを主要な研究方法として取り入れました。職員は子どもたちのプログラム全体にアクション・ラーニングを組み込み、実行しました。研究担当の保育者たちが中心になって行った2年間の研究プロジェクトは、保育者たちのリーダーシップ能力を生かし、その能力を伸ばすものになりました。この園での職員向けリーダーシップ研修は、管理職が中心になって行いましたが、アクション・ラーニングを組み込み、職員に園のさまざまなグループで協働することを求めました。職員が保育の研究グループやネットワークの一員として、幅広い専門的活動にかかわる機会や学会に出て発表したり出向したりする機会など、さまざまな機会をもつことで、職員は専門性を高める学びや成長する機会を得て、有意義なネットワークを継続的にもつことができます。これらの活動を通して職員は熟達していき、国内のネットワークやつながりを築いていくことができます。コルマーは、リーダーとして、職員が省察を行い、専門性を高めることができるよう励ましました。ここで、リーダーが実践や行動をモニタリングし評価する方法、そして、職員の強みや高めるべき専門性はどのようなところなのかを見きわめる方法について考えていきたいと思います。

保育実践のモニタリングと専門性を高めるための省察の活性化

学びの共同体の一員になるということは、現在進行形のあらゆる研修・育成について知り、かかわっていくということです。このことは、保育プログラムの質が保育の場で働く職員の質と直接的な関連があると言われていることともつながっています（Rodd, 2013）。教育のリーダーが最初に向き合うもっとも大切な仕事は、子どもたちの学びと発達を直接的・間接的に支え、向上させていくことです。教育のリーダーシップの中心にあるのは、

教育と学びだからです。これには、保育者の日々の実践や子どもたちとのかかわりが密接にかかわっています。なぜなら保育者の日々の実践やかかわりが、子どもたちの発達に直接的な影響を及ぼすからです。そのため、そこで行われている保育実践の質が高い水準にあるかどうかを確かめるために、保育実践のモニタリングと評価を行うことは必要不可欠なことなのです。

　保育を担う職員の実践や行動をモニタリングし評価する営みは、保育のリーダーが学び手の共同体を築いていくための1つの手段です。特に、この評価の過程は、現在働いている職員の保育実践や行動のどこに強みや課題があるのかを見きわめ、その職員が受けることのできる専門職研修の中から最適なものを選ぶときに役立ちます。「保育における効果的な教育方法の研究（REPEY）」に参加したほとんどの保育施設で、この職員のモニタリングと評価は、園を運営していくためには大切で、なくてはならないものとみなされていました。次の事例に出てくる5つのナーサリーの取り組みは、どれも省察的実践や職員の成長を支える評価についてのさまざまな面を示しています。

 事例：職員の成長

私立サンシャイン・デイ・ナーサリー

　私立サンシャイン・デイ・ナーサリーは、継続的に評価を行い、職員の成長に積極的にかかわった園として、優れた例を提供してくれます。職員の成長に積極的にかかわるのは、職員全員が子どもたちのケアと安全をテーマにした新任研修を受けるときに始まります。この研修がきっかけになり、職員は継続的に研修を受けることを期待するようになります。継続的な研修では、職員ひとりひとりに対して6～12ヶ月に一度行われる評価システムや、管理職が常日頃行う調査をもとにして、職員それぞれのニーズに合った研修が受けられます。評価システムがあることで、評価する側と評価される側が評価のやり方を改善していき、どのような研修を受ける必要があるのかを見きわめることができるのです。

　また、職員は、園提携の企業が提供するプログラムから1つか2つ選んで研修に参加することもできます。このプログラムはナーサリーのリーダーから回覧されます。選択できるコースには、マネジメント、評価、子どもの保護などのコースがあります。他にも、定期的に行われる職員会議で管理職が行う研修があります。また、研修コースやワークショップに参加した職員には、職員会議の中で、他の職員に報告する時間と機会が設けられています。園のマネジャーは、ケアと教育の専門誌を定期購読し職員に回覧したり、専門の本を置いている図書館を職員が利用できるようにしたりしています。

　モニタリング・評価のシステムは、とても役に立つものなので、より詳細に見て

いきたいと思います。園のマネジャーは、職員ひとりひとりの人事考課面接を6〜12ヶ月に一度行うことにしています。すべての職員は、考課面接の目的と手続きが述べられた総合的ガイドラインを与えられます。このガイドラインには、専門的なパフォーマンスを評価すること、そして、その評価を継続的研修のニーズに直接結びつけていくことに対して責任をもった成熟した態度で臨むことが示されています。

　それぞれの職員が、園のマネジャー、管理職、職員の1人から評価を受けます。この3番目の人物は、評価を受ける人の同僚を代表して評価を行います。この人物がいることで、不公平で偏った評価にならないようにしています。秘密保持は、きわめて厳重になされます。これは、園のような小規模な職場で、このような評価システムを実施するためには必要なことです。職員を評価する過程にかかわる人は、評価を公正かつ正確に行うため、全員、研修や解説、助言を受けるようになっています。評価者は、評価される人の人格ではなく、観察した保育実践にもとづいて客観的で専門的な判断を行うように助言されます。観察と最初の評価は、モニタリング・評価を受けた人に報告する前に、3人の評価者のあいだで比較され、一貫性があるかどうかが確認されます。

　この評価システムは、3つの部分からなります。第1部では、評価を受ける人が、事前にプレ評価用紙に記入し、人事考課の少なくとも1週間前に直属のマネジャーに提出することになっています。この用紙は、現在の職務と職務記述書との整合性、仕事ぶりとそれに影響を与える要因についての個人的評価、これまでに受けた研修、今後のニーズや目標、園運営者からさらに支援を受けるとしたらどのような支援がほしいかについてたずね、情報を得るためのものです。

　第2部は考課面接です。最初は評価を受ける人のクラスで、2人の職員（1人は管理職、もう1人は同僚）が評価を受ける人の仕事ぶり、子どもとのかかわり、保護者とのかかわり、ナーサリーへの貢献の度合いについての観察にもとづいて、互いの評価を持ち寄ります。それから、直属のマネジャーと同僚の評価者で考課面接に入ります。考課面接では、全般的な仕事ぶり、保護者との関係の質、実行力のレベルを中心に評価します。他には、風貌、同僚や子どもたちと良好な関係を築く力、熟達や成長の水準、記録管理能力、専門性向上への関心の水準などを評価します。そして、それぞれの領域に1から4までの点数をつけます。1は低い評点、4は高い評点です。そして、その点数を合計したものがその人のグレード（級）となります。その結果にもとづいて、評価される人と園のマネジャーが今後取り組むべき課題について話し合います。何らかの欠点があるという結果が出た場合には、まず最初にその点について話し合い、必要となれば、適切な研修プログラムを園の内外で受けることになります。評価を受ける側は、評価後に用紙を出すこともできます。この用紙には、評価を受けた人が感想や意見を書いたり、評価について感じた質問・疑

問を書いて提出することができます。この評価後の用紙があることで、評価を受けた人は評価者と話し合ったときに出てきた課題についてさらに考え、自分の考えをまとめることができるのです。

ディスカバリー・ナーサリー・スクール

　ディスカバリー・ナーサリー・スクールの職員評価システムでは、園長が定期的に全職員の評価を行うようにしています。園の方針には、評価とモニタリングの目的は、教育と学びの質を高めるため、批判的に話し合いながら成長し協働する雰囲気づくりをするため、よい実践がどのようなものかを見きわめ共有していくためであるとはっきりと述べられています。その過程は、園長が職員とよく話をすることで仕事ぶりを評価するという形をとり、継続的に、かなり非公式に行われます。しかし、もっと形式的なミーティングも毎年行っています。そのミーティングは、園長がその1年をふり返り、職員ひとりひとりが成長し続けるためにはどのようなアイディアがあるかを話し合ったり、職員が気になっていることを表明するための機会となっています。1年ごとのふり返りのときに収集した情報は、園長が今後の組織計画を立てたり意思決定をするときに影響力をもってきます。非公式のモニタリングや会話、1年ごとのふり返りに加えて、職員が日頃働いているクラスで園長が職員を観察するというプログラムも行っています。この形式的な観察は、職員の強みを見つけたり、今後の達成目標を定めるために行います。これらの達成目標は一部の職員以外には知らされず、仮に何人かの職員に対して同じような目標を設定したとしても、園の職員全体のものとして考えられています。

　モニタリングや評価をするときに、非公式で形式ばらないやり方と形式的なやり方を組み合わせる方法は、頻度や手順にちがいはありますが、研究協力園のマネジャー数名も述べていたものです。ほとんどのマネジャーが、保育の場で日々起きるさまざまな出来事を把握するために形式ばらない観察や話し合いを行っています。そして、それを補うためにもっと形式的なやり方での観察も行い、職員の強みや課題を見きわめると報告しています。すべてのマネジャーは、建設的なフィードバックを行い、職員が指摘を受けたポイントを参考に自分の専門的実践を高め、向上していけるようにしています。

ブルー・スカイズ・デイ・ケア・センター

　ブルー・スカイズ・デイ・ケア・センターのマネジャーは、省察的な実践を促すときに、フィードバックがどのような役割を果たすかについて述べています。彼女は、次のように言います。

　私は、いつも、観察者のコメントやフィードバックが本質を突いていることに驚

かされます。私たちがしていることは、多くが直感的なものです。だから、よくも悪くも、外からの見方に触れることがとても大事だと思います。外からの見方に触れることで、保育実践をどう改善していったらいいかがわかりますし、今のよい保育実践がどういうものかを言語化することができると思います。

ギビング・ツリー・ナーサリー・スクール

これは、ギビング・ツリー・ナーサリー・スクールの園長が言っていることとも共通しています。ギビング・ツリー・ナーサリー・スクールの園長は、観察した実践についてフィードバックをする大きな目的の1つは、職員が自分の実践を省察できるようにし、そして、自分の強みも課題も両方とも認識できるようにすることだと言います。このことについては、私立ウィンド・イン・ザ・ウィローズ・デイ・ナーサリーのマネジャーが一歩踏み込んで実践しています。

私立ウィンド・イン・ザ・ウィローズ保育園

私立ウィンド・イン・ザ・ウィローズ保育園のマネジャーは、形式的なモニタリング・評価方法に加え、同僚同士の観察システムもつくりました。ここでは、職員がノン・コンタクト・タイム（子どもとかかわらない時間）をもち、子どもたちの保育をしている同僚を観察する機会が与えられます。この機会をもつことで、話し合いが活発になり、省察的な実践を進め、保育の中でどれだけ計画が実現できたかを評価できるようになるのです。

協働的で省察的な対話

保育の場では、日常的な一貫した評価・モニタリングのシステムと協働的な対話を通して、省察的な実践が進められていきます（Siraj-Blatchford and Manni, 2007）。職員が日常的に集まり、省察的な対話をする機会を設けることで、省察的に学ぶ文化を築くことができます。これは、イタリアのレッジョ・エミリアの園で広く行われている実践です。定期的にペダゴーグが園を閉め、職員が集まって子どもたちの学びがどのように進んだかを話し合っているのです（Abbott and Nutbrown, 2001）。「保育における効果的な教育方法の研究（REPEY）」の協力園であるディスカバリー・ナーサリー・スクールの園長も、毎週水曜日の午後、園を閉め、子どもたちの学びや省察的な実践、専門性向上について、職員が協働的対話をする機会を設けています。次の事例は、このような大胆な取り組みが省察的な対話を支えていることを物語っています。

事例：協働的で省察的な対話

ディスカバリー・ナーサリー・スクールの園長は、次のようにふり返っています。

　水曜日の午後に園を早めに閉めることは、ある理由のために私たち職員がずっと強く希望し、知恵を絞り出して至った結論でした。その理由とは、私たち職員全員が、保育計画を立てる時間と子どもたちの学びのために記録をとる方法を考える時間を必要としていたのです。実のところ、私たちは、子どもとかかわる職員に、教育や学びについてふり返り話し合う充実した時間をもってほしいと思っていました。ナーサリーは、本当に忙しいところで、職員はいつも話をしていると言えばしているのですが、ちょっとしたすき間時間での話になりがちなのです……。

　水曜日の午後の時間は、さまざまな目的を満たす時間に当てられます。日々の仕事から生じる諸々のことをしたり、外部の相談役の訪問を受けたり、園の方針を練り上げたりといったことです。水曜日の午後に園を閉めるのは、職員が顔を合わせる時間を定期的に設けるためだけでなく、ナーサリーの補助保育者や補助職員が勤務時間内に会議に参加できるようにするためでもありました。このインクルーシブな環境があってこそ、職員ひとりひとりが認められ、子どもたちや保護者とかかわる経験が現在の教育的営みにとってユニークでかけがえのないものになります。また、このような環境の中でこそ、互いに尊敬しあい、どんな人の声も尊重される文化が育ち、養われるのです。

　リーダーの省察的な学びは、主に職員にかかわる行動や特性に関係しています。しかし、同時に、保護者や子どもたちとも関係があります。このような行動や特性には、園の保育実践の方向性を示すためにリーダーが思考する能力や問題を解決する能力、評価する能力、建設的なフィードバックをする能力や他の人から学び、他の人とともに学ぶ能力、教育についての信念を説明する能力、他の人の考え方を考慮し耳を傾ける能力、実践についてじっくりと考え観察する能力、他の人とともに理論と研究に挑み探究する能力があります（Hallet, 2013）。リーダーが、建設的かつ細やかにフィードバックをし、同僚が実践面で成長できる道しるべになるように方向性を示す能力は、省察的な学びの基礎になるものです。次の問いは、このような省察的な学びを支える方法についてふり返る手助けとなるでしょう。

ふり返りのための問い

今、リーダーの人へ

あなたのリーダーシップの実践の例として、職員の誰かに何らかのフィードバックをしたときのことを思い浮かべてください。

- どのように職員にフィードバックを受ける心構えをさせましたか？
- いつフィードバックをしましたか？
- どこでフィードバックをしましたか？
- どのようにフィードバックをし、その過程でどのようなことを考えましたか？
- 実践をよりよくする道しるべとなるように、どのように方向性を示しましたか？
- あなたがどのようにフィードバックをし、さらに方向性を示したかをふり返ってください。
  ——その職員は、どのようにフィードバックを受け取りましたか？
  ——フィードバックの過程についてどのようなことを感じましたか？
- 省察的な学びのためにフィードバックをしたり、方向性を示したりするリーダーシップの実践について、どのようなことを学びましたか？
- もし別の機会があったら、これまでとは違うやり方でやるだろうと思うことはありますか？

これからリーダーになる人へ

あなたがリーダーから何らかのフィードバックを受けた経験について思い浮かべてください。

- リーダーは、どのようにあなたがフィードバックを受ける心構えをもてるようにしましたか？
- いつフィードバックを受けましたか？
- どこでフィードバックを受けましたか？
- どのようにフィードバックを受けましたか？
- リーダーは、実践をよりよくする道しるべとなるように方向性を示しましたか？
- フィードバックや今後の方向性についての提案を受けたときの経験をふり返ってください。
  ——それはポジティブな経験でしたか、それともネガティブな経験でしたか？
  ——リーダーとのかかわりは、あなたの省察的な学びの役に立ちましたか？
- フィードバックをしたり受けたりするリーダーシップの実践について、あなたはどのようなことを学びましたか？

この章では、リーダーが他の人の省察的な学びを促し支えるさまざまな方法について考えてきました。しかしながら、リーダーは批判的に自己省察をするリーダーシップを体現するべきです。つまり、自分のリーダーシップ実践がチルドレンズ・センターの保育の効果に影響を与えているかどうかを確かめるために、自分の仕事をふり返り、他の人からの意見やフィードバックを考慮に入れる必要があります。リーダーは、継続的にリーダーシップの資質・能力向上に全力を注ぎ、他の人がやりたいと思うように省察的な学びを実際にやってみせるべきです（Siraj-Blatchford and Hallet, 2012）。保育の場のリーダーは、専門家としての学びと向上を継続的に行う枠組みの中で、批判的に省察し自己点検をすることで自らのリーダーシップの実践を向上させる責任があるのです。

まとめ

　この章では、保育における効果的でケア的なリーダーシップにおける「教育のリーダーシップ」というテーマの中でも、省察的な学びをリードするという実践について見てきました。そして、「教育のリーダーシップ」を発揮することで、省察的な対話を通して省察的な学びの機会をつくる方法がさまざまにあることを見てきました。例えば、「継続的な専門性向上（CPD）」の機会を設けるようにしたり、実践の評価方法をつくったりするといったことです。そして、それらの方法を、リーダーシップの実践の事例を通して描き出しました。さらに、省察的な学びのためにフィードバックをするというリーダーシップの実践について考えました。最後のふり返るための問いは、リーダーが省察的な学びをリードするというリーダーシップの実践について考えるきっかけとなるはずです。

　次の章の「リーダーシップの物語」は、この本を締めくくるパート3になります。「リーダーシップの物語」は、保育のリーダーたちが図や文章で自分のリーダーシップ経験をふり返って記した報告です。リーダーたちが、リーダーシップや、リーダーとしてのアイデンティティ、リーダーシップの実践を探究してきた軌跡をふり返っています。

さらに学びたい人へ

Bolton, G. (2010) *Reflective Practice: Writing and Professional Development.* 3rd edn. London: Sage.
　この本は、専門家としての学びや成長にとって省察的に書くことがいかに大切かということ

を論じたものです。

Colmer, K. (2008) 'Leading a learning organisation: Australian early years centres as learning networks', *European Early Childhood Education Research Journal,* 16 (1): 107–15.

この論文は、あるリーダーが、オーストラリアの保育施設でいかに学び合う組織と学び合うネットワークを築いたかを記したものです。

John, K. (2008) 'Sustaining the leaders of children's centres: the role of leadership mentoring', *European Early Childhood Education Research Journal,* 16 (1): 53–66.

この論文は、リーダーシップの育ちについてふり返るためのメンタリングの過程について論じています。

Lunenberg, M. and Willemse, M. (2006) 'Research and professional development of teacher educators', *European Journal of Teacher Education,* 29 (1): 81–98.

この雑誌記事では、教師の専門性向上について扱ったオランダの調査研究を紹介しており、省察が教師の専門性向上を支えていることを示しています。

Wise, C., Bradshaw, P. and Cartwright, M. (eds) (2013) *Leading Professional Practice in Education.* London: Sage.

教育の専門的実践をリードするとはどういうことかについて書かれた包括的な本です。第1部では、学びをリードし、学び手がリーダーシップをもつことについて論じています。第3部では、専門性向上をリードすることについて論じています。ルイーズ・ストール著の第16章は、専門家の学びの共同体をリードすることを中心に書かれています。

パート3

省察的リーダーシップ

イントロダクション

　学生たちに省察的で探究的な実践者であることについて教えていたところ、モンテッソーリの園の主任であるフェリシティ先生は、省察的とはどういうことかについての文献を読む中で、以下のような文章に出会ったと報告してくれました。

> 「創造的で省察的なサイクルというのは、まるで呼吸のように、子どもと大人の間でやりとりされる生き生きとしたエネルギーの交換のようなものだと考えられます。呼吸というのは、段階を上がっていくように形づくられる継続的なサイクルのようなものだからです。吸う息は観察にあたります。周りの環境や何が起こっているかを私たちが読み取ることです。吸気と呼気の間の停止は、再考したり、分析したり、可能性を生み出したりする瞬間です。吐く息は、探究的な環境と子どもたちへの私たちの反応であり、息づく生命をそこに戻すことです。この継続的なサイクルは、子どもと大人との間の互恵的なやりとりなのです」。

　これはアギーレ・ジョーンズとエルダース（Aguirre Jones and Elders, 2009: 12）の引用で、省察が私たちの日々の行動、理解、ありようの一部であり、それが呼吸のように私たちの自己にとって不可欠なものであることを訴えています。実践する保育のリーダーとして、またその卵として、私たちは専門的なリーダーシップの学びと育ちについて省察的な学びの旅をしていると言えます。その旅（道のり）は、リーダーたちが経験するであろう紆余曲折をはらんでいます。省察的な段階を通して、そのからまった過程をときほぐし、保育のリーダーがふり返り、熟考し、リーダーとしての行動と実践を育んでいくように、この省察的な旅路を方向づけていくのです。

　パート3は、この本のまとめにあたります。リーダーシップの物語という題のもと、この章では女性のリーダーたちが成し遂げたことを見ていきます。このリーダーシップの物語は、3人の保育のリーダーが語る省察的な話（ナラティブ）で、彼女らがどのようにリーダーシップの世界に入り、その中でどのようにすごしたかの道のりを述べています。彼女

らの真の声は、図を描いたり文章にしたりして伝えてもらいました。これらの話によって、実践にインスピレーションを与え、リーダーが自分で発見し、リーダーシップについて学び、育つような省察的な旅について考えるようにと願っているものです。

11

リーダーシップの物語

> ☀この章のあらまし
>
> これまでの章では、効果的でケア的なリーダーシップの実践について検討してきました。そこでは省察的な実践が重要であることを述べました。このまとめの章では、その実践を語り（ナラティブ）から探っていくことで、生きられた経験を通して学んでいきます。3人の保育のリーダーたちが、自伝的で省察的な話を語ってくれます。そこではどのようにリーダーの世界に入ったのか、リーダーとしてのアイデンティティをどう理解しているのかが語られます。
>
> この章では：
> - 専門的な実践を理解するためのアプローチとして自伝的ナラティブについて検討します
> - リーダーシップのアイデンティティについて考えます
> - リーダーシップの経験についての女性のリーダーの話を共有します
> - リーダーシップの経験を省察的に語る機会を提供します

省察的な語り

　物語ることは、どのような大陸や文化においても一般的に行われているものです。語りは人類の経験や存在において中心的なものであり、歴史のある時点でのできごとの順序や性質について共有する機会を与えてくれます。また、自分自身や個人のアイデンティティを確立する助けとなります。自伝的な自己の省察は、専門的自己と専門的実践について深く見つめるスキルを育むための、語りの最も重要な型の一つです（Bold, 2012）。個人的にも専門的にも、自己の感覚を養い、自分の内から探究することは、自己の省察の中心的な

157

課題です。

　省察的に書くことは、実践をふり返ることや専門的な学びと成長にいろいろなことを教えてくれます。省察は映画のように自己との対話を生み出してくれます（Bolton, 2010）。観察や、会話や、忘れられない出来事や、日誌や日記からの抜き書き、ほんの少しの書き物でも、個人の省察的な語りを生み出す助けとなるでしょう（Bold, 2012）。物語を書くことは、省察的な探究や実践のために、専門家である学び手が内的な対話を始める方法なのです（Hughes, 2009）。

　個人的で専門的な自分史をひもとくことによって、実践者やリーダーは自分が何に影響を受けたかを理解し、リーダーとして子どもや家庭のために働いてきた方法や信念、価値観を見出すことができるのです。これらの「生きられた経験」と生きられた関係性は、個人として、専門家としての道のりです（Clough and Corbett, 2000: 156）。これらの経験や関係性、心に残る出来事や影響などを批判的に省察すること、脱構築すること、再構築することによって、個人的・専門的な知識と理解から専門家としてのアイデンティティや自己認識が生まれてくるのです。

　個人的な語りは、自分自身についての探究の物語です。リーダーとしての個人的・専門的側面と、実践者としてのライフ・ヒストリーが絡み合っていて、互いが大切な意味を持ち合い、専門家としてのアイデンティティの醸成に貢献しているのです（Court, et al., 2009）。ニュージーランドでは、学び続ける自己は専門職意識の基礎であり、人々やもの、アイデア、方針、政治的駆け引きなどにかかわることは、継続する対話の一部であると考えられています（Duhn, 2011）。

　リーダーシップのアイデンティティに関するシンクレアの研究（Sinclaire, 2011）では、省察的な学びや、経験的なプロセスの学び、そして批評的な視点を取り入れることへの取り組みが、アイデンティティを理解するために重要であると述べています。学びは経験と探究から生まれるもので、それが省察的な実践につながっていくのです（Paige-Smith and Craft, 2011）。アップルバイ（Appleby, 2010）によれば、省察的な実践は終わりのない学びへの旅であり、ボルトン（Bolton, 2010）はそうした学びの旅は経験の物語となると述べています。

リーダーシップの経験の物語

　私たちは保育におけるリーダーの政策と実践について、在職中のリーダーを対象に大学院修士レベルのコースを開設しています。その中のワークショップ型の授業で、「経験の物語」の概念とその発見について取り上げ、保育におけるリーダーシップとアイデンティティに関して少しずつ理解されるようになりました。

　リーダーの実践の過程やリーダーシップへの道のりについてのオーブリー（Aubrey,

2011）の研究に影響され、院生たちは自分たちが専門家としてリーダーシップをとるようになった道のりを話すように言われました。そして、リーダーシップのアイデンティティについて、視覚的に表したり、省察的なレポートを書いたり、他の院生と対話して自分たちが生きたリーダーシップの経験を理解したりするようにしました。

　語りを通して、影響を受けたことや出来事について、鍵となるものをふり返って検討できます（Court et al., 2009）。それが保育のリーダーとしての女性の育ちに影響を与えているのです。リーダーシップの経験についてのそれぞれの女性の物語は、その人なりの個人的な情報の集大成です。省察することで、個人のあるいは専門家としての感情や価値観、信念、態度など、リーダーシップの成長やアイデンティティについて深く洞察できるようになるのです（Croft et al., 2009）。物語の語り方や構成、言葉の使い方や性格などが、人生の生き方、語り口、そして語り手そのものを私たちに示してくれます（Ashrat-Pink, 2008）。

　次に挙げる3つのケーススタディは、女性の保育のリーダーによる経験の物語です。そこでリーダーシップへの道のりやリーダーとして自分はどんな人間なのかを、影響を受けたことや出来事などを含めてふり返っています。初めの2つのケーススタディは、それぞれがリーダーになった道のりとリーダーとしてのアイデンティティについてふり返っています。3番目のケーススタディでは、リーダーになった道のりのほかリーダーとしてどのように育ち、実践したかについて語っています。リーダーたちが絵にしたものや書いたものは、保育における効果的でケア的なリーダーの心の底から出た声として使われています。

 事例：フロー先生のリーダーシップの物語

　フロー先生は自分の省察日誌からの抜粋の中で、大規模な小学校の中にある乳幼児基礎ステージの部のリーダーとなった道のりについてふり返り、自分のリーダーシップのアイデンティティについて述べています。

　　私は保育者として長年にわたって働いてきました。そして子どもと一緒にいることはとても幸せなことでした。ですから、リーダーになるということはあまり考えていませんでした。ところが「ヘッドハンティング」されて、小学校の基礎ステージコーディネーターの仕事を任されてしまったのです。そして来るべき教育監査局（Ofsted）の監査に対応するためのマネージメント・チームに入れられてしまいました。もともと私は民間園のナーサリーで園長をしていましたが、副園長にもっと上の仕事を目指したら、と励まされたのでした。

　　その時、私は保育系の大学院で学んでいました。そのおかげで、私の中にはこんなことがしたいというインスピレーションが満ちあふれていて、応募できるという自信がありました。大学院の授業で、保育におけるリーダーシップについて学びました。指導の先生が私たちに自分のリーダーシップのスタイルと実践につ

パート3　省察的リーダーシップ

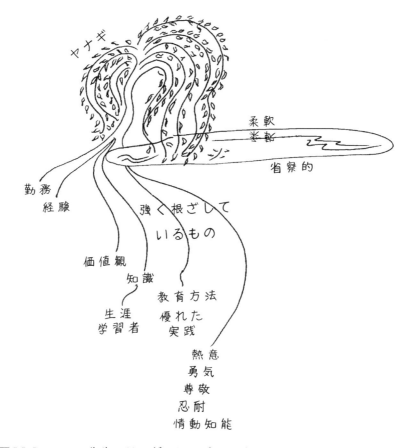

図11.1　フロー先生のリーダーシップのアイデンティティ

いてふり返り、リーダーシップのアイデンティティについてイラストを描きなさい、と言われました。

　私が描いたのは、リーダーシップとは柳の木のようなものだ、という絵（**図11.1**）です。幹や枝が柔軟に動き、葉っぱは風になびいて優しく動き、澄んだ湖の水面の上にかかって光の反射を受けている、というものです。私は自分のリーダーシップについて時々ふり返っていましたので、学校、基礎ステージ部門、保育者、保護者、そして子どもたちのさまざまなニーズに応えられるだけの柔軟性をもっていました。私はそのための時間と空間を見つけていたのです。保育界に起こる変化は、葉っぱの間を通り抜ける風のようですし、そうした変化について考えたり、園にとって何が一番良い方法かを考えたりするための時間が必要でした。

　柳の木は、湖の上を揺らいでいますが、サービスや経験、知識、価値観、教育方法、そして最良の実践という強い根があれば、倒れることはありません。情熱や勇気、尊敬、忍耐、情緒的知能、といった私の対人的資質は、教職員や保護者、

子どもたち、他の専門家たちとの関わりやリーダーシップの実践の中で使われるアプローチです。
　一言でいうと、リーダーとしての私ってどんな人でしょうか？　私は、保育の知識や教育方法、実践に根ざした柔軟で省察的なリーダーです。

 事例：アリソン先生のリーダーシップの物語

　アリソン先生は、社員の子どもたちに保育を提供するナーサリーである私立保育園で働く、学位をもった保育リーダーです。

　私はキャロル・オーブリーとジリアン・ロッドの著作を読んで、保育のリーダーたちは簡単に自分をリーダーとしての役割につなげたり、自分たちをリーダーだとみなしたりしないんだな、と思いました。それから、リーダーたちは進むべきはっきりとした道がないことや、他の人をリードするためのトレーニングはあまり受けないということが分かりました。リーダーシップは自然に成長するものなのだな、と。私はリーダーとなるよう言われた時に、何の助けもアドバイスももらえませんでした。でも、その時は自分のリーダーシップのスキルを伸ばそうとかいう考えもなく、その役に就いてしまいました。

　リーダーシップは、与えられた時間と空間の中で、いかに共通した理解を育むか、ということなのだと思います。私が最初にリーダーを経験したときには、クラスで、部屋の環境やカリキュラム、教育方法、実践をリードするように求められましたが、職員をどうこうしろとは言われませんでした。次の職場の経験では、その部署の管理職として、クラスやカリキュラムの他、職員をリードするように期待されました。その園では、私はより多くの自律性をもっていたのです。

　私は、リーダーシップのトレーニングと大学院レベルの保育専門職資格（EYPS）が必要だと感じました。それは園の質を高めようとする動機づけとして、また改革を実行する者として、私にぴったりの時機が来たと考えました。EYPSを取ることで、私の役割が変わるわけではありませんでしたが、自分としては教育方法や実践について他の人を支えたりリードしたりすることに自信が出てきました。保育のリーダーとして、また保育専門職（EYP）として、私は専門家として疑問をもたれるようなアイデンティティをもつことはありませんでした。むしろ、私のスキルは独り立ちできる資質として認められたのです。

　私のリーダーシップのアイデンティティについての絵（図11.2）の中で私は、効果的なリーダーシップとは複雑なもので、時として難しいものである、と感じました。

パート3　省察的リーダーシップ

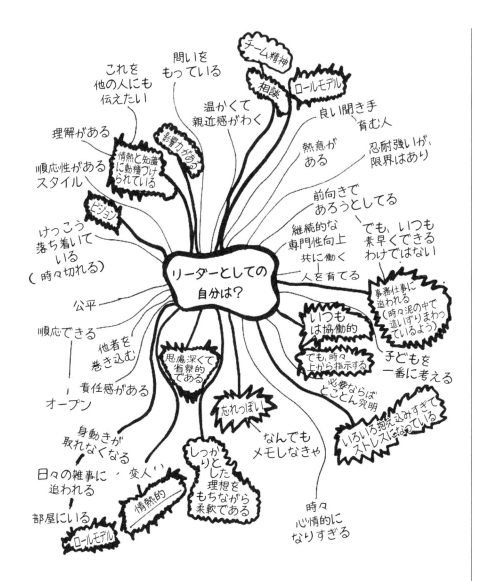

図11.2　アリソン先生のリーダーシップのアイデンティティ

　リーダーとしての私はどんな人間なのか、とふり返った時に、自分のリーダーシップのスタイルや実践にはいくつもの側面があるらしい、と気づきました。〇で囲まれた側面は、私にとって最も大切なものです。「情熱と知識に動機づけられること」「思慮深くて省察的であること」「しっかりとした理想をもちながら柔軟であること」「ビジョンをもつこと」「相談しやすいこと」「影響力があること」「ロールモデルとして他の模範となること」

　私は「事務仕事に追われる（時々泥の中を這いずりまわっている）」こともありますし、「いろいろ抱え込みすぎてストレスになっている」こともあります。「忘れっぽい」こともあったり、「いつもは協働的、でも時々上から指示する」と

いうこともあります。忙しい園の中でリーダーであることは、上がったり下がったりがあるものです。

　私はリーダーとしては、開かれていて、公平で、首尾一貫した態度でいようと努力しています。そして、自分自身とチームの両方を育てていくことを目標としています。自分と他の人の知識を継続的に積み上げていくことだけが本来の役割というのではなく、保育への情熱を息づかせるための、一つの鍵になる方法であると考えているからです。リーダーとして育ってきたのは、私が「継続的な専門性向上（CPD）」を通して自分の能力を理解してきたからですし、実践的なリーダーシップの経験とそのふり返りがあったからこそと考えています。私は今、協働的にリードすることができるようになってきました。そして自分の能力に自信があると同時に、他の人にも同じようにできるのよ、と伝えているのです。

事例：ミッシェル先生のリーダーシップの物語

　ミッシェル先生のリーダーシップの経験についての物語（図11.3）は、国内と国外でのリーダーとしての育ちを見せてくれています。

　リーダーシップの道のりをふり返るのに、ミッシェル先生はブルーム（Bloom, 1997）の3段階に分けられたリーダーの発達の枠組みを用いています。初心者リーダー、有能なリーダー、そしてリーダーの達人です。これらは彼女が小学校の中でリーダーとして経験した過程を正確に表しています。

初心者リーダー

　私が教え始めたころには、自分がリーダーになるなんて考えてもみませんでした。単独のリーダーを念頭においた伝統的なリーダーシップとは、自分の考えとは相容れないものであったのです。しかし、偶然というか、突発事故というか、自分は意識的に選んでもいないのですが、リーダーになってしまいました。他の多くの保育のリーダーのように、成り行きでなってしまったということなのです。

　他の多くの人がそうであるように、私もリーダーシップのトレーニングをほとんど受けることはありませんでした。しかし、私の場合は、学校の乳幼児教育コーディネーターという立場にある人が情熱的であり献身的であったということから、キャリアの最初のところで、これからのリーダーになる人間としての成長は強化されていたといえるでしょう。彼女は素晴らしいロールモデルであり、コミュニケーションをしっかりとる人であり、またチームに自信をつけさせるような人でした。彼女のチームとの関係性は際立っていました。どんなプレッシャー

パート3　省察的リーダーシップ

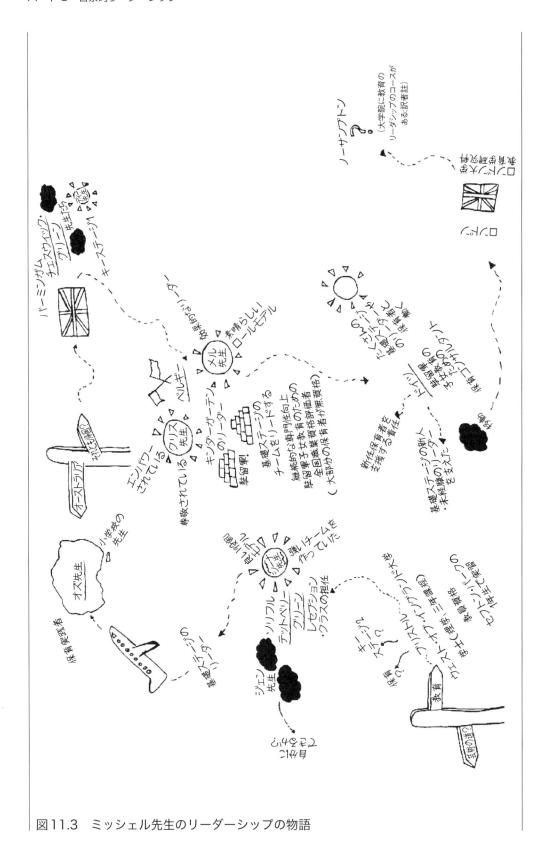

図11.3　ミッシェル先生のリーダーシップの物語

を課せられようと、彼女はいつもメンバーひとりひとりの声に耳を傾け、みんなが彼女のことを高く評価していました。彼女は私に、良い関係性をつくることの大切さを教えてくれました。

　私は基礎ステージのコーディネーターを任されてくれないかと尋ねられ、その役割を引き受けることにしました。コーディネーターになることで、リーダーシップがどんなものなのか、少し味見する機会を得ることができました。しかし、自分のチームを1からつくる必要はありませんでしたので、実のある経験をしたとは思えません。私はしっかりとできあがったチームをそのまま引き継ぎ、そのチームには質の高い園を育てていくための明確なビジョンがありました。そのビジョンは前任者が分散型の効果的なリーダーシップによって打ち立ててきたものです。この期間のリーダーとしての私の役割は、あらかじめ決められた目標にどれだけ近づいたかをモニタリングすることでした。しかし、その経験は、リーダーになることを初め拒んでいた自分と、リーダーとは何かについての誤った見方への挑戦をもたらしました。

　リーダーシップとマネージメントという語は、よく交互に使われますし、両方とも保育のリーダーの役割としてあるのですが、そのどちらがどこから始まって、どこで終わるのかが混乱してわからない状態です。この用語がもたらす混乱は、私がベルギーにあるイギリス人のための小学校にリーダーとして勤めるという冒険をしたときに、再びふり返ることになります。

　基礎ステージのマネージャーとして、保育部門を日々運営することが仕事となりました。同時に、レセプションクラスで 教 鞭 をとったのです。仕事のリストには、56ヶ所の予算と人事・備品や消耗品を管理せよ、とありました。しかし、着任と同時に、私の他の責任として、乳幼児期における保育と学びの質を上げることが求められました。それゆえ、私は単なるマネージャーではなく、リーダーでもあったのです。

　私の経験から明らかなことは、リーダーシップとマネージメントの仕事は明らかに違う、ということです。マネージャーは働く人々を取りまとめ、コーディネートすることで、組織としての日々の有効性を保つ責任があります。対照的にリーダーは、方向性を示し、人々に精神を吹き込み、チームをつくる責任をもち、そこで働く人々のモデルとなる役割があります。

　ベルギーの基礎ステージ部門で働く人々は、多種多様で複雑でした。最も大きな課題の1つは、そこで働く人々が、地元のイギリス駐留軍のコミュニティに短期間しか居住しない人々から選ばれているという事実です。そのため、常に職員は入れ替わっていましたし、保育チームの中でもほとんど継続性がなかったのです。その中では私だけが常にそこにいた、という状況でした。

第11章　リーダーシップの物語

そのうえ、チームの多くが無資格で経験のない女性で、海外派遣になった夫についてきた人たちでした。これは大きな問題でした。職員に常に、継続して研修をする必要があるのです。なので私は徹底したトレーニング・プログラムや、わかりやすい新任研修のプログラム、そして法的規準に見合うだけの、保育に関係する正式の免許資格が必要でした。

自分自身のリーダーシップのトレーニングについて言えば、他の多くの先生と同じように、保育者養成の段階では専門について学ぶことが多く、将来のリーダーとしての私を支えるものではありませんでした。私は保育者として自信をもっていましたし、何が質の高い教え方や学び方であるかについての理解にも自信がありました。私に必要だったのは、子どもに対応することから、大人に対応しリードすることへの移行を支えてくれることでした。効果的なリーダーであるために、職員たちをトレーニングする能力と意欲が必要でした。メンタリングやコーチングのスキルについての理解や、専門職研修を回していく力、そして専門的な議論を促すような気質などが、その能力です。

保育者養成ではリーダーシップの準備がありませんでしたが、基礎ステージのコーディネーターとしての最初の経験は、まず分散型のリーダーであることを通してリーダーシップに迫ろうとする方法について、価値ある洞察を与えてくれました。はっきりと私がわからないことは、どのようにして分散型のリーダーシップを達成するかということと、このモデルが駐留軍の学校という文脈で達成しえたかどうか、ということです。どうしても私は自分が働いている文脈を考慮せざるを得ないのです。

私が働いていた駐留軍のコミュニティは、基本的には男性中心の社会で、言うまでもなく階層を重んじるリーダーシップの伝統にどっぷり浸かっていました。私は、このコミュニティが、リーダーとは協働的・協力的で、チームワークを大切にする人というよりは、むしろ男性的で、体制を大事にし、競争的で権威的な人である、という見方をしているのではないか、と懸念していました。もしこのような見方をしているとすれば、分散型モデルのリーダーシップを取り入れることは困難ではないかと思ったのです。特に分散型のリーダーシップでは、改革をするためには誰か1人がこう変えるよと上から命令するのではなく、チーム全員がかかわり、お互いに影響しあったり感化しあったりすることを求められているからです。

基礎ステージのリーダーとマネージャーとしての最初の1年の間に、私はずっと自分に園の中の学び手すべてを支える能力があるのだろうか、と心配していました。ブルームが言うように、初心者のリーダーたちは自分の適性について疑問をもつものです。私もまた、このものすごく強い女性たちのチームに好かれてい

るだろうか、溶け込んでいるのだろうか、と心配していました。こうしたことから、最初の職場で私はチームと良い人間関係を築くことが最も重要だと考えたのです。

有能なリーダー

　初心者としてのリーダーから有能なリーダーになるのに、2年もかかってしまいました。ブルームが言うように、もがいている段階から、お手玉（ジャグリング）をする段階へと移ったのです。手の内にある仕事、つまり園の質を高める、ということに焦点をあてられるようになりました。いくつかの要因がこの変化に影響しています。

　職員の質に最も大きなインパクトを与えたのは、職員が働きながら職業国家資格（National Vocational Qualification: NVQ）を取得できたことです。私自身も、職業国家資格（NVQ）の評価者資格をもらうことができ、普段の観察やフィードバック、目標設定などによって職員の専門職研修を支える具体的な手だてを身につけることができました。

　資格を取得することは、女性たちにとって大きな達成でした。学校をほとんど資格もなしに卒業してしまった人たちなので、夫の仕事に頼らざるを得ない人生を送ってきたのです。資格を取ることで、彼女らは個人的にも職業的にも自信をつけました。そして、彼女らの間にはエンパワメント（力をつけた）という感覚がわき起こり、自分たちの仕事をキャリアとして認識し始めたのです。そしてイギリスに帰ったときに、そのキャリアに就くことを考えるようになりました。

　この出来事は、リーダーとしての私にとってエンパワメントの始まりでした。自分が人をエンパワメントすることで、自分が力をつけられた（エンパワメントされた）のでした。自分自身の実践と園の実践を深く見つめ、ふり返り始めたのですが、もっと重要なのは、実践が子どもたちの達成や、学びに向かう力や健康（ウェルビーイング）に対して影響があると考え始めたことです。このプロセスは、私が子どもと園のニーズに特化したビジョンを形づくるのに多大な影響をもっていました。初心者のリーダーだったときは、政府の方針からビジョンをつくっていたのです。

　職員が自信をつけるにつれて、自分をふり返り始め、さらに園がどのようにしたら良くなるかについて提案するようになりました。これがターニング・ポイントでした。それをさらに進めるために、彼女らのアイデアを認め、主導権をとれるようにし、彼女らの判断が信頼されていることを見せ、そしてリーダーシップを発揮する機会を与えることが重要でした。このことで職員が改革に対してよりオープンであるという精神ができてきました。

私のビジョンをもとに園の目標を決めるのではなく、彼女らから出てきたものがチームとしてのビジョンとなったのです。集団でのふり返りが組織の変革を可能にする中心であることから、このことは前に進むための偉大な一歩なのです。私が分散型モデルのリーダーシップを育てたいと思ったことが、信頼と開放性という雰囲気が出てくるという形で実現したように思われました。

　エンパワメントの感覚をつくり出すことで、当事者意識と責任感がチームに生まれてきました。私は、この文化を子どもたちの学びのための方法にしていきたいと思いました。そこで私は子どもに力を吹き込むための自分のアイデアを披露しました。子どもたちに学びを自分たちのものにしてほしいと、より多くの選択肢を与えたり、自分たちのアイデアと興味を駆使して、カリキュラムを子ども中心のものにしていくのです。こうして子どもたちは学びに向かう力を身につけていきます。このアイデアを出したあと、私は校長に、改革するための現実的な時間の枠組みと、子どもたちの育ちの変化を評価できるような、具体的な実行計画を作成するように言われました。

　ここで私は、成功するためにはチームの誰もがかかわる必要があると考えました。でも言われた通りの方法ですることから、かなり自由にする方法への変化は、何人かの職員にとっては大変なことではないかとも懸念しました。この問題を克服するために私がとった方法の1つは、みんなが計画と意思決定の段階で同じようにかかわり、この改革が挑戦であるけれども脅威ではない、と捉えるようにすることでした。改革する必要性を理解したり、改革のプロセスにかかわったりすることで、成功する率が高くなります。リーダーとしての私にとって、ふり返りは改革を実行するのに鍵となる役割を果たしてくれました。どれがうまくいって、どれがもっと改善が必要なのかを継続的に評価していったのです。

　園の実践が、すべてのチームメンバーの献身と動機の結果、強みがさらなる強みへと発展していきました。そうすると、その実践について他で話してくれないかと頼まれるようになりました。園を超えて実践を伝えていくことや、専門家の学びの共同体を設立することは、園そのものが発展していくことを支えますし、スタンダードを上げていくことにもなります。そして職員が他の教師や保育者と実践を共有するという、研修の機会に恵まれるのです。

リーダーの達人

　リーダーになって4年を過ぎた頃、リーダーとしての自信が大きくなってきたところで、ブルームが言うところの「ディレクターやリーダーの達人」の域に入ってきました。この段階では、私の役割は改革を実行するものであり、事実上どんな状況をも扱うことができるという自信があります。駐留軍の園の職員は、ず

っと短期で働く形であり続けましたが、そのための職員の募集や新人研修、業績評価といったシステムを構築しました。経験のある保育者がチームに入ってきたこともあり、どのように園の保育実践が発展するかについて、新しいアイデアをもたらしてくれました。

　私は、私自身のことを、人をやる気にさせるリーダーだと思っています。なぜなら自分は、関係性を大切にすることと、仕事を成し遂げることの両方を等しく強調することがついにできるようになったからです。私は、意思決定や問題解決に自信がありますし、職員たちの能力にも自信があります。それは、方針を決めたり目標を設定したりするときに、すべての職員がかかわるように懸命に努力してきたからです。そして、次第に自信をもってリスクをとれるようにもなってきました。

まとめ

　保育職を経てリーダーとなった私の経験からは、いくつかの重要な要因が見出されました。1つには、将来のリーダーたちや新人のリーダーたちには、関連するトレーニングや支援を受けてほしい、ということです。このことは、「保育専門職資格（EYPS）」や「総合的なセンターのリーダーのための国家専門職資格（NPQICL）」といった新しい高等教育段階での資格によって促進されてきましたが、保育者養成段階でも取り上げられるべきなのです。

　私のリーダーとしての道のりの中でも、「初心者リーダー」のときは、その役割に対して十分な準備ができていなかったせいで、かなり大変なもので孤立もしました。しかし、リーダーの立場でそうした困難に直面したことが、リーダーとしての私を強くしてくれたと言えます。私がリーダーとして成功するのに最も必要だったものの1つは、学びの共同体の中で、自分の実践を深く見つめ、ふり返ることでした。リーダーとして働いている間、ふり返りは子どもの育ち、職員の学び、そして自分のリーダーシップの学びを支えてくれる継続的なプロセスとなったのです。自分のキャリアの次の段階として大学教員を始めるにあたって、この思い出をもっていくつもりです。

　フロー、アリソン、ミッシェルの各先生のリーダーシップの物語は、保育における効果的でケア的なリーダーシップに省察的洞察を提供してくれます。彼女らのリーダーシップの実践は、本書の第2章で論じられたリーダーシップにかかわるテーマと実践、つまり、方向づけ、協働的、エンパワメントする、教育、のそれぞれのリーダーシップを具体的に説明してくれました。

パート3　省察的リーダーシップ

　これをお読みになって、ご自分の経験の物語や、リーダーシップの物語をふり返られるとよいのではないでしょうか。そのときに、絵を描いたり、文章にしたりしてその道のり、アイデンティティ、そして実践を表現されるとよいでしょう。

> ### ふり返りのための問い：自分のリーダーシップの物語
>
> 　机の上に紙と、いろいろな種類のペンや鉛筆、クレヨン、フェルトペンなどを用意してみましょう。それらを使ってあなたのリーダーシップの物語をイメージして描き、いろいろな側面を視覚的に表現してみましょう。以下のヒントをもとに、あなたが経験したリーダーシップの物語の側面に焦点をあてることができます。
> - あなたがリーダーシップに至るまでの道のりを、鍵となる出来事や影響を受けたことを示しながら描いてみましょう。
> - いったい自分はどんな人間？　リーダーとしてのアイデンティティや、リーダーシップのスタイル、実践などを描いてみましょう。
>
> 　この視覚的に表現されたものをもとにふり返ってみましょう。そして、ふり返りながらリーダーシップの物語を書いてみます。ノートパソコンを使って書くことで、ふり返るスピードが速くなるかもしれません。書くときに、誤字脱字や句読点を打つことなどを心配する必要はありません。書くプロセスそのものが、リーダーシップの物語を深く考え、ふり返るのに必要な時間と空間を提供してくれます。別の方法としては、他の現職のリーダーやこれからリーダーとなる人と対話しながらふり返ることもできます。これらの問いは、ふり返る際の出発点になります。
> - 鍵となる出来事や影響を受けたことは、リーダーとしてのあなたの育ちにどのようなインパクトを与えたでしょうか？
> - 鍵となる出来事や影響を受けたことは、あなたのリーダーシップスタイルや実践にどのようなインパクトを与えたでしょうか？
> - どんなリーダーシップの理論や著者があなたのリーダーシップの実践やアイデンティティに影響を与えたのでしょうか？

まとめ

　この最終章では、効果的でケア的なリーダーシップの実践が、それぞれの語りを探ることで、リーダーシップの生きられた経験を通して描かれ、説明されてきました。3人の保育のリーダーたちが、彼女らの自伝的で省察的な経験の物語と、リーダーシップへの道のり、リーダーとしてのアイデンティティの理解、そしてリー

ダーシップのスタイルと実践について語ってくれました。

　彼女たちの物語は、本書の第2章で論じられた効果的でケア的なリーダーシップの実践モデルにかかわるテーマと実践、つまり方向づけ、協働的、エンパワメントする、教育、のそれぞれのリーダーシップを具体的に説明してくれました。現職のリーダーやこれからリーダーになるであろう皆さんが、同じようにリーダーシップの経験の物語を、自伝的な語りと省察を通して描いたり探究したりする機会となるように願っています。

さらに学びたい人へ

Aubrey, C. (2011) 'Journeys into leadership', in C. Aubrey, *Leading and Managing in the Early Years.* 2nd edn. London: Sage. pp. 78–88.

　この章では、リーダーの実践の道のりとリーダーシップへの旅路をたどり、初心・有能・熟達といったリーダーシップキャリアの軌跡のそれぞれの時点で、どのような支援が必要かについて探っています。

Court, D., Merva, L. and Oran, E. (2009) 'Pre-school teachers' narratives: a window on personal-professional history, values and beliefs', *International Journal of Early Years Education,* 17(3): 395–406.

　この論文では、プレスクール教員が専門的に理解を深めていくことについて、語り（ナラティブ）を用いて検討しています。

Hallet, E. (2013) *The Reflective Early Years Practitioner.* London: Sage. pp. 125–52.

　この本の第9章「省察的な学びの旅」では、自伝的な語りを通して、学位を取った女性が、高等教育における学びの旅についてふり返っています。また、第10章「継続する学びの道のりと未来への省察」では、学位をもった実践者としての知識と研究が、園と実践にどのように変化をもたらしたか、その貢献について自伝的な語りを通して検討しています。

Hughes, G. (2009) 'Talking to oneself: using autobiographical internal dialogue to critique everyday and professional practice', *Reflective Practice,* 10(4): 451–63.

　この論文では、自伝的研究における省察のあり方について検討しています。

Sinclair, A. (2011) 'Being leaders: identities and identity work in leadership', in A. Bryman, D. Collinson, D. Grint, B. Jackson and M. Uhl-Bien (eds), *The Sage Handbook of Leadership.* London: Sage. pp. 508–17.

　この章では、リーダーシップのアイデンティティを探るワークショップにおける著者の活動について述べられています。

文　献

Abbott, L. and Nutbrown, C. (eds) (2001) *Experiencing Reggio Emilia: Implications for Pre-school Provision.* Buckingham: Open University Press.

Aguirre Jones, D. and Elders, L. (2009) '5x5x5 = creativity in practice', in S. Bancroft, M. Fawcett and P. Hay (eds), *Researching Children: Researching the World 5x5x5 = Creativity.* Stoke-on-Trent: Trentham Books. pp. 12–13.

Allen, G. (2011) *Early Intervention: The Next Steps.* (Allen Review.) London: Her Majesty's Government.

Anderson, M., Gronn, P., Ingvarson, L., Jackson, A., Kleinhenz, E., McKenzie, P., Mulford, B. and Thornton, N. (2007) 'Australia: country background report ? OECD improving school leadership activity', report prepared for the Australian Government Department of Education, Science and Training, Australian Council for Educational Research (ACER), Melbourne, Australia.

Anning, A. and Edwards, A. (2003) 'The inquiring professional', in A. Anning and A. Edwards (eds), *Promoting Children's Learning from Birth to Five.* Buckingham: Open University Press. pp. 35–58.

Appleby, K. (2010) 'Reflective thinking: reflective practice', in M. Reed and N. Canning (eds), *Reflective Practice in the Early Years.* London: Sage. pp. 7–23.

Arvizu, S. (1996) 'Family, community, and school collaboration', in J. Sikula (ed.), *Handbook of Research on Teacher Education.* New York: Simon and Schuster Macmillan.

Ashrat-Pink , I. (2008) in Court, D., Merav, L. and Oran, E. (2009) 'Pre-school teachers' narratives: a window on personal-professional history, values and beliefs', *International Journal of Early Years Education,* 17(3): 211.

Aubrey, C. (2011) *Leading and Managing in the Early Years.* 2nd edn. London: Sage.

Baldock, P., Fitzgerald, D. and Kay, J. (2013) *Understanding Early Years Policy.* 3rd edn. London: Sage.

Ball, C. (1994) *Start Right: The Importance of Early Learning.* London: RSA.

Barnett, W.S. (2004) 'Better teachers, better preschools: student achievement linked to teacher qualifications', *Preschool Policy Matters,* issue 2. New Brunswick, NJ: NIEER.

Bass, B.N. (1985) *Leadership and Performance beyond Expectations.* New York: Free Press.

Baumfield, V.M. (2013) 'Pedagogy', in D. Wyse, V.M. Baumfield, D. Egan, C. Gallagher, L. Hayward, M. Hulme, R. Leitch, K. Livingston, I. Menter and B. Lingard (eds), *Creating the Curriculum.* London: Routledge. pp. 46–58.

Bennett, N., Wise, C., Woods, P. and Harvey, J. (2003) *Distributed Leadership: A Literature Review.* Nottingham: National College for School Leadership.

Bennis, W. and Nanus, B. (1997) *Leaders: Strategies for Taking Charge.* Cambridge, MA: Harvard Business Review Press.

Blackmore, J. (1999) *Troubling Women: Feminism, Leadership and Educational Change.* Buckingham: Open University Press.

Bloom, P.J. (1997) 'Navigating the rapids: directors reflect upon their careers and professional development', *Young Children,* 52(7): 32–8.

Bold, C. (2012) *Using Narrative in Research.* London: Sage.

Bolton, G. (2010) *Reflective Practice: Writing and Professional Development.* 3rd edn. London: Sage.

Bowlby, J. (1988) *A Secure Base: Clinical Applications of Attachement Theory.* Oxford: Routledge.〔= 1993, ジョン・ボウルビィ『母と子のアタッチメント　心の安全基地』二木武監訳、庄司順一他訳、医歯薬出版〕

Bruce, T. (2006) *Early Childhood: A Guide for Students.* London: Sage.

Bubb, S. and Earley, P. (2007) *Leading and Managing Continuing Professional Development.* 2nd edn. London: Paul Chapman Publishing.

Bush, T. and Glover, D. (2003) *School Leadership: Concepts and Evidence. Summary Report.* Nottingham: National College for School Leadership.

Bush, T. (2011) *Theories of Educational Leadership and Management.* 4th edn. London: Sage.

Bush, T., Bell, L. and Middlewood, D. (2010) *The Principles of Educational Leadership and Management.* London: Sage.

Cameron, C. (2001) 'Promise or problem? A review of the literature on men working in early childhood services', *Gender Work and Organisation,* 8(4): 430–53.

Chan, L.K.S. and Mellor, E.J. (2002) (eds) *International Developments in Early Childhood Services.* New York: Peter Lang.

Charmaz, K. (2005) 'Grounded theory in the 21st century', in N.K. Denzin and Y.S. Lincoln (eds), *Qualitative Research.* 3rd edn. London: Sage. pp. 507–35.

Children's Workforce Development Council (CWDC) (2006) *A Headstart for All: Early Years Professional Status: Candidate Information.* Leeds: CWDC.

Children's Workforce Development Council (CWDC) (2008) *Introduction and Information Guide: Early Years Professionals, Creating Brighter Futures.* Leeds: Children's Workforce Development Council.

Chrisholm, L. (2001) 'Gender and leadership in South African educational administration', *Gender and Education,* 13(4): 387–99.

Clough, P. and Corbett, J. (2000) *Theories of Inclusive Education.* London: Paul Chapman.

Coleman, M. (2008) 'Annotated bibliography: support and development of women leaders at work'. London: Work-based Learning Centre, Institute of Education, University of London.

Coleman, M. (2011) *Women at the Top: Challenges, Choice and Change.* Basingstoke: Palgrave Macmillan.

Colley, H. (2006) 'Learning to labour with feeling: class, gender and emotion in childcare education and training', *Contemporary Issues in Early Childhood,* 7(1): 15–29.

Colloby, J. (2009) *The Validation Process for EYPS.* 2nd edn. Exeter: Learning Matters.

Colmer, K. (2008) 'Leading a learning organisation: Australian early years centres as learning networks', *European Early Childhood Education Research Journal,* 16(1): 107–15.

Costley, C. and Armsby, P. (2007) 'Work-based learning assessed as a mode of study', *Assessment and Evaluation in Higher Education,* 32(1): 21–33.

Cottle, M. and Alexander, E. (2012) 'Quality in early years settings: government, research and practitioners' perspectives', *British Educational Research Journal,* 38(4): pp. 635–54.

Court, D., Merva, L. and Oran, E. (2009) 'Pre-school teachers' narratives: a window on personal-professional history, values and beliefs', *International Journal of Early Years Education,* 17(3): pp. 395–406.

Cushman, P. (2005) 'It's just not a real bloke's job: male teachers in the primary school', *Asia-Pacific Journal of Teacher Education,* 33(3): 321–38.

Dalli, C. (2008) 'Pedagogy, knowledge and collaboration: towards a ground-up perspective on professionalism', *European Early Childhood Research Journal, Special Issue: Professionalism in Early Childhood Education and Care,* 16(2): 171–85.

Davis, J.M. and Smith, M. (2012) *Working in Multi-professional Contexts.* London: Sage.

De Graf, S., Bosman, A., Hasselman, F. and Verhoevan, L. (2009) 'Benefits of systematic phonics instruction', *Scientific Studies of Reading,* 13(4): 318–33.

Den Hartog, D.N., House, R.J., Hanges, P.J. and Ruiz-Quintanilla, S.A. (1999) 'Culture specific and cross culturally generalizable implicit leadership theories: are attributes of charismatic/transformational leadership universally endorsed?', *The Leadership Quarterly,* 10(2): 219–56.

Department for Children, Schools and Families (DCSF) (2006) *The Independent Review of the Teaching of Early Reading.* (Rose Report.) Nottingham: DCSF.

Department for Children, Schools and Families (DCSF) (2007) *National Standards for Leaders of SureStart Children's Centres.* Nottingham: DCSF Publications.

Department for Children, Schools and Families (DCSF) (2008a) *2020 Children and Young People's Workforce Strategy.* London: DCSF.

Department for Children, Schools and Families (DCSF) (2008b) *Statutory Framework for the Early Years Foundation Stage.* Nottingham: DCSF.

Department for Education (DfE) (2011) *Evaluation of the Graduate Leader Fund: Final Report.* DFE-RR144. London: DFE

Department for Education (2012) *Foundations for Quality: The Independent Review of Early Education and Childcare Qualifications: Final Report.* (Nutbrown Review). Available at www.education.gov.uk. (accessed September 2012).

Department for Education (DfE) (2013) *More Great Childcare.* (Truss Report.) London: DfE.

Department for Education and Science (DES) (1990) *Starting With Quality: The Rumbold Report.* London: Her Majesty's Stationery Office.

Department for Education and Skills (DfES) (2004a) 'Statisitics of education: school workforce in England', available at: www.dfes.gov.uk, accessed 2004.

Department for Education and Skills (DfES) (2004b) *Every Child Matters: Change for Children.* DfES 1081/2004. London: DfES.

Department for Education and Skills (DfES) (2005a) *Children's Workforce Strategy.* Nottingham: DfES Publications.

Department for Education and Skills (DfES) (2005b) 'Championing children: a shared set of skills, knowledge and behaviours for managers of integrated children's service', draft paper. Nottingham: DfES Publications.

Department for Education and Skills (DfES) (2005c) *Common Core of Skills for the Children's Workforce.* Nottingham. DfES Publications.

Desforges, C. and Abouchaar, A. (2003) *The Impact of Parental Involvement, Parental Support and Family Education on Pupil Achievements and Adjustments: A Literature Review.* London: DfES.

Diaz-Saenz, H.R. (2011) 'Transformational leadership', in A. Bryman, D. Collinson, D. Grint, B. Jackson and M. Uhl-Bien (eds), *The Sage Handbook of Leadership.* London: Sage. pp. 299–337.

Draper, L. and Duffy, B. (2010) 'Working with parents', in C. Cable, L. Miller and G. Goodliff (eds), *Working with Children in the Early Years.* 2nd edn. London: Paul Chapman. pp. 268–79.

Duffy, B. and Marshall, J. (2007) 'Leadership in multi-agency work', in I. Siraj-Blatchford, K. Clarke and M. Needham (eds), *The Team Around the Child: Multiagency Working in the Early Years.* Stoke-on-Trent: Trentham Books. pp. 105–120.

Dufour, R. (2004) 'Cultural shift doesn't occur overnight - or without conflict', *National Staff Development Council,* 25(4). London: National Staff Development Council.

Duhn, I. (2011) 'Towards professionalism/s', in. L. Miller and C. Cable (eds), *Professionalisation, Leadership and Management in the Early Years.* London: Sage. pp. 133–46.

Elfer, P. (2012) 'Emotion in nursery work: work discussion as a model of critical professional reflection', *Early Years: An International Journal of Research and Development,* 32(2): pp. 129–41.

Ellsworth, A. (2005) *Places of Learning: Media, Architecture, Pedagogy.* New York: RoutledgeFalmer.

Epstein, J. (1986) 'Parents' reactions to teacher practices of parent involvement', *Elementary School Journal,* 86: 278–94.

Fairhurst, G.T. (2011) 'Discursive approaches to leadership', in A. Bryman, D. Collinson, K. Grint, B. Jackson and M. Uhl-Bien (eds), *The Sage Handbook of Leadership.* London: Sage. pp. 495–507.

Fitzgerald, T. and Gunter, H. (2008) 'Contesting the orthodoxy of teacher leadership', *International Journal of School Leadership,* 11(4): 331–40.

Field, F. (2010) *The Foundation Years: Preventing Poor Children Becoming Poor Adults.* London: Her Majesty's Government.

Foot, H., Howe, C., Cheyne, B., Terras, B. and Rattray, C. (2002) 'Parental participation and partnership in pre-school provision', *International Journal of Early Years Education,* 10(1): pp. 5–19.

Friedman, R. (2007) 'Professionalism in the early years', in M. Wild and H. Mitchell (eds), *Early Childhood Studies: A Reflective Reader.* Exeter: Learning Matters. pp. 124–9.

Garrick, R. and Morgan, A. (2009) 'The children's centre teacher role: developing practice in the private, voluntary and independent sector', *Early Years: An International Journal of Research and Development,* 29(1): 69–81.

Geertz, C. (1973) 'Thick description: towards an interpretive theory of culture', in C. Geertz, *The Interpretation of Cultures.* New York: Falmer.〔＝1987, クリフォード・ギアーツ「厚い記述——文化の解釈学的理論をめざして」『文化の解釈学1』吉田禎吾・中牧弘允・柳川啓一・板橋作美訳、岩波書店〕

Gilligan, C. (1982) *In a Different Voice.* Cambridge, MA: Harvard University Press.

Gold, A., Evans, J., Earley, P., Halpin, D. and Collarbone, P. (2002) 'Principled principals? Values-driven leadership: evidence from ten case studies of "outstanding" school leaders', paper presented at the Annual Meeting of the American Educational Research association, New Orleans, USA, April.

Goleman, D. (1996) *Emotional Intelligence: Why It Can Matter More than IQ.* London: Bloomsbury Paperbacks.〔＝1996, ダニエル・ゴールマン『EQ こころの知能指数』土屋京子訳、講談社〕

Goleman, D. (2002) *The New Leaders.* London: Time Warner.

Greenfield, S. (2011) 'Working in multi-disciplinary teams', in L. Miller and C. Cable (eds), *Professionalization, Leadership and Management in the Early Years.* London: Sage. pp. 77–90.

Greenleaf, R.K. (2003) *The Servant-Leader within a Transformational Path.* New York: Pailist Press.

Gronn, P. (2002) 'Distributed leadership', in K. Leithwood, P. Hallinger, K. Seashore-Louis, G. Furman-Brown, P. Gronn, W. Mulford and K. Riley (eds), *Second International Handbook of Educational Leadership and Administration.* Dordrecht: Kluwer. pp. 614–53.

Groundwater-Smith, S. and Sachs. J. (2002) 'The activist professional and the reinstatement of trust', *Cambridge Journal of Education,* 32(3): 341–58.

Guile, D. and Lucas, N. (1999) 'Rethinking initial teacher education and professional development in further education: towards the learning professional', in A. Green and N. Lucas (eds), *Further*

Education and Lifelong Learning: Realigning the Sector for the Twenty-first Century. London: Bedford Way Papers, Institute of Education.

Hadfield, M., Jopling, M., Waller, T. and Emira, M. (2011) 'Longitudinal study of early years professional status: interim report 14 March 2011', University of Wolverhampton.

Hallet, E. (2013) *The Reflective Early Years Practitioner.* London: Sage.

Hallet, E. (2014) *Leadership of Learning in Early Years Practice.* London: Institute of Education Press.

Hallet, E. and Roberts-Holmes, G. (2010) *Research into the Contribution of the Early Years Professional Status Role to Quality Improvement Strategies in Gloucestershire: Final Report.* London: Institute of Education, University of London.

Handy, C. (1990) *Inside Organisations.* London: BBC Books.

Harpley, A. and Roberts, A. (2006) *You Can Survive Your Early Years OFSTED Inspection.* Leamington Spa: Scholastic.

Harris, A. (2002) 'Distributed leadership in schools: leading or misleading', keynote paper, Belmas Conference.

Hatcher, R. (2005) 'The distribution of leadership and power in schools', *British Journal of Sociology of Education,* 26(2): 253–67.

Hayden, J. (1997) 'Directors of early childhood services: experiences, preparedness and selection', *Australian Research in Early Childhood,* 1(1): 49–67.

Hopkins, D. (2005) 'System leadership', seminar presentation to the London Centre for Leadership in Learning, Institute of Education, University of London, 12 December.

Hughes, G. (2009) 'Talking to oneself: using autobiographical internal dialogue to critique everyday and professional practice', *Reflective Practice,* 10(4): 451–63.

Jackson, D. (2003) 'Foreword', in A. Harris and L. Lambert, *Building Leadership Capacity for School Improvement.* Maidenhead: Open University Press. pp. x–xxiii.

Jones, C. and Pound, L. (2008) *Leadership and Management in the Early Years.* Maidenhead: Open University Press.

Jonsdottir, A.H. and Hard, L. (2009) 'Leadership in early childhood in Iceland and Australia: diversities in culture yet similarities in challenges', paper presented at European Early Childhood Education Research Association (EECERA) conference, Stravanger, Norway, September.

Jung, D., Yammarino, F.J. and Lee, J. K. (2009) 'Moderating role of subordinates' attitudes on transformational leadership and effectiveness: a multi-cultural perspective', *Leadership Quarterly,* 20(4): 586–603.

Kagan, S.L. and Hallmark, L.G. (2001) 'Cultivating leadership in early care and education', *Childcare Information Exchange,* 140: 7–10.

Kavanagh, M.H. and Ashkanasy, N.M. (2006) 'The impact of leadership and change management strategy on organizational culture and individual acceptance during a merger', *British Journal of Management,* 17: 81–103.

Knowles, G. (2009) *Ensuring Every Child Matters.* London: Sage.

Kouzes, J.M. and Posner, B.Z. (2007) *The Leadership Challenge.* 4th edn. San Francisco, CA: Jossey-Bass.

Leithwood, K. and Levin, B. (2005) 'Assessing school leader and leadership programme effects on pupil learning: conceptual and methodological problems', research report RR662. Nottingham: DfES.

Leithwood, K. and Riehl, C. (2003) 'What do we already know about successful school leadership', AREA division: a task force on developing research in educational leadership, accessed at: http://www.cepa.gse.rutgers.edu/whatweknow. pdf, accessed 2007.

Lingard, B., Hayes, D., Mills, M. and Christie, P. (2003) *Leading Learning: Making Hope Practical in Schools.* Maidenhead: Open University Press.

Lloyd, E. and Hallet, E. (2010) 'Professionalizing the early childhood workforce in England: work in progress or missed opportunity?', *Contemporary Issues in Early Childhood,* 11(1): 75–87.

Lord, P., Sharpe, C., Jeffes, J. and Grayson, H. (2011) 'Review of the literature on effective leadership in children's centres and foundation years' system leadership. Report for the National College for School Leadership', unpublished report, National Foundation for Educational Research, Slough.

Lumby, J. and Coleman, M. (2007) *Leadership and Diversity: Challenging Theory and Practice in Education.* London: Sage.

Luthans, F. and Avolio, B. (2003) 'Authentic leadership development', in K.S. Cameron, J.E. Dutton and R.E. Quinn (eds), *Positive Organisational Scholarship.* San Francisco, CA: Berrett-Koehler, pp. 241–3.

MacBeath, J. (2003) 'The alphabet soup of leadership', in *Inform No. 2.* Cambridge: University of Cambridge Faculty of Education. pp. 1–7.

MacLeod-Brudenell, I. (2008) 'Trends and traditions in early years education and care', in I. MacLeod-Brudenell and J. Kay (eds), *Advanced Early Years.* 2nd edn. London: Pearson. pp. 15–40.

MacNeill, N., Cavanagh, R., Dellar, G. and Silcox, S. (2004) 'The principalship and pedagogic leadership', paper presented at the American Educational Research Association Annual Meeting, San Diego.

Manning-Morton, J. (2006) 'The personal is professional: professionalism and the birth to threes practitioner', *Contemporary Issues in Early Childhood,* 7(1): 42–52.

Marmot, M. (2010) 'Marmot Review report ? fair society, healthy lives', available at: www.idea.gov.uk, accessed 27 September 2011.

Mason, J. (1994) *Researching From the Inside in Mathematical Education: Locating an I-You Relationship.* Centre for Mathematics Education. Milton Keynes: Open University.

Mazutis, D. and Slawinski, N. (2008). 'Leading organizational learning through authentic dialogue', *Management Learning,* 39(4): 437–56.

McCall, C. and Lawlor, H. (2000) *School Leadership: Leadership Examined.* London: The Stationery Office.

McDowall Clark, R. (2010) 'I never thought of myself as a leader … reconceptualising leadership with EYPS', conference paper 20th EECERA Conference, Birmingham, 6–8 September.

McDowall Clark, R. (2012) '"I've never thought of myself as a leader but …": the early years professional and catalytic leadership', *European Early Childhood Education Research Journal,* 20(3): 391–401.

McDowall Clark, R. and Murray, J. (2012) *Reconceptualizing Leadership in the Early Years.* Maidenhead: Open University Press.

McMillan, D.J (2009) 'Preparing for educare: student perspectives on early years training in Northern Ireland', *International Journal of Early Years Education,* 17(3): 219–35.

Miller, K. (2006) 'Introduction: women in leadership and management: progress thus far?', in D. McTavish and K. Miller (eds), *Women in Leadership and Management.* Cheltenham: Edward Elgar.

Miller, L. and Cable, C. (2008) *Professionalism in the Early Years.* Abingdon: Hodder Education.

Moon, J. (1999) *Reflection in Learning and Professional Development.* London: RoutledgeFalmer Press.

Moos, L., Krejsler, J. and Kofod, K.K. (2008) 'Successful principals: telling or selling? On the importance of context for school leadership', *International Journal of School Leadership,* 11(4): 341–52.

Moyles, J. (2001) 'Passion, paradox and professionalism in early years education', *International Journal for*

Early Years Education, 21(2): 81–95.
Moyles, J. (2006) *Effective Leadership and Management in the Early Years.* Maidenhead: Open University Press.
Muijs, D. and Harris, A. (2003) 'Teacher leadership-improvement through empowerment?', *Educational Management and Administration,* 31(4): 437–48.
Muijs, D., Aubrey, C., Harris, A. and Biggs, M. (2004) 'How do they manage? A review on leadership in early childhood', *Journal of Early Childhood Research,* 2(2): 157–69.
Munro, E. (2010) *Munro Review of Child Protection: DFE 00548–2010.* London: Department for Education.
National College for School Leadership (NCSL) (2004) 'Pioneering qualification supports joined-up children's services', NCSL press release, 24 May, available at: www.ncsl.org.uk/aboutus/pressrelease/college-pr-24052004.cfm, accessed 2011.
National College for School Leadership (NCSL) (2008) *Realising Leadership: Children's Centre Leaders in Action. The Impact of National Professional Qualification in Integrated Centre Leadership (NPQICL) on Children's Centre Leaders and their Practice.* Nottingham: NCSL.
National College for School and Children's Services Leaders (NC) (2010) *National Professional Qualification in Integrated Centre Leadership (NPQICL) Programme.* Nottingham: NC.
National College for School and Children's Services Leaders (NC) (2012) 'Presentation policy update', NPQICL Providers Meeting, 25 October, National College, Nottingham.
Neugebauer, B. and Neugebauer, R. (eds) (1998) *The Art of Leadership: Managing Early Childhood Organisations.* Vol. 2. Perth: Child Care Information Exchange.
Nutbrown, C. (2011) 'Nutbrown Review: mapping the early education and childcare workforce-a background paper', November, Department for Education.
Nutbrown, C. (2012) Foundations for Quality: *The Independent Review of Early Education and Childcare Qualifications. Final Report.* June. London: DfE.
Nutbrown, C. (2013) *Shaking the Foundations of Quality? Why 'Childcare' Policy Must Not Lead to Poor-quality Early Education and Care (March 2013).* Sheffield: University of Sheffield.
Nutbrown, C., Hannon, P. and Morgan, A. (2005) *Early Literacy Work with Families: Policy, Practice and Research.* London: Sage.
Oberhuemer, P. (2005) 'Conceptualising the early childhood pedagogue: policy approaches and issues of professionalism', *European Early Childhood Education Research Journal,* 9: 57–72.
Oberhuemer, P., Schreyer, I. and Neuman, M.J. (2010) *Professionals in Early Childhood Education and Care Systems: European Profiles and Perspectives.* Opladen and Farmington Hills, MI: Barbara Budrich.
Office for Standards in Education (Ofsted) (2003) *Leadership and Management: What Inspection Tells Us.* HMI 1646. London: The Stationery Office.
Office for Standards in Education (Ofsted) (2012) *The Framework for Schools Inspection.* London: The Stationery Office.
Osgood, J. (2004) 'Time to get down to business? The responses of early years practitioners to entrepreneurial approaches to professionalism', *Journal of Early Childhood Research,* 2(1): 5–24.
Osgood, J. (2006) 'Professionalism and performativity: the feminist challenge facing early years practitioners', *Early Years: An International Journal of Research and Development,* 26(2): 187–99.
Osgood, J. (2011) 'Contested constructions of professionalism within the nursery', in L. Miller and C. Cable (eds), *Professionalisation, Leadership and Management in the Early Years.* London: Sage. pp.107–28.

Paige-Smith, A. and Craft, A. (2011) *Developing Reflective Practice in the Early Years.* 2nd cdn. Maidenhead: Open University Press.

Parry, K.W. (2011) 'Leadership and organisation theory', in A. Bryman, D. Collinson, D. Grint, B. Jackson and M. Uhl-Bien (eds), *The Sage Handbook of Leadership.* London: Sage. pp. 54–70.

Pen Green (2012) *Early Years Teaching Centre Progress Report 2012.* Corby: Pen Green Research, Development and Training Base and Leadership Centre.

Petrie, P., Boddy, J., Cameron, C., Heptinstall, E., McQuail, S., Wigfall, S. and Wigfall, V. (2012) 'Pedagogy: a holistic, personal approach to work with children and young people across services', in L. Miller, R. Drury and C. Cable (eds), *Extending Professional Practice in the Early Years.* London: Sage. pp. 221–38.

Podsakoff, P.M., Mackenzie, S.B., Moorman, R.H. and Fetter, R. (1990) 'Transformational leader behaviours and their effects on followers' trust in leader, satisfaction, and organizational citizenship behaviours', *The Leadership Quarterly,* 1(2): 107–42.

Pugh, G. (2006) 'The policy agenda for early childhood services', in G. Pugh and B. Duffy (eds), Contemporary Issues in the Early Years. 4th edn. London: Sage. pp. 7–19.

Pugh, G. and Duffy, D. (eds) (2010) *Contemporary Issues in the Early Years.* 5th edn. London: Sage.

Raelin, J. (2003) *Creating Leaderful Organisations.* San Francisco, CA, and London: Sage.

Reardon, D. (2009) *Achieving Early Years Professional Status.* London: Sage.

Reed, M. (2010) 'Children's centre and children's services?', in M. Reed and N. Canning (eds), *Reflective Practice in the Early Years.* London: Sage. pp. 99–112.

Reed, M. and Canning, N. (2012) *Implementing Quality Improvement and Change in the Early Years.* London: Sage.

Rodd, J. (2013) *Leadership in Early Childhood: The Pathway to Professionalism.* 3rd edn. Maidenhead: Open University Press.〔＝2009, ジリアン・ロッド『保育におけるリーダーシップ──いま保育者に求められるもの』民秋言訳、あいり出版〕

Rogers, C. (1961) *On Becoming a Person.* Boston, MA: Houghton Mifflin.

Rose, J. and Rogers, S. (2012) *The Role of the Adult in Early Years Settings.* Maidenhead: Open University Press.

Ruch, G. (2003) *Reflective Practice in Contemporary Childcare Social Work,* www.hants.gov.uk, accessed 2003 in R. Parker-Rees, C. Leeson, J. Willan and J. Savage (eds), (2010) *Early Childhood Studies.* 3rd edn. Exeter: Learning Matters.

Runte, M. and Milles, A.J. (2006) 'Cold war, chilly climate: exploring the roots of gendered discourse in organizational management theory', in *Human Relations,* 1(5): 695–720.

Sammons, P., Hillman, J. and Mortimore, P. (1999) *Key Characteristics of Effective Schools: A Review of School Effectiveness Research.* London: Institute of Education.

Schön, D.A. (1983) *The Reflective Practitioner: How Professionals Think in Action.* New York: Basic Books.〔＝2001, ドナルド・A・ショーン『専門家の知恵──反省的実践家は行為しながら考える』佐藤学・秋田喜代美訳、ゆみる出版。＝2007『省察的実践とは何か──プロフェッショナルの行為と思考』柳沢昌一・三輪建二監訳、鳳書房〕

Shakeshaft, C. (1987) *Women in Educational Administration.* Newbury Park, CA: Sage.

Sinclair, A. (2011) 'Being leaders: identities and identity work in leadership', in A. Bryman, D. Collinson, D. Grint, B. Jackson and M. Uhl-Bien (2011) *The Sage Handbook of Leadership.* London: Sage. pp. 508–17.

Siraj-Blatchford, I. (2009) 'Early childhood education (ECE)', in T. Maynard and N. Thomas (eds), *An*

Introduction to Early Childhood Studies. 2nd edn. London: Sage. pp. 148–60.

Siraj-Blatchford, I. and Hallet, E. (2012) 'Draft national standards for leadership of SureStart children's centre services: for consultation', unpublished, National College and the Institute of Education, Nottingham and University of London.

Siraj-Blatchford, I. and Manni, L. (2007) *Effective Leadership in the Early Years Sector (The ELEYS Study).* London: Institute of Education.

Siraj-Blatchford, I. and Wah Sum, C. (unpublished, 2013) *Understanding and Advancing Systems Leadership in the Early Years.* Nottingham: National College Teaching Agency.

Siraj-Blatchford, I., Clarke, K. and Needham, M. (eds) (2007) *The Team around the Child.* Stoke-on-Trent: Trentham Books. pp. 105–19.

Siraj-Blatchford, I., Sylva, K., Muttock, S., Gilden, R. and Bell, D. (2002) *Researching Effective Pedagogy in the Early Years (REPEY).* Report for DfES. London: HMSO.

Southworth, G. (2004) *Primary School Leadership in Context: Leading Small, Medium and Large Sized Schools.* London: RoutledgeFalmer.

Spillane, J., Halverson, R. and Diamond, J. (2004) 'Towards a theory of leadership practice: a distributed perspective', *Journal of Curriculum Studies,* 36(1): 3–34.

Starratt, R.J. (2003) *Centering Educational Administration: Cultivating Meaning, Community, Responsibility.* Mahwah, NJ: Lawrence Erlbaum Associates.

Stoll, L. (2013) 'Leading professional learning communities', in C. Wise, P. Bradshaw and M. Cartwright (eds), *Leading Professional Practice in Education.* London: Sage. pp. 225–39.

Sylva, K., Melhuish, E., Sammons, P., Siraj-Blatchford, I. and Taggart B (2004) *The Effective Provision of Pre-School Education (EPPE) Project: Final Report.* London: DfES/Institute of Education, University of London.

Sylva, K., Melhuish, E., Sammons, P., Siraj-Blatchford, I. and Taggart, B. (2010) *Early Childhood Matters.* London: Sage.

Taggart, G. (2011) 'Don't we care? The ethics and emotional labour of early years professionalism', *Early Years: An International Journal of Research and Development,* 31(1): pp. 85–95.

Tarrant, J. (2000) 'Preparing for educare: student perspectives on early years training in Northern Ireland', *International Journal of Early Years Education,* 17(3): 222.

Teaching Development Agency (TDA) (2008) 'Introduction', in P. Earley and V. Porritt (eds), *Effective Practices in Continuing Professional Development.* London: Institute of Education, University of London. pp. 2–17.

Tickell, C. (2011) *The Early Years: Foundations for Life, Health and Learning.* (Tickell Review.) London: Her Majesty's Government.

Van Knippenberg, D. and Hogg, M.A. (2003) 'A social identity model of leadership effectiveness in organizations', in B. Staw and R.M. Kramer (eds), *Research in Organisational Behaviour.* Greenwich, CT: JAI Press: 245–97.

Vincent, C. (2012) *Parenting: Responsibilities, Risks and Respect: An Inaugural Professional Lecture.* Professorial Lecture Series. London: Institute of Education, University of London.

Vincent, C. and Braun, A. (2010) '"And hairdressers are quite seedy …" the moral worth of childcare training', *Contemporary Issues in Early Childhood,* 11(2): 203–14.

Wallace, M. (2001) 'Sharing leadership of schools through teamwork: a justifiable risk?', *Educational Management and Administration,* 29(2): 153–67.

Weber, M. (1968) 'Economy and society: an outline of interpretative society', in A. Marturano and J.

Gosling (eds) (2008) *Leadership: the Key Concepts.* London: Routledge.
Wenger, E. (1998) *Communities of Practice, Learning, Meaning, Identity.* New York: Cambridge University Press.
Weyer, B. (2007) 'Twenty years later: explaining the persistence of the glass ceiling for women leaders', in *Women and Management Review,* 2(6): 482–96.
Whalley, M. (2005) 'Developing leadership approaches for early years settings: leading together', PowerPoint presentation available at: www.ncsl.org.uk. accessed 2005.
Whalley, M. and Pen Green Team (2008) *Involving Parents in their Children's Learning.* 2nd edn. London: Paul Chapman Publishing.
Whalley, M.E. (2011a) *Leading Practice in Early Years Settings.* 2nd edn. Exeter: Learning Matters.
Whalley, M.E. (2011b) 'Leading and managing in the early years', in L. Miller and C. Cable (eds), *Professionalization, Leadership and Management in the Early Years.* London: Sage. pp. 13–28.
Wigfall, V. and Moss, P. (2001) *More than the Sum of Its Parts? A Study of a Multi-agency Child Care Network.* London: Cassell.
Wolfendale, S. (1992) *Empowering Parents and Teachers Working for Children.* London: Cassell.
Woodrow, C. and Busch, G. (2008) 'Repositioning early childhood leadership in action and activism', *European Early Childhood Education Research Journal,* 16(1): 83–93.
Woods, P.A., Bennett, N., Harvey, J.A. and Wise, C. (2005) 'Variabilities and dualities in distributed leadership: findings from a systematic literature review', *Educational Management and Administration and Leadership,* 32(4): 439–57.
Yin, R.K. (2003) *Case Study Research: Design and Methods.* London: Sage.
Yukl, G.A. (1999) 'An evaluation of conceptual weaknesses in transformational and charismatic leadership theories', *The Leadership Quarterly,* 10(2): 285–305.
Yukl, G.A. (2002) *Leadership in Organisations.* 5th edn. Upper Saddle River, NJ: Prentice Hall.

座談会
日本の保育現場で本書の知見をどう活かすか

丸山智子
品川区立城南幼稚園園長（東京都品川区）

安達 譲
せんりひじり幼稚園園長（大阪府豊中市）

秋田喜代美＝聞き手
東京大学大学院教育学研究科教授

佐々木美緒子
青戸福祉保育園園長（東京都葛飾区）

（2016年9月21日、於：東京大学大学院 教育学研究科 小会議室）

秋田▶みなさま、お集まりいただき誠にありがとうございます。今日は園におけるリーダーシップということで、この本を読んで園長先生、施設長の先生方がどのようなことをお感じになっておられるのかを率直にうかがわせていただけると、私たちもとても勉強になると思っております。それぞれのお話を聞きながら、次につないでいっていただけたらと思っております。最初は自己紹介も交えて、よろしくお願いします。

本書を読んでの第一印象

佐々木▶葛飾区で私立保育園の園長をやっております佐々木と申します。よろしくお願いいたします。この本を読みながら、本来のリーダーシップってこういうことを求められているんだな。もっと早く知って仕事をすればよかったなと、慚愧(ざんき)の念に堪えない思いで読んでいました。私は21年前に、主任から他の法人の園の園長になりました。その前15年間くらいは同じ園で保育士をやり、主任をやって、そこで保育はもちろん、現場のリーダーとしても楽しんでやってきました。今思い起こしても、職員と一緒にいろんなことをやってきました。それが自分の中で財産なんですが、新しい園に園長になるために来て、そこからある意味では苦難の道が始まりました。職員も大変だったと思いますね。私たちの頃の園長というのはピラミッド型のトップダウンの判断をくだす役割として、いつも決断を自分1人でしていかないといけない。

だから園長は孤独よと、それを覚悟しなさい、って周りからも言われました。だから、園長ってそういうものなんだなと思ってやり始めたのが新任園長時代の私です。現場のリーダーとして保育のことは自分も体でわかりつつ、それを理論化しようと努力もしました。そこに研究者の先生の相談相手がちゃんと見ててくださって、「いい考えね」って、いい方向に導いていただく。研究者の方がリーダーシップをとってくださっていた。その中で楽しく保育をやっていたわけなんですが、園長になったとたん、何もできていないというのに気づかされて、そこから夢中でやってきました。ですから今回のこの本は、リーダーになっていく人のための道標として、何をどう考えれば、みんなとつながっていけるとか、ここが押さえどころなどが随所に散りばめられている本なので、本当にその時期に出会いたかったなと、つくづく思っております。

秋田▶ありがとうございました。次は安達先生、お願いします。

安達▶僕は小学校から幼稚園に来たんですね。だからこの本に書かれているヒエラルキーの頂点に立てない、リーダーシップがとれないというか、本当にわからなかったんです。当時の園長が不在のことが多くて、僕にどうしますか? って聞かれるんですが、そんなん聞かれてもわからないから、みんなはどうしたいの、どうする? って。逆にリーダーシップがとれなかったので、みんなを頼った。意図的じゃなくて、そうするしかなかっ

た。今となっては良かったなと思うことがすごくあったんです。小学校ではずっと担任をしてましたので、幼稚園に来てからピアノが弾けなくても、めちゃくちゃでも年長くらい担任しておけばよかったってずっと後悔していました。担任経験のある先生がうらやましくて、ある意味コンプレックスを感じてたんです。でも、今思うと現場の人のやっていることは僕には真似のできないことです。ちょっとだけ面白いことは言えるおっちゃんですけれど、3歳の子にずっとていねいに向き合うことってできないから、現場の先生を尊敬しています。その意味では、これで良かったなと思います。

　本を読みながら、ある意味、誰もがリーダーシップをとれるというのは大事なんだなと思ったりしました。特に以前、何回かイギリスの保育園とか見せていただいた時に印象的だったのは、わずか数時間で取れる資格があるんですよね。子どもと向き合える一番簡単な資格から、サークルタイムというみんなが集まった時にしゃべれる先生、保育の計画をつくったりできる先生というふうに、いろんなふうに資格が分かれている。そういう環境にあるイギリスの方が、それじゃダメだということで誰もがリーダーシップを発揮することを重視した研究をされたのはすごいなと感じました。

秋田▶ありがとうございます。それでは丸山先生、お願いします。

丸山▶品川区立城南幼稚園園長の丸山智子と申します。よろしくお願いいたします。佐々木先生や安達先生と共にここにいられて、とってもドキドキなんです。この本を読み進めながら、あっ、今出会えて良かったな、と思っていました。それはどうしてかというと、本の中に変化が起こった時どうするとか、新しい文化形成ですとかありますよね。私の園はまさにその最中なんです。私がちょうど園長になりたての頃、単独幼稚園から幼保一体施設へと変化しました。今度は単独幼稚園から、幼稚園と小学校の合築の建物の中に入ることになりました。今、工事が始まったところです。

　本には具体的にふり返りましょうという視点があります。自分がふり返って書こうとすると、やはり書きにくいところがあるんです。仕事をする中で、曲がり角に来た時や自分が園長としてどういうふうに進んでいったらいいんだろうという時に、まさに今、この本に出会ったのは、なんだか、ごほうびをいただいたようです。とても拠り所になる本だと感じたのが一番大きな印象です。

　また、力づける役割とか、いろんな役割を読んでいたら、自分も今までそうしていただいて、この立場にしてもらったんだなと感じます。自分の体験と同じような事例を拝見して、こういうふうに任されるということが次のリーダーシップというか、リーダーを育てていくことなんだと思いました。自分の体験とこの本の中のインタビューであったり、いろんな先生方の思いがちょっと重なる部分があったので、最初は読みきれないかもと思ったんですが、とても共感する文章が出てきて興味深く読むことができました。

それぞれの実践、それぞれの考えるリーダーシップ

秋田▶ありがとうございます。それぞれ好意的にお話しくださいました。本の中には方向づけのリーダーシップとか、協働的なリーダーシップ、エンパワメントするリーダーシップ、教育のリーダーシップと、大きく4つ出てきます。ご自身の園長、施設長としてのリーダーシップだけではなくて、もう少し広くそれぞれご覧になった時にも、こんなことが必要だなとか、どう考えらえるかということを少しうかがいたいと思います。できるならば先生方がそれぞれの園長としてどういうふうにリーダーシップ、4つの役割を身につけてこられたのか、具体的に今、園長だけじゃなく、階層的じゃないので、どうやってリーダーシップをそれぞれの職員がもつように育ててこられているのかもうかがえるといいなと考えています。今日はそれに適任のお三方をお願いしていると思ってるんです。お人柄も力量も満点の園長先生方なので、ぜひうかがえるとうれしいです。

佐々木▶私、この本の中で一番胸に迫ってきたのが「分散型、共有型」の言葉だったんですね。自分自身がピラミッド型の頂点みたいな立場の園長をやりながら苦しみ、職員を苦しませていました。どうしたらいいだろうと思った時に、1人では絶対できないということに気づいたんです。みんなとどう一緒にやっていくか、いろんなことをやってみたんですよ。

秋田▶例えば？

佐々木▶例えばこの人だったら、この業務をやり通せるだろうと思って、ポンと任せてみたり。でも、その人が個人でできても意味ないということも気づいたのです。組織として他の人の目にもわかるような仕組みをきっちりつくって、その中で役割分担をしないと、かえって波が立つし、逆につぶすという失敗もしました。特定の人への期待ではなくて、その集団の中で、みんなが自分自身が育つ道筋が見えると安心してそこに向かって努力できるんです。どう、みんなが成長できる組織をつくればいいのか、迷ったり悩んだりして、今は結局アドバイザー的な方に入っていただきながら法人全体で成長イメージを共有できるような仕組みをつくりました。

具体的には、入って3年目くらいまでに身につけてほしいことは何かなど、職員全員で保育の仕事ってどんなものがあるんだろうって、書き出していきました。保育士の仕事、栄養士や調理はどんな仕事をしているのかも全部です。そして、これは本当だったら保育の仕事を他の職種に任せているねっみたいに。コンサルの人は業務の棚卸って言ってますね。棚卸した後は、それをじゃあ、これは何年目くらいでできるようになるといいねとか、成長目標みたいなのを全部決めて、仕組みをつくった。また、この効果をちゃんとチェックする担当の人がいて、本人と面接しながら成長の道筋を提示する仕組みに、今やっとなっているんです。それも10年かかってつくったんですが。

秋田▶ゆっくり10年かけてつくった…

佐々木▶そうです。10年前に猛烈に職員からいろんな不満や反発があった。それは無理ないんですよ。当時の厚労省のいろんなものに合わせて、地域の住民のためにって、私はやはり旗振って付いてらっしゃいのリーダーをやりましたので。そこに一所懸命来てくれたけれど本当の意味での理解や納得は得られてなかった。日々やらねばならないことだけ増えて、疲労感が蓄積してくるんですね。本当はとっても優しい職員たちが、子どもに目がいかなくなったり、保護者に厳しくなったり。私はリーダーとして失格だと切実に感じました。ですからそこをじゃあどう乗り越えていくのかと、外部からの智恵をいただきながら職員が何を求めているかも調査したうえで始めたことなんです。10年かけてみんなで積み上げてきた。そして今、またみんなで見直しをしています。

秋田▶10年目の棚卸。

佐々木▶そうです。本当にこれは現実と合っているのかどうかと、言葉も含めて見直しています。前は私たちが最後はまとめましたが、今は職員がそれをやれるようになっています。成長の道筋は、みんなが納得して一緒につくって初めて、主体的な学びにもなるし、つながるんだなと思ってます。私はほとんど口を出さずに、来た報告だけ見て終わってます。たぶんそのほうがずっとうまくいくだろうなと思ってます。だからこの分散型・共有型のリーダーシップを目指さないといけないなって思います。

忘れてはならないのは、結果はすべて子どものところにくるということ。閉じこもって自分の中だけで解決するのではなく、地域も含めてどう分散し、みんなで協働しながら目標に向かっていくか。共有型リーダーシップ、分散型で広がっていくイメージに、私すっかりはまっちゃいました。

秋田▶安達先生はいかがですか。

安達▶リーダーの定義ってありますよね。「リーダーがしてほしいことをその人がしたいからする」という言葉が非常に響いて、何かリーダーシップと保育は似ているなと思いましたね。それは小学生も同じで、廊下を走るなと言うよりも、廊下を走っていいのかどうか？「やっぱり走ったら危ないよな」と自分たちが決めたこととしてやると、主体性が出てくる。だから、先生たちが主体性をもつって大事だなと思いました。

それから人材の育成についても触れてますよね。子どもが育つことが、本当にエネルギーになって僕らが頑張れるところがあるので、なにか先生たちが主体的に頑張る大前提としては、ビジョンというのか、子どもが育つことがうれしいねというようなことをみんなで共有したいですよね。また、もっと広げて自分たちと一緒に居る誰かが育っていくことって、新任が育つことも含めて、うれしいことというようなイメージをみんなでもつことが大事かなと思っています。

3年前にこの4月に始まった公立幼稚園の民営化を引き受けることが決まりました。ところがその年に結婚した3人が

立て続けに育休に入ることになって、新任がたくさん入ってくることになりました。うちの場合は3歳を新任とベテランが組んでやるということになっていて、そのベテランたちが集まって新任を育てる時に、どういうことを今やっているかをみんなの共有財産にしようということで、ワークショップをしたんです。こう保育と同じで、保育は子どもの今の姿があって、こんなふうに育ってほしい、こんな経験をしてほしいという保育者の願いがあって、だから、こんな関わりや環境を用意するというのと似ている。まずは新任の現状、実情があって、何がなんだかわからないとか、子どもの前に立つと止まっちゃうみたいな。そんな新任に、こんな経験をしてほしいから一緒にいる人たちがどう支えるかというのは、保育と似ているなというので、「新任の教育課程」という名前にしてつくったんです。

秋田▶子どもの教育課程ではなくて、新任の教育課程ですか。

安達▶はい、新任の教育課程をつくりました。やはりそうやって大事に育てられた人が、この本の中にあるように子どもを中心にした園にしていく人になると思うんです。〝自分が守られている安心感〟、〝自分の思いを出せる〟ということが、園のビジョンとしてとっても大事だったかなあと。園長になる時、先代の園長の父親に一つだけ言われました。家族のように先生を大切にしなさい、それだけは守りなさいと。どこまで深く父が考えたかはわからないけれど、結局、安心感があるから主体的にもなれる。安心感があるから、「今ちょっとしんどいです」とか、「これが今ちょっとわかりません」ということを言えるから、僕らもその困っていることに関して助けたりと育てやすいんです。また、何がわからないのかがわからない新任に対して、「たぶんこういうことで困っているだろうな」という2年目、3年目が意外とリーダーシッ

プを発揮してることもわかりました。みんなが各々の立場で主体的に子どもも育てたいし、先生も育てたい。育つことがうれしいなというのがうちの園のビジョンとしては大事でしたね。自分のいろんなことをふり返りながら本を読みました。

秋田▶ありがとうございました。

丸山▶安達先生がシンポジウムの時（註：東京大学大学院教育学研究科附属発達保育実践政策学センター主催で2016年1月に行われた「園におけるリーダーシップ」のシンポジウムのこと〈http://www.cedep.p.u-tokyo.ac.jp/about/symposiumseminar/seminar_20160110/〉参照)、新任を「チーム姉御」が指導をするっていう話を聞いて、うらやましくて。私の中の園長先生のイメージって、自分が担任していた時代も、自分が子どもで通っていた頃からトップダウンだった。だから園長になった時、どうしようというドキドキがあったんで

す。でも本を読んで、ああ違う、ボトムアップということも意味があるんだというのもわかったんです。

　前に「チーム姉御」の話を聞いた時に、はて、今の私の職場でチームを結成できるだろうかと考えると、5年間いた最初の園は幼稚園も保育園部分もあったので、それぞれチームが組めるんですが、今は担任2人に私。単独園なので、こうなるとチームというより家族だなと。読み進めていったら、いろんな人とつながりをつけるというところが大事だって書いて

ある。私もこれがいいぞと思ったわけではなく、こうするしか道がないという感じで、いろんなことを保護者や地域の町会長さん、小学校の先生方にもお願いしていった。この少人数では難しいなと思った時に、協働的にやっていく、ということが心に染みました。

　この本を読みながら私がまだまだ弱いなと思ったのが、教育のリーダーシップというところです。公立幼稚園として地域の中でやっていて、今、品川区では地域の子どもを育てようといって、地域の公立保育園の先生、私立保育園の先生とか、私立幼稚園の先生たちとも少しずつ輪が広がっています。こういう研究会ありますと知らせています。小学校の若手研修をやる時には幼稚園を会場にしてくれますかと言われれば、幼稚園を知るのって1、2年生の先生には非常にプラスだと思いますと、言いながら幼稚園を会場にしてもらうようにお願いして幼稚園を地域にひらくようにしているところです。

　幼児教育のことをもっと発信して、先生たちと保育の中身のことを伝えていかなくてはと思った時に、自分にはマネジメントというもう一つの役割があって、財務や、役所との折衝みたいなのも園長の仕事としてあって、保育室に1日中いられるということが少ないんです。今、園舎の工事も始まっているので、さらにマネージメント部分に時間を使っているように思います。本を読んで、自分でもっと分散型にしていこうと思ってます。また、自分の中の大きな課題は、教育の

リーダーシップをどうやってつくっていくかということですね。今、安達先生も園内研修をたくさんなさっているし、新人育成のビジョンがおありになるというのを聞いて、ああ、これからそこをやらなければというのが、本を読んでひしひし感じたところでした。

教育のリーダーシップについて

秋田▶教育のリーダーシップについて、団体の研修もリードされておられる佐々木先生、どうぞお願いします。

佐々木▶一番大事なのは、今の子どもたちがどういう状況の中で育っていて、私たちはどういうふうに子どもたちの育ちを支援しないといけないのかということです。どっちかというと私たちが保育士の時代は大人目線で子どもを理解していた時代でした。こうあらねばならぬし、この目標に向かってどう押し上げていくかみたいな、いつも大人の掌の中に子どもがいるような感じでずっと保育をやってきたなと、自分で反省しています。ただ今、この激動の社会の中で、私たちは教育のリーダーシップ以前に社会勉強と社会分析、そして保護者が置かれている状況をしっかり把握しておかないと、どう支援していいのか、どういう道筋をつくれば子どもたちが一番自分らしさを出して生きられるのかが見えてきません。そういうことを具体的にどうやって把握しながら、子どもたちも気持ちが楽になって、ありのままの自分を出しながら学びの力を発揮できるようになるのかなということを必死に探っている研修です。それをずっと取り組んでいるんですね。

秋田▶具体的にはどうやって行っているんですか。

佐々木▶園内は本当にいろんな家庭がありますから、例えば3人の子どもを1人で育てているお母さん。生活のために夜働いていたんですね。おのずと、子どもたちを入浴させる時間がありません。その家庭をどう支援するかという時に、職員は保育園側がそこまでやらないといけないのかという疑問も当然もちますよね。でも結論としては、保育園で何ができるかといったら、昼お風呂に入れてあげること。そうしなかったら、臭い頭で来ますからね。実はお母さんにもやってもらわなければって、保育園が手を控えた時期があるんです。するとたちまち児相に通報がいきました。それで私たちも目が覚めました。ダメだって。そんなことをお母さんに要求したって無理なんだから、私たちがやれることをって。約4年間、お風呂は園で入れました。職員にはその家庭が置かれている状況、お母さんの思い、ほっとけるかどうかってことをディスカッションしたりしました。具体的な例があった時、私たちはそこにどう向き合うのか、何ができるのかって、今回は必死にみんなでそうやって頑張りました。3人の子を他の子に知られないようにお風呂に入れるわけですから、大変なんですよ。あそこだけ特別だって思われないように、また本人が引け目を感じないように配慮しながらやるわけで、綱渡りです。そういうことをやり通した中で、今

の結果が出てきている。そこで職員が学んでいます。

　でも言うんですよ。うちに来ているこの子はこれでなんとかできたけれど、それ以外に食べられない子もいるよねと。社会のそういう状況は新聞を切り抜きして、職員に回します。朝の打ち合わせでも、前の晩に見た虐待のニュースの話をしたり、リアルタイムで関心もってもらわなくてはとやってます。

　2000年6月から、職員の反対を押し切って、子育て支援に手をつけました。当時、虐待で死ぬ子が次々に出ていた時期で、自分たちが保育をしている地域の中で保育園の子じゃなくても、虐待の子が出たら保育園がここにある意味はないだろうっていうふうに思っていたんです。それで頑張ってやってもらったわけですよ。だから目の前に見えているその子だけじゃない、その裏側にあるいろんな子どもたち、あと表面ではゆとりをもって暮らしているように見えるお母さんが、水面下で必死になって手足動かして頑張っているんだって。そういうことに心寄せるよう、ケースを通してなるべく具体的に伝えるようにしているんですね。だから職員も自分のすぐ身近にはいないけれど、虐待で亡くなる子どもが現実にいる。私も周りに気をつけようという意識はもっていると思いますね。

秋田▶園の中でもマネジメントの仕事も忙しいじゃないですか。でもその中で常に外に何があって、それにどう向き合っていくか。学び続ける教育のリーダーシップです。

佐々木▶それが教育なのかちょっとわかりませんが、ただ私たちがなぜこの仕事をしているの？　という意味だけは考えます。単なるお給料をもらう仕事ではなく、子どもの命とそこの子どもが暮らす家庭の幸せと、そこを私たちは伴走している存在だから、正しい伴走をしようと思ったら、そこは常に知ってないとできないというのはありますよね。私は保育やってた時、あまり深く考えずに発言してお母さんを傷つけたりしてきました。これは自分の反省からきているのかもしれないです。

　人は失敗しないとなかなか本気で学ばない。失敗して、その時はごめんなさいって謝るんですが、その時のごめんなさいが単なる言葉にならないようにするには、その次に活かすしかない。職員が失敗してすみませんといったら、良かったね、いい経験したねって。これを次に活かしてくれたら失敗じゃなくなるからねって、いつも言うんです。でも今の若者は失敗を恐れますね。だからもっともっと安達先生がおっしゃったように安心できる職場、大人の関係が必要ですね。

秋田▶安達先生はどうですか。ふり返りながら。

安達▶無我夢中で、わけのわからないままやってきたので、難しいなって思います。ただ僕自身が嫌なことを一生懸命頑張れる人ではあまりなかったので、やはり続けるということは何か楽しさ、また、学び続けるにも学ぶ楽しさがないと続かないのかなと思ってます。園内研修でも、この本の中にも、教育のリーダーシップ

を発揮する時に、やはり写真とかをみんなで見ながら保護者と共有するというのがありましたね。子どもの育ちをうれしいなと感じる、そういう具体的な取り組みというのはやはり必要ですよね。

　また、園を変えていこうとした時に、言われた中で一番印象に残っているのが、今のあなたの園がいいと思って来られている方もいるから、こっちがいいって急ハンドルを切ったらダメと。やはり家庭と子どもと園が一致するというのは、子どもの幸せにつながるんですよね。なので、この前あった入園説明会では、うちはこういう方針でやっています。それがご家庭の方針と合わないと、一番不幸なのは子どもたちなのでという話をします。そういうことをきちんと保護者と共有するというのは大事です。

　そして、保育も子どもの育ちを可視化することですね。単に写真を撮ればいいのではなく、可視化することを支えているのは、みんなで子どもの姿を語り合うということです。こんなに子どもが育っているね、うれしいねって、それを保護者の人とも共有したいねって。伝えないといけないという義務の前に、なんかこう育っているのがうれしいね、それを語り合えるのがうれしいねというのじゃないと。いろんな人と語り合うことで、自分では見えなかったことが見えてくることに気づく、それって大事な気がするんですね。

　自分のクラスに落ち着きのない子がいて先生はとても困っている。でも隣のクラスの先生からすると〇〇ちゃんはユニークで面白い。いろんなことに興味があって。自分のクラスにいたら大変だけれど、隣のクラスいたらユニークというのがよくあるように、実は保護者の方もそうだと思います。うちの子、思ったことを言えないし、でも担任からみたらじっくり物事をよくみて考える良さがある。やはり自分のクラスの子の良さだったり、わが子の良さを見つけてくれるのは親しい他人だと思うんです。他人とそういうことを話し合う、共有する、リーダーシップというのは、保育を変えていくのと、保育をきちっと説明したり伝えることとセットだと思うので、やはりそのあたり保護者の方とのパートナーシップは大事だなと思いました。

ジェンダーの問題

秋田▶割と幼児教育のリーダーには女性が多いわけですが、本書の中でジェンダーのことも触れていたのですが、その辺りはいかがですか。

安達▶うちの園で男性何パーセントか、数えたことないですが、ちょっと多いのかな。ただ多いと思っていたのですが、男性って弱いので、やはりうちの園でも歴代何代かは男性なんですけれども、園に1人だけの時はやめています。やはり2人、3人居る時は続きます。男性のほうが弱く、基本的に女性のほうがすごいなと思うことが多いですね。

秋田▶そういうふうに立てながら、園長としてやってこられた。

安達▶女性は料理する時でも片づけもし

ながらやるじゃないですか。男性はガーって一生懸命やるんですが、他のことが全く見えてないという傾向が強いですね。それも個性と言えば個性ですけれどね。

佐々木▶周りを気にせず子どもとずっと泥団子つくる力は、男性のほうがありますね。うちのスタッフも泥団子名人です。

安達▶ただ、他がぐちゃぐちゃになってるのを別の先生がカバーしてくれてることにちゃんと気づいてありがとうって言えばいいのに、気づかずにいるから怒られるんですよね（笑）。

佐々木▶私もジェンダーのところ面白く読みましたね。将来どうなっていくのか。うちは1歳児のクラスと2歳児のクラス、男の子が10人くらいのクラスがあるんです。この子たちが幼児になっていった時、男の子が育つ保育じゃなかったら、この子たちちゃんと満足していけないだろうなって予測がたってるんです。汐見稔幸先生が書かれた『男の子のカラダとココロの育て方』という本を取り寄せて、今日は職員に渡したんですよ。今日はちょっとこれを読んで研究しようって。つまり保育園って、昔から思っていたんですが、女性文化なんですよね。幼稚園もそうだと思いますが、どうやっても女性の思考法ですべてつくられてきている。

秋田▶お母さん的なね。

佐々木▶はい、まさにお母さん的な発想。それでうまくいっていたけれど、これだけいろいろと男の人たちも増えてきて、その中でこれから地球人として力を発揮して生き抜いていく子たちを育てるには、今の保育でいったらどうなるのかという心配がちょっと私にはあります。特にこれだけ男の子の集団が多くなっていたずらがいっぱい出てきて、もう対応しきれなくて、あちこちの保育士が今のままだと悲鳴あげそうなんですね。でも、そこをこういうもんだと知って、その中で子どもが伸び伸びできれば、私たちもまた新しい見方をしていけるのではないでしょうか。そのためにも男性保育士が3分の1はほしいんですよね。だけど続かないんです。

秋田▶もったいないですね。こんなすてきな園長先生なのに続かない？

安達▶そのへんは給料とかの関係もあります。

佐々木▶そこも大きいですよね。それとなんと言ったらいいかな、男性の成功モデルが身近にいない。女性は私はこういう保育士になりたいとか、私はこっちのほうがいいみたいにして自分なりにモデルになる人がいて、みんな無意識に取り込みながら自分なりのものをつくっていってるんだと思うんです。だから、男性にはどんどん外に探しに行ってきなさいって研修にも出したりするんですが、結局土壌が違うので、お互いの共有化できるものを見つけにくいみたい。よけい愚痴の言い合いで終わって帰ってくるみたいで、あんまり成長にはつながらないんですよ（笑）。

秋田▶愚痴の言い合いは成長にはならない。

佐々木▶どっかで発散するのはいいことなんですが、日常違う場所で仕事をしているせいか、お互いを励まして次のステ

ップにつながれない。本当にもったいないと思っています。なかなかうまく男性の成長を助けられないのが今の現実です。男性保育士っていらっしゃいますか？

丸山▶幼稚園に勤務している男性の教諭は、品川区では今は2名ですかね。多い区はもっといます。都の公立の先生たちが区を超えて、情報交換をされる機会をもっておられると聞いたことがあります。

佐々木▶そうでもしないとね。

研修時間の確保の工夫

丸山▶さっき佐々木先生が学び続けるリーダーシップ、教育のリーダーシップのお話をされて、学び続けるというところが素敵だなと思いますね。そしてこの本の中に勇気をもって水曜日の午後は保育をなしにして研修にしたというところがありますよね。

　自分が幼保にいた時、保育園の先生ともっともっと語り合いたいけれど、時間をどう生み出すか四苦八苦しました。同じ思いのある人同士は夜でも、廊下ですれ違う時でも語り合えるんですが、やはり距離感の遠い人にはこちらがちゃんと時間を保障して無理なくやる必要がある。本には保護者からはいろいろあって、イギリスでもご苦労されて、日本と同じだと思ったんです。でもそこらへんが、これから園長に求められるところだなというのが感じますね。安達先生も私立園としてそこを大事になさってやりくりされているので、マネジメントと教育的なリーダーシップの部分の兼ね合い、自分としてできることは何か、探ろうと思っています。

安達▶そうですね、質の話になった時には、こういう話し合いの時間、研修の時間をどう確保するかというのが、教育のリーダーシップとともに絶対大事になってくると思います。ただ実際は難しいですよね。今、お昼寝の時間をシルバー人材センターのおばあちゃんたちに協力してもらったり、週に1回連絡帳を書かない日をつくったりして時間を確保するようにしているんですよ。保護者にご理解いただいて。

その他▶すご〜い！

安達▶そういう研修のやり方というか、リーダーシップの部分とマネジメントの部分と両方絶対いる、バランスが大切というようなことが書いてありますよね。

佐々木▶両方うまくやらないとね。

秋田▶そうですね。

佐々木▶本当に。教育のリーダーシップに関しては丁寧にたくさんの事例とともに語られていたのでとても参考になりました。それに比べてマネジメントの観点が薄いなという感じがします。日本の現状の中では、時代の変わり目の中で安定した場を提供し続けるために、しっかりともっていなければならない観点だと思います。

　しかし現実は、教育・保育界におけるマネジメント論は確立されていないので、学ぶ機会も少ないのです。機会がないままに、手探り状態でマネジメント的な管理分野を行っている人がほとんどだと見ていて感じます（自分も含めてです）。

この際に教育・保育分野におけるマネジメントもしっかりと体系づけられていくことを願っております。次の課題として考えていただけると後輩のためにとてもうれしいですね。

安達▶教育の理想に燃えて前向きにって言うんですけれど、実際は、現実を見てマネジメントも考えないと、文句は出るわ、お金は足りないわ、ですよね。

佐々木▶本当にそこ、お金との兼ね合いですよね。そこを上手にやらないと破たんしたら、もう意味ないわけですから。

秋田▶その知恵はなんですか、お金のマネジメントとも研修をバランスよく両立するリーダーシップをいかに学び、いかにうまくやるか。

安達▶どうしても教育のことを大事にするとマネジメントのことが難しくなると思います。

丸山▶そうなんです。

安達▶こんなこと言ったらいけないかもしれないけれど、経営のことだけ考えたら楽やと思います。できるだけ支出を減らしたらいいだけだから、でもできるだけいい保育しようと思ったら人も増やしたいし、教材もお金かけたいし、研修もお金かけたいってなるので。逆に言うと、そういう予算権があまりないというのは難しいですよね。

秋田▶公立は予算権ないですものね。

丸山▶ですね。なんと言うんでしょうか、決済できる金額は決まっているので小さいものはやり繰りできるけれど、こんな園舎にしたいんですっていうのは、行政の人と打ち合わせに打ち合わせを重ねないといけない。幼稚園の環境を少しでも豊かにしたいと思っているのですが、今まさにリアルタイムでそれをやっているところです。

佐々木▶保育園が一番ほんとに大変なのは、研修する時間がないということなんですよ。ですからこの制度がどんどん進んで、本当の意味でみんな同じように研修権も仕事の中で与えられる、それだけの人的な配置がされるというのは切に願ってはいます。でも現実はそんなものではないので、13時間開所で職員は8時間で帰りますし、さっき安達先生3人っておっしゃったけれど、今年うちは5人が産休・育休なんです。来年4月には5人が育休明けて戻ってきます。そんな中で小さな子を抱えている職員はなるべく早く帰してあげたい。お母さんたちになるべく社会の生活、仕事と自分の地域の住民としてと、それから家庭のことは上手にやろうねと言っていながら、職員を拘束していたら職員は何もできません。なるべくノー残業で帰れるように一所懸命やっているんですよ。

ただ年間で11回は夜にやってます。そこでどうしてもみんなで共通な意識をもっていかないといけないものだけを研修の形でいれて、話し合う形をとっています。でもそれ以外にもっともっと子どものことをお互いに話し合わないと、共有のものをつくれないじゃないですか。それで職員会議の連絡事項などは、見てくださいって貼ってるんです。月2回の会議の中で、それぞれの計画とかふり返りの後に30分間だけ、合計1時間しか

とれないんですが、子どものことについて話を共有しています。

研修の方法や内容、それを支える園長の役割

佐々木▶さっき安達先生も話してましたね。どこどこのクラスの子の子についてちょっと悩んでいますとか先に出してもらって、その子のことをみんなで見ときましょうってやるんです。何ちゃんの様子をクラスから報告してもらって、私たちはこんな場面を見たよとか、私が見ていたらこうだったとか、年齢に関係なく、地域支援の担当も含めて。あとは調理の職員、栄養士、看護師とかも、もうみんな自分の立場で見たその子の姿を出すんですよ。そうすると担任が気づかなかったことがあったり、また担任から説明聞いて、なるほどあの行動はああだったんだと理解したりしながら、園全体としてその子に焦点をあてたことをやって、次の会の時、その子がどうなったというのをやってみると、どんどんどんどん変わってくるんですよ。

丸山▶いい形に。

佐々木▶その循環があると、みんなで良かったねと。その子にかけたそれぞれの一言がその子に役に立ったのかなって、いい思いになれるのか、けっこうその流れで今まで何人もの子がみんなで見てちょうだいという対象になって、どんどん変わっていってます。またそういうのを重ねいくと、2歳の後半なんてこんなものなんだねっていうことも共有化できる。

1歳児をもってる人たちがいずれああなっていくんだということを見通しながらクラスを見合えるわけです。子どもの育ちのうねりみたいなものを共有するにはすごくいい場所になってるんです。誰が講師とかではなく、みんながお互いにそれをやるので、それがちょっとムードを変えましたね。

最初の頃は困ってる子とか、自分たちが悪い意味で困ってるとか、お家がちょっと困ったちゃん家庭みたいな感じを話していたんですが、やっていても楽しくないねって。その次にやったのが一言エピソードみたいな、ちょっと見たい場面とかを報告した。でもそれは点で終わってしまうんです。それでもうちょっとつなげて、この子何かしたいと思ってるけれどもう一つ踏み切れないでいるよねというような子をなるべくもってきて、その子がどこに向かっているのかをみんなで予測してみたり。今、ここにとどまっているのは友達関係でいろいろあるんじゃないかとか、遊びたい、本当に好きなものが見つけられていないんじゃないかとか、いろんな推論を出していくと、それがとてもいい研修にもなって。

秋田▶その着想はどこで生まれるんですか。これは今うまくいってないな、こうやったらいいかなとか、そこにまさにリーダーシップの秘訣が実は隠されていると思うのです。

佐々木▶この流れでいったらまずいなと気づいた時に、なるべく会議のところでは言わない。それを担当しているリーダー職員に必ず私は言っています。この

ままいくとちょっと粗探し的な討論になっているよね。そうじゃなくて少しいいところを見ていかないととか。あとは「この子がどう育つかをみんなでパズルしてみない？」とか。私、保育のパズル好きなんです。原因はなんだろうと探すのとか。

秋田▶保育のパズル？

佐々木▶そうです、まさにパズルですよ。たくさんピースもっていて、今回はこれかな〜って、それが全部絵になった時はうれしいじゃないですか。みんなで喜び合えますよね。みんなでそんな言葉をもち寄ってみたら違うものがふくらんでくるかもねとか、そういうことでリーダーたち、いわゆる主任たちに伝えると、必ずそれはしばらく経って考えて自分なりに返してくれます。ただ方法は言わない。言わずに、「ここはちょっと私気になるんだけれど」ということだけ言っておきますね。

秋田▶方向を出して、あとは考えてもらう。

佐々木▶そうですね。だいたいしばらくしてそれが形になります。指示命令になるとやらされるになるけれど、自分たちで考えてやるとけっこうそれが定着してきて、聞いてて面白い。子どもの姿が生き生きと見えてくる。写真もやったことありますし、いろんなことやってますね。また、マンネリ化するとちょっと視点を変えて言ってみますね。

秋田▶その辺りの感性はどう？

安達▶うちは岡健先生（大妻女子大）に来ていただいて自分の困ったこと、この子のことで相談したいという、自分の課題を解決したい、相談したいという層と、どうやったら解決的な話ができるのかなっていう見方をしてもらいたい層があるんですよ。リーダーシップとファシリテーションって重なっている部分があると思うんですが、1人のファシリテータだけではなくて、ファシリテータできる人がたくさんいてるというのが大事ですね。傷つかないようなコミュニケーションだったり、自分で私バカだからとは言えるけれど、お前バカだなと言われたら腹が立つように、今これがこういうことで困っているということを自己課題をオープンにしてみんなで見合うというような仕組み。人から評価とか批判されるのではなくて、自分の課題をオープンにして話し合ったり、学び続けたりとか、みんなで共同体意識をもつには、やっぱりこういう話し合いの仕組みとか仕方とかいるのかなと思います。うちの園は大きいので学年ごとにやってます。

秋田▶先生は何人おられる？

安達▶先生は今送迎の方とか、給食の人とかいろいろ合わせると80〜90人。

佐々木▶多いですね。

丸山▶子どもは？

安達▶0〜2歳が50人で、3、4、5歳が430人。

佐々木▶430人ですか。

安達▶大きすぎるんです。3歳で5クラス、2人担任なので、加配を入れて10何人のチーム。だから全体でなんかっていうのはあまりしません。主任たちが集まって、模造紙や付箋つかって話し合ったことを、

学年でもやるという感じです。

秋田▶大きい園、小さい園、規模がそれぞれですね。

安達▶今年度始まった園が、去年の年中が残った5歳1クラス、4歳1クラス、3歳2クラスってなんって話しやすいんだろうって。やっぱ大きいのはあかんな〜っていうのはあります。ただ目が行き届かない分、勝手に育つ部分もあったりで、なかなか目の行き届かなさがいい部分であったりで、いろいろですけど。

丸山▶わかります。幼保にいる時は、それこそ保育園の先生方入れると40人とか50人だったので、紛れるんですね。自分の失敗感とか、何かあっても職員間同士で消化される。でも、少人数だと小さい相談はすぐできるけれど、うまくいかなかったことがズシンと紛れられなかったりする苦しさがあります。

それぞれに良さと課題があって、そこを園長としてどうやっていくか。さっき安達先生のお話の中にあった急ハンドルを切らないということが、私には響いて、本当にそうだと実感したところです。新しいことやる時とか、何か変える時は慎重にやっていくということがいいのかなと。この本の中に気楽にやればいいのよと職員に言ったというフレーズがあって、そうだな〜って、そこは大切なポイントなのかなと思いました。

佐々木▶ただ急ハンドルは切らなくても、けっこうしつこく言い続けないとダメですよね。

秋田▶ちょっとずつ。じわじわと。

佐々木▶午睡をなくすまで5年くらいかかりましたね。2011年に江戸川大学の福田一彦先生が、保育園のお昼寝と子どもの夜更かしとの関連について保育学会で発表されて、その時はすごく自分の中では反発したんです。でも、生活実態を見てみるとこれはまずいよねと思うことがあって。それで職員に話をしたんです。見てると眠くない子も無理に寝かせられて、怒られてる時間も午睡の時間が一番多いわよねと。あんなに頭ごなしはやめようって頑張ってるのに、午睡の時間になると急に変わって、そんなに静かにできないならどうとかって怒ってる声が聞こえるんだけれど、何とかできないかなってね。最初は「無理です、日誌書く時間ありません、それなら人を入れてくれますか」と。「それはちょっと難しいって」というようなことをしぶとく言い続けたんです。

丸山▶繰り返し。

佐々木▶子どもの権利条約で、日本の保育の現状ということで調査が入りましたよね。その時に午睡の風景がかなり虐待に近いと認定された。そのニュースを聞いて、あのね、外国の人がみたら虐待なんだって、という話を職員にして、一生懸命している保育の中で、虐待って言われてもやり続けられる？って、最後はそこで迫ったんです。

丸山▶誰か、やりましょうって。

佐々木▶やっぱり、やるしかないね〜って方針だけは決めました。でも、やり方については、みんなもしっかり揉んでねって。そしたら、やれたんです。だから私も喜んで。ありがとうって、あなたた

ちのおかげで子どもたちが叱られることが減ったねって。

丸山▶なんかうれしいかも。あなたたちのおかげでって、ありがとうって言われたら。先生の園の先生たちって幸せだなって思います。

佐々木▶さっき急にブレーキをふんでいけないというのと同じように、全員一斉にお昼寝を止めているわけではない。家庭の生活、その子のリズム、そういうのを全部職員が自分で納得できるまで確認して調べてるんですよ。この子は大丈夫だと、本人と話もして。ちょっと休息して15分とか20分とかもあったり。みんなが一番心配したのは他の寝ている子の邪魔になるんじゃないかということ。子どもは賢いので、一切ないんですね。静かにその中で遊ぶ工夫をしてくれているので、困らずにやれている。でもちゃんとやったのは職員ですから。

秋田▶そう言えるところがすごい。

佐々木▶私は口出しているだけ。せっかく一生懸命仕事をしているので、やはりいい仕事をさせてあげたいじゃないですか、なので私は得た社会の知見を伝えているだけ。これだけは保育になんとかしていきたいと思うとしつこく繰り返し出している。そんなしつこさがいいのかもしれませんね。ゆるぎなくね（笑）。

これからのリーダシップに向けて

秋田▶今、いろんなお話が出てきて、自園だけでなく、新しく施設長と園長になられる方がおられたり、園内でもだいたい3年から5年目の主任リーダーだけじゃなく、いろんなチームリーダー的な人を育てようと言っているので、何か先生方のお知恵というか、ご意見をいただけるといいなと思うのですが。

安達▶たぶん主任とかになって担任を外れた時に寂しい思いをされる。そして、難しいこともある。それこそマネジメントを覚えたりとかあるんですけれど、ただ自分が直に子どもと関わって楽しかったことを今度は後輩たちが楽しんでることを喜んでもらえたらいいなと思いますね。自分が今までやってこられたことが活かされて、やはり保育者と子どもたちが幸せな状況になるのを喜んでもらえたらいいんじゃないかなと思って。なんかこう選手から監督になるというか、コーチになるというか、そんな感じかな。

丸山▶私はまだまだこれから、道はまだこれからも続くというところなので、今は変化の時だと感じてます。幼稚園でも長時間預かり保育が入ったりとか、一緒にお仕事する人たちの幅が広がってきたりと、どれほど柔軟で広く、新しい考え方を取り入れられるか。「変わる時はいろんな抵抗が起こる」と本にあったんですが、そこを自分なりに納得しながら前にいけたらばいいなというふうに思っています。例えば、人とつながる力というのを自分でも勉強していかないといけないし、やはり仲間がいるというのは強いなと思います。そうすると安達先生がおっしゃってくださったみたいに、楽しいねと、一緒に学ぶことだったり、子どもと関わることの楽しさがもっともっとふ

くらむような気がしているので、ここは広げていきたいなと思っています。

佐々木▶職員がちょっと違う立場になっていく時に、一番安心するのは役割の範囲が明確に示されていること。これがおそらく安心してできる一つのことかなと思いますね。漠然とリーダーってなると、どこまで何をすればいいのかが見えなくて逆に不安になるんですね。だから最低ここだけはあなたが判断してねという分野と、他に、ここまで目配りをしていろんな提案を出しくれるとうれしいという少し広げた形を示して、常に次に進みやすくするための仕事というのを明確にすると、安心してその中で自分で広げていってる感じがします。

まとめに代えて

秋田▶豊かなお話をいろいろと聞かせていただきました。最後にリーダーってこれが一番大事かな、リーダーシップってというのをご自分の言葉や今日の鼎談をふり返りながらお話をいただけますでしょうか。

佐々木▶私は、安達先生が何もよくわからなかったから、みんなにいろんなことを聞きながらなさったっていうのが、本当は一番理想的な形なのかなって今お話をうかがいながら思ったんです。なまじっか私なんか保育の経験があったりしてきて、自分のくせというか、自分がまずあった。この本の中にまず私ではダメとありましたよね。あれもちょっとグサッときたんですが、そういう意味でむしろ知らないからこそ丁寧にみんなから聞き、みんなの思いもつなぎながら最終的な決断はなさるわけですよね。なんかリーダーシップって最終的な決断の責任は負うけれど、でもそこに至るまでは、なるべくたくさんの声を集める努力をするのが一番より民主的な協働的な、広がっていくリーダーシップなのかなと思います。安達先生が見事にそれをなさっているので、うらやましいです。私はどれだけ職員に苦労させたかと思っているので、安達先生のお話がとても参考になりました。

安達▶本当にわからなかったんです。でも、現場で子どもと向きあっている人たちの話を総合すると、そんな変な方向にはいかないのかなと思ったり。

佐々木▶そうですよね。みんな一生懸命ですものね。

安達▶僕が前勤めていた私立の小学校の採用が面白くて、20代、30代で採用試験をするんですよ。

秋田▶トップが決めるんじゃないんですよね。若い人たちが決める。

安達▶だから今もうちでは学年主任、副主任が十何人で、僕も等しく一票もって決めるんです。

佐々木▶えっ〜。

安達▶だからどんな先生に来てほしいとか、どんな能力をもってほしいからどんな試験をしたらいいと思うって、いつも相談してるので、みんな考えてくれてるのかなって思います。一緒に考えることが、保育だけとか、マネジメントだけとかじゃなくて、一緒にやるということが結局は大事かなと思ったり。あとリー

ダーシップはとにかくつらいこととか、お金の心配とか、けっこうあるんですが、いつもみんなの前では大阪の面白いおっちゃんになって、しょうもない冗談を言いながら、明るく、希望をもって、「明日はきっといい日が来る！」くらいがいいのかなと思います。そして、子どもの良さをのばすのと同じで、先生のことも肯定的に見てあげるというのは大事かなと思いました。小学校時代に担任していた子たちが30、40代になってきて、しゃべってしゃべって怒られていた子が、いろんな人とコミュニケーションとって海外で仕事してたり。給食がすごく遅かった子が、マイペースで安定したお母さんになっていたりするんで、困ったように見えるけれどやはり良さとして肯定的に見てあげるというのは、リーダーとして絶対大事なのかなと今は思ってます。

丸山▶私はまだまだもっと学びたいなというところもあるんですが、職員というか担任にしてみたら、園長って頼りなく思われてないかな、不安感を与えていないかなというのが自分の中であるんです。なのでビジョンをしっかりもとうと、今すごく思っています。佐々木先生のコツコツ伝えていくこともやっていきたいですね。私も未来こうなったらいいな、そのために今どうしていく？　というのをみんなと共有しながら、一緒につくっていけるリーダーシップがもてたらいいなと、今は願いですが、思っています。

秋田▶ありがとうございます。お三方の願いを聞いていて、園の中でも、そして外からも声をよく聞きながら、また外にも情報発信をして、それをつなぎながら、人を育てている大事な役割を担っているんだなとわかりました。生のお声を聞かせていただきながら、私も日本の保育が、こういうふうに園が豊かになって、地域が豊かになっていったらいいなと、夢だけは広がっています。また、一緒にそういう人たちがつながって、1人の力は小さくても、園を超えてみんなが一緒に共有してなんかやっていく時代のリーダーシップのありようを、今日はお三方にお話いただけたのかなと思っております。また、イギリスのリーダーシップとはちょっと違う加減とか、日本の現場で先生たちがいかに知恵を編み出してこられたかを語っていただけたのがとってもありがたかったと思います。

　ぜひ読者に先生方のお話と翻訳をつなぎながら、ご自分の経験をふり返っていただけるといいなと思っています。これからリーダーになろうとする人にはぜひ自分の展望をもってもらえるとありがたいなと思っております。今日は長い時間、素敵なお話を聞かせていただきましてありがとうございました。

解 説 ◉ 日本の保育界に本書がもたらす可能性

はじめに

　組織一般のリーダーシップに関するビジネス書や、優れたリーダーとしての経営者が書いた本は、これまでにも数多く出版されています。しかし、保育の分野に特化して、リーダーシップに関して日本語で読める本は、少ないのが現状です。しかも、その中でも、保育における園のリーダーシップに関して、著者自らの実証的なエビデンスや知見を基にして書かれた本となると稀有です。これから述べていくように、日本の保育にとって、園における協働的な学び、そのために育み支え合うリーダーシップを考えることは、保育の質向上のために、極めて重要な意味をもっています。これが、筆者らが著者のシラージ先生と知己であるというだけではなく、この翻訳書の出版を願った大きな理由です。

　さて、本書の座談会の頁では、保育・教育のリーダーシップを実際に発揮し実践されている保育園、幼稚園、認定こども園それぞれの園長先生にご登場いただきました。そこでは園の内側の目から、本書の知見が日本の各園の保育・幼児教育の場において、どのように活用できるかを、ご自身の園長としてのご経験や園での活動や役割とつなぎながら、具体的にお話をいただく機会をもつことができました。そして今度は、園の外側の目という立場から、日本の保育界全体にもちうる意味や可能性を、国内の状況と保育のリーダーシップ研究のこれからについて述べてみたいと思います。

1. わが国で、保育のリーダーシップが求められる背景

　待機児童対策等で数多くの保育・幼児教育施設がつくられ、多様な施設形態へと、日本の保育は拡大しています。1日の保育時間も長時間化していますから、1人の子どもを、シフト勤務の中で、いろいろな保育者が交替しながら、保育をしていることになります。また、0歳や1歳から6歳までと保育期間が長期間化することは、園で子どもたちが生活をして過ごす期間が長くなるので、それだけ子どもの育ちへの影響は大きくなります。園に見知った同じ顔ぶれの職員が入園から卒園までいてくれることが、ありのままの自分を出せる、自分を受け入れてくれるという安心感や生活リズムの安定した生活を子どもや保護者が送るうえで、大事なことになります。園に子どもが長時間保育されているというこ

とは、裏返せば、親が子育てを自ら行う時間が子どもの発達早期から短くなっていることになります。そのために、親が親になっていくために必要な知識やスキルを得たり、育児に困ったときの保護者支援や地域の子育て支援も、園に一層求められるようになっていくことを意味します。保育者が同じ園で働いていることで、その地域のことを散歩をはじめ地域の人との触れ合いの中で、子どもたちと共によく知り、その町の文化やその園ならではの文化をつくり上げ、親や地域の人に伝承したり、共に生成していくことにもなります。それは、園が園に関わる人たちにとっても「私たちのまちの園になる」ことであり（秋田・松本、2016）、高齢化する社会の中でも地域の人たちの暮らしにとって園が大事な場にもなることにもつながります。そして子どもたちは卒園後にも園に愛着をもって心のふるさととできることにもつながり、保護者同士も地域の大人としてのネットワークを形成する拠点ともなります。

　このためには、同じ職場で働く保育に関わる職員が、専門家として子育ち子育ての知恵を共有できる機会をもてること、保育者が園で働き甲斐や誇りをもって働けるようになること、そして子どもの育ちと子育てに関して多様なニーズに応じることのできる専門性をもった職員として育ち協働しあっていくことが求められることになります。そしてそれは、園の内側だけに閉じられたことではなく、園外のさまざまな社会変化や政策動向とも連動していますから、そうした動きを学び続ける園になることが必要です。

図1　就学前保育・教育（3〜5歳児）における保育者の年齢構成
（フルタイムとパートタイム）（OECD, 2014）

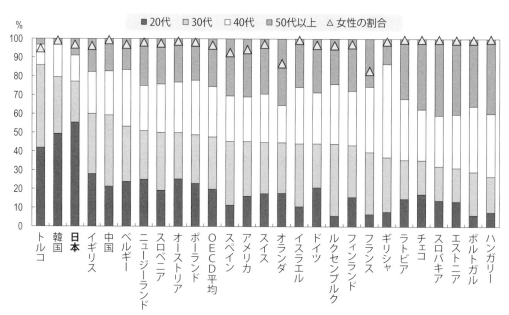

出典：STARTING STRONG V : DATA SECTION（OECD, 2017）

ところが、多くの先進諸国が各世代の保育者は働き続けて専門職化していくのに対し、日本の保育者の年代別比率は他の国々と比べて、20代の若い人の比率が全体の5割を超えてきわめて高い状況です（図1）。

　これはつまり、保育者の早期離職率が高いことを意味しています。労働対価に比して低賃金であることや社会的地位の低さ、時間の不規則性や休みの取りにくさなども影響をしています。20代の若い保育者のみで園の保育すべてを1人でできることではないからこそ、園としての有能さである園コンピテンスを相互に育んでいくことが求められます。その園コンピテンスのために求められるのが、本著の主題である園のリーダーシップです。

2. キャリアアップ研修体系とリーダーシップ

　離職率の高さや保育士不足に歯止めをかけるために、保育者の処遇改善とともに、保育士のキャリアアップ研修体系が連動して検討され、2018（平成30）年から全国の自治体で、リーダー的職員の育成のための「保育士等キャリアアップ研修」が行われることになりました（平成29年4月1日厚生労働省保育課通知）。研修では、専門分野別研修、マネジメント研修、保育実践研修が行われます。マネジメント研修では、マネジメント分野の中の内容項目として、組織マネジメントしての園実務の経営や運営、法令等の理解とともに、「リーダーシップ」という独立の項目において、リーダーシップの概念の理解や、園の中でミドルリーダーとして後輩らに実際に助言・指導をしたり、他職種との協働が研修内容にも入れられました。筆者は、このキャリアアップ研修体系やガイドラインの座長をさせていただきましたが、検討において考えの基礎としたのが、本書にある「育み支え合う保育リーダーシップ」としての、分散・共有型のリーダーシップ論でした。

　園長や副園長、主任のリーダーシップが大事なのは、言うまでもありません。ビジョンをつくり、その体制をつくり出す仕事や、各年齢の子どもたちの保育を具体的に計画し進めていくための協働を行ううえで、主任の役割は極めて大きいものです。東京大学大学院教育学研究科附属発達保育実践政策学センターの大規模調査では、園長と主任のリーダーシップのあり方をこの分散・共有型リーダーシップの考えにもとづいて構成した質問紙調査によって、両者の働きの違いを明らかにするとともに、日本の多くの園においてもこのリーダーシップが保育の質や研修のあり方、保育者の職務満足感などに影響をすることを明らかにしてきています（淀川ほか、2016；野澤ほか、2016）。

　またこうした園長、主任のリーダーシップだけではなく、新任たちが相談しやすい数年先輩の姉御や兄貴としてのこれからリーダーになろうとするミドルリーダになる人たちがもつ日常のリーダーシップもとても重要な意味をもっています。ピラミッド型のリーダーシップ論ではなく、フラットな民主的な組織運営のための分散・共有型リーダーシップ論が本著の中核になります。もちろん、本著は、著者らがいるイギリスの保育制度や文脈に

もとづいて書かれていますので、その意味での違いにも気づかれるかもしれません。ただし、この本の優れている点は、職位や職名とリーダーシップを結びつけて論じるのではなく、園組織の中での役割として大きく4つのリーダーシップの機能とそれぞれについて2つずつ合計8つのリーダーシップ実践という活動のレベルでリーダーシップを論じているところです。だからこそ、それがどのように読者の皆さんの園では扱われているかという点から施設形態を超えて読み解くことができます。

　実際に私は、この4つの機能や8つの行為をどのように行っているかを書き込む以下のようなシートを使って研修をさせていただいています。こんなシートをもとにすることによって、各園のリーダーシップの行為やその背景の思いを語り合うこともできます（図2）。このような意味で、読むことだけではなく、さらにそれを一つの窓として、園の協働の在り方を相互に具体的に学ぶことにも使っていただけたらよいのではないかと思います。

図2

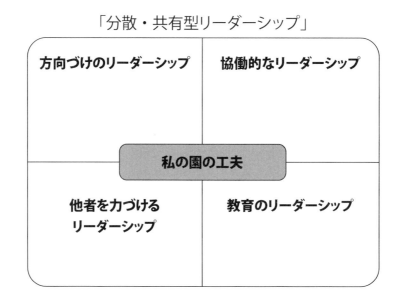

出典：淀川裕美・高橋翠（2016）「全国保育・幼児教育施設・規模調査《結果報告》」東京大学大学院教育学研究科附属発達保育実践政策学センター WEB サイト
　　（http://www.cedep.p.u-tokyo.ac.jp/about/symposiumseminar/sympo_20160917/）
　　62 枚目スライドをもとに筆者作成

　そうしたことによって、それぞれの園の職員が組織の中での自分の良さや役割を自分事として考えることができることで、その園が支え合いながら互恵的に保育者同士がもてる力を引きだし合い、支え合いながら学び合うことができたならば、それが保育の質の向上につながっていくのではないかと考えられます。

3. 保育のリーダーシップ研究のこれから

　園や学校のマネジメントと教育のリーダーシップは、本書座談会で園長先生方が語られているように、日本では両輪になっています。海外では学術上は本書でも書かれているように異なる性格をもつものとして位置づけられています。そして、その理論にもとづき、教育のリーダーシップの機能に目が向けられ、保育の構造の質、プロセスの質、そして、子どもの育ち等にリーダーシップがどのような影響を与えるのかについての実証的研究に取り組んでいます。筆者らは、保育のリーダーシップに関する研究が歴史的にどのように変化してきたのか、また保育におけるリーダーシップと保育の質にはどのような関係があることが示されてきているのかなどについて、学術研究のレビューを「保育におけるリーダーシップ研究の展望」『東京大学大学院教育学研究科紀要』(第56巻 2017年3月刊行) に記してありますので、詳しく知りたい方は、私どものセンターのHPにアクセスして、ダウンロードしてお読みいただけたらと思います (秋田ほか、2017)。

　もちろん、リーダーシップに関する研究は当然のことながら文化や国の社会制度の影響を受け、内容や知見も異なります。誰がどのようにしてリーダーシップを培っていくのか、園の質向上のためにどのようなリーダーシップが求められるのかを、日本の協働的な文化風土の良さを生かしつつ検討をしていくことが必要でしょう。大規模園と小規模園でも違いますし、異動が定期的にある公立園と、世襲が多い民営や私立園、また現在のように分園や小規模保育などさまざまな施設形態を一つの法人や株式会社等がもっているなどの場合にも、当然、協働的分散型リーダーシップのあり方も異なり、4つの機能や8つの実践のあり方も異なっているでしょう。私たちはそれらを解明して、どの施設においても、その組織が活性化していくことができることを願っています。本書のように、実際のリーダーシップや職員間関係は、整然と整理されることはないでしょう。しかしどの園でも、リーダーシップの物語を描き語り合えるように、未来の社会をつくる子どもたちを共に育むという保育者の仕事に誇りをもち、学び合い、学び続けながら育ち合っていくことが、子どもたちのためにも、保護者のためにも、園の良質の育ちを保証するためにも、これからに求められるでしょう。その探究が、全国の各園の保育者や園長、園の関係団体、保育に関わる多様な学問分野の研究者、そして国や自治体の行政関係者、そしてより広く保育界に関わる企業等の方々との協働という、より大きなネットワーク形成が進むことの中で求められているのではないでしょうか。本著がその対話と実践を生み出すための第一歩として、広く皆様のお役にたてるならば、うれしく思います。

　2017年4月

翻訳チームを代表して　　秋田 喜代美

【文献】

秋田喜代美・松本理寿輝・まちの保育園（2016）『私たちのまちの園になる──地域と共にある園をつくる』フレーベル館

秋田喜代美・淀川裕美・佐川早季子・鈴木正敏（2017）「保育におけるリーダーシップ研究の展望」『東京大学大学院教育学研究科紀要』（第56巻、283〜306頁）

OECD（2017）Starting Strong V: Transition from early childhood to primary education, and on the Starting Storong 2017: OECD key indicators of early childhood education and care. Paris; OECD

淀川裕美・高橋翠（2016）「全国保育・幼児教育施設・規模調査《結果報告》」東京大学大学院教育学研究科附属発達保育実践政策学センター WEBサイト（http://www.cedep.p.u-tokyo.ac.jp/about/symposiumseminar/sympo_20160917/）

淀川裕美・野澤祥子・秋田喜代美（2016）「認定こども園におけるリーダーシップと園の取り組みに関する分析1：園長のリーダーシップに焦点をあてて」日本乳幼児教育学会第26回大会発表論文集

野澤祥子・淀川裕美・秋田喜代美（2016）「認定こども園におけるリーダーシップと園の取り組みに関する分析2：主任のリーダーシップに焦点をあてて」日本乳幼児教育学会第26回大会発表論文集

◉ **監訳・解説者紹介**　（＊監訳者および訳者の所属は増刷時のもの、その他は初刷時のものとなります）

秋田 喜代美（あきた・きよみ）【日本語版への序文】
東京大学大学院教育学研究科長・教育学部長・教授。博士（教育学）。専門は保育学、教育心理学、授業研究。長年園内研修にかかわり、保育の質の向上や保育者の専門性・実践知に関する研究を行っている。前・日本保育学会会長（2009年5月～2016年5月）、OECD ECECネットワークビューローメンバー（2012年～現在）。近著に『保育の心意気』（ひかりのくに、2017年）、『「保育プロセスの質」評価スケール』（翻訳、明石書店、2016年）、『あらゆる学問は保育につながる』（分担執筆、東京大学出版会、2016年）、『保育学講座 第1巻 保育学とは』（分担執筆、東京大学出版会、2016年）。

◉ **訳者紹介**

鈴木 正敏（すずき・まさとし）【はじめに、パート1（第1～2章）、パート3（第11章）、略語一覧】
兵庫教育大学大学院学校教育研究科准教授。博士（教育学）。専門は保育学。保幼小連携の研究を中心に、幼稚園・保育所・こども園ならびに小学校での研修を行っている。主な著書に『幼児教育の世界』（分担執筆、学文社、2011年）、『新 保育士養成講座 第2巻 教育原理』（分担執筆、全国社会福祉協議会、2011年）。

淀川 裕美（よどがわ・ゆみ）【謝辞、序文、パート2（第3～6章）、著者紹介、略語一覧】
東京大学大学院教育学研究科附属発達保育実践政策学センター特任准教授。博士（教育学）。専門は保育学。保育の質、保育者と子どもたちの言葉のやりとり、食事場面に関する研究を行っている。著書に『保育所2歳児クラスにおける集団での対話のあり方の変化』（風間書房、2015年）、『「保育プロセスの質」評価スケール』（翻訳、明石書店、2016年）、『あらゆる学問は保育につながる』（分担執筆、東京大学出版会、2016年）。

佐川 早季子（さがわ・さきこ）【パート2（第7～10章）、略語一覧】
京都教育大学教育学部准教授。博士（教育学）。専門は保育学、乳幼児心理学。幼児期の造形表現や保育の質に関する研究を行っている。研究論文に「幼児の共同的造形遊びにおけるモチーフの生成過程の分析──幼児の注視方向に着目して」（単著論文、保育学研究、第51巻第2号、2013年）、「保育におけるリーダーシップ研究の展望」（共著論文、東京大学大学院教育学研究科紀要、第56巻、2017年）。

◉ **座談会参加者**

安達 譲（せんりひじり幼稚園園長）
佐々木 美緒子（青戸福祉保育園園長）
丸山 智子（品川区立城南幼稚園園長）

●著者紹介

イラム・シラージ(Iram Siraj)
国際的に活躍する乳幼児教育の専門家。National College for School Leadershipにて「保育におけるリーダーシップに関する国家基準（The National Standards for Leadership in the Early Years）」の策定を行い、システム・リーダーシップの解説書を執筆。「効果的な就学前教育プロジェクト（EPPE）」のデータ分析から、効果的な成果（アウトカム）の認められた園におけるリーダーシップについて初めて著した。保育における教育方法（ペダゴジー）、カリキュラム、リーダーシップに関する先駆的研究者である。子どもたち、特に脆さを抱えている子どもたちが、公平に人生のスタートを歩み出せることを目指して研究を行っている。ロンドン大学教育学研究科教授。

エレーヌ・ハレット(Elaine Hallet)
ロンドン大学教育学研究科講師（博士）。教師、主幹教諭、園長として、さらに高等教育では講師、学部長、研究者としてこれまでに多くの実践者、子どもたち、家庭とのかかわりを幅広く経験。学位をもった「保育におけるリーダー（EYL）」（保育のリーダーシップ資格：EYPs）のためのリーダーシップ・プログラムと、「総合的チルドレンズ・センターのリーダーのための国家専門職資格（NPQICL）」のプログラムを主導した。修士課程では、保育に関する政策と実践をリードすることについて教授している。また、準学士号取得者の「継続的な専門性向上（Continuous Professional Development）」について実践にもとづく省察的学習という観点から、学位をもった「保育におけるリーダー（EYL）」の役割について学びのリーダーシップという観点から、調査を行っている。

育み支え合う 保育リーダーシップ
──協働的な学びを生み出すために

2017年5月20日　初版第1刷発行
2020年4月1日　初版第2刷発行

著　者　　イラム・シラージ
　　　　　エレーヌ・ハレット
監訳・解説者　秋　田　喜代美
訳　者　　鈴　木　正　敏
　　　　　淀　川　裕　美
　　　　　佐　川　早季子
発行者　　大　江　道　雅
発行所　　株式会社　明石書店
〒101-0021　東京都千代田区外神田6-9-5
電　話　03（5818）1171
ＦＡＸ　03（5818）1174
振　替　00100-7-24505
http://www.akashi.co.jp/
装丁　　明石書店デザイン室
印刷・製本　日経印刷株式会社

（定価はカバーに表示してあります）
ISBN978-4-7503-4520-8

「保育プロセスの質」評価スケール

乳幼児期の「ともに考え、深めつづけること」と「情緒的な安定・安心」を捉えるために

イラム・シラージ、デニス・キングストン、エドワード・メルウィッシュ 著
秋田喜代美、淀川裕美 訳

B5判／並製 ◎2300円

本書は、英国における保育の質と子どもの発達に関する縦断研究を踏まえて開発された、保育プロセスの質評価のための尺度である。日々の保育者と子どもたちとのやりとりを、質的に、きめ細やかに捉えようとする内容であり、保育の現場で活用できるよう工夫されている。

■内容構成■

【サブスケール1】信頼、自信、自立の構築──自己制御と社会的発達／子どもの選択と自立した遊びの支援／小グループ・個別のかかわり、保育者の位置取り

【サブスケール2】社会的、情緒的な安定・安心──社会情緒的な安定・安心

【サブスケール3】言葉・コミュニケーションを支え、広げる──子ども同士の会話を支えること／保護者が子どもの声を聴くこと／子どもが他者の言葉を聴くように支えること／子どもの言葉の使用を保育者が支えること／迅速で適切な応答

【サブスケール4】学びと批判的思考を支える──好奇心と問題解決の支援／お話・本・歌・言葉遊びを通した「ともに考え、深めつづけること」／調べること・探究を通した「ともに考え、深めつづけること」／概念発達と高次の思考の支援

【サブスケール5】学び・言葉の発達を評価する──学びと批判的思考を支え、広げるための評価の活用／言葉の発達に関する評価

【解説】──代表的な評価スケールの紹介と整理（淀川裕美・秋田喜代美）／保育の質的尺度ECERS-Rとの関係および日本での「保育環境評価スケール」実践からの示唆（埋橋玲子）／日本の保育実践の質のさらなる向上への示唆（秋田喜代美）

「体を動かす遊びのための環境の質」評価スケール

保育における乳幼児の運動発達を支えるために

キャロル・アーチャー、イラム・シラージ 著
秋田喜代美監訳・解説 淀川裕美、辻谷真知子、宮本雄太 訳

◎2300円

OECD保育の質向上白書

ECECのツールボックス

OECD編著 秋田喜代美監訳 阿部真美子、一見真理子、門田理世、北村友人、鈴木正敏、星三和子 訳

◎6800円

教育のワールドクラス

21世紀の学校システムをつくる

アンドレアス・シュライヒャー著 経済協力開発機構（OECD）編著
ベネッセコーポレーション企画・制作 鈴木寛、秋田喜代美監訳

◎3000円

社会情動的スキル

学びに向かう力

経済協力開発機構（OECD）編著
ベネッセ教育総合研究所企画・制作 無藤隆、秋田喜代美監訳

◎3000円

幼児教育・保育の国際比較

質の高い幼児教育・保育に向けて

OECD国際幼児教育・保育従事者調査2018報告書
国立教育政策研究所編

◎3600円

保育政策の国際比較

子どもの貧困・不平等に世界の保育はどう向き合っているか

L・ガンバロ、K・スチュワート、J・ウォルドフォーゲル編
山野良一、中西さやか監訳

◎3200円

遊びの中で試行錯誤する子どもと保育者

子どもの「考える力」を育む保育実践

岩田京子、河邉貴子、中野圭祐監修 東京学芸大学附属幼稚園小金井園舎編集

◎2200円

3000万語の格差

赤ちゃんの脳をつくる、親と保育者の話しかけ

ダナ・サスキンド著 掛札逸美訳 高山静子解説

◎1800円

〈価格は本体価格です〉